I0876437

ÉTUDES ET ESSAIS SUR LA RENAISSANCE
52

Le masque de Lancelot

Cet ouvrage a été publié pour la première fois en 2004
dans la collection *Études et essais sur la Renaissance*
dirigée par Claude Blum.

Giovanna Angeli

Le masque de Lancelot

Lumières de la Renaissance au XVe siècle

Traduction d'Arlette Estève

PARIS
CLASSIQUES GARNIER

Giovanna Angeli est professeur de littérature française à la faculté des lettres de Florence. Elle a publié de nombreux ouvrages sur le Moyen Âge, notamment *Il mondo rovesciato* et *Le strade della fortuna*. Elle est également l'éditrice scientifique de l'édition italienne des *Lais* de Marie de France.

© 2022. Classiques Garnier, Paris.
Reproduction et traduction, même partielles, interdites.
Tous droits réservés pour tous les pays.

Réimpression de l'édition de Paris, 2004.

ISBN 978-2-406-12909-7 (livre broché)
ISBN 978-2-8124-5455-4 (livre relié)
ISSN 2105-8814

AVANT-PROPOS

Quand, en 1919, Huizinga publia *L'Automne du Moyen Âge*, son intention était de jeter les bases d'un réexamen du concept de Renaissance, mais le livre contenait avant tout la suggestive description du déclin de la culture bourguignonne entre la fin du quatorzième et la fin du quinzième siècle : une décadence fastueuse mais irrémédiable. L'époque est celle du moyen français, notion conventionnelle qui sert à distinguer la langue et la littérature de cette période qui sépare la *Chanson de Roland* et *le Roman de la Rose* d'une part, et les poètes de la Pléiade, Molière, Diderot, Balzac et Proust d'autre part (ancien français et français moderne). La vision automnale d'Huizinga, fondée sur un savant calcul des rapports entre rêve et réalité, a longtemps pesé sur notre perception de cette langue et de cette littérature. Plus les horreurs de la guerre sévissent, plus les misères de l'histoire se multiplient, plus l'aristocratie et la littérature s'enferment dans le jeu de la mémoire en mettant en scène, sous divers déguisements, les personnages d'une gloire passée :

> Le XVe siècle est une de ces périodes de déclin où la vie sentimentale et intellectuelle de l'aristocratie tend à devenir un jeu de société. La réalité est violente, dure et cruelle: on la réduit au rêve d'idéal chevaleresque. On porte le masque de Lancelot : c'est un leurre énorme, et qui ne peut se supporter que tempéré d'un soupçon de raillerie[1].

Toutefois, cela fait maintenant longtemps que nous assistons à un changement de perspective, dont témoignent la multiplication des éditions ou des rééditions, le nombre de dictionnaires publiés ou en chantier. On réévalue le filon

1 J. Huizinga, *Herfsttij der Middeleeuwen. Studie over Levens-en-Gedachtenvormen der veertiende en vijtiende eeuw in Frankrijk en de Nederlanden*, Harlem, 1919. *Le Déclin du Moyen Âge*, trad. par J. Bastin, Paris, Payot, 1932. Rééd. *L'Automne du Moyen Âge*, Paris, Payot, 1975. C'est de cette édition, dont le titre traduit plus fidèlement l'original, qu'est tirée la citation (p. 93-94).

humaniste du quinzième siècle (Guillaume Fichet, Robert Gaguin, Guillaume Tardif), l'école bourguignonne, et ses rapports avec l'Italie. Ces contributions fragmentaires mais nombreuses ont peu à peu dessiné une image pour ainsi dire plus positive du quinzième siècle français : une époque encore pompeuse et fortement théâtrale (la mise en parallèle avec le Gothique flamboyant le dit assez), mais aussi créative et riche d'innovations.

L'idée d'un déclin de la culture au cours du bas Moyen Âge français est une idée ancienne. La lettre que Gargantua écrit à son fils, au chapitre VIII de *Pantagruel*, est, comme on le sait, un éloge des temps nouveaux, une sorte de manifeste de l'humanisme, d'autant plus singulier que cet éloge est inséré dans une fiction héroï-comique. En donnant des conseils et en dictant des règles de conduite, Gargantua trace une ébauche d'histoire littéraire qui peut encore apparaître valable : il se plaint d'avoir vécu une époque de ténèbres et se réjouit en même temps de pouvoir assister au retour de la lumière, au renouveau des *studia humanitatis*. Il compare l'obscurité « gothique » à la fécondité d'un âge civilisé. Autrement dit, il oppose le Moyen Âge à la Renaissance. La restauration du latin classique, cicéronien, est le meilleur témoignage du refus du jargon scolastique, dit encore gothique ou parisien, auquel se rattache indirectement la condamnation des *latiniseurs*, tel le mémorable *escolier limosin*. Les anathèmes du géant éclairé s'abattent sur un passé récent : le retour fortuit et désordonné à l'étude des anciens, le pillage de la langue, le palimpseste irrespectueux et la transposition sauvage. C'est aussi le passé des Rhétoriqueurs, inventeurs de mots, courant le risque de ne plus être compris de personne, créateurs de monstres que Rabelais raille mais dont il subit le charme. Il est vrai que pour la joie des lecteurs d'hier et d'aujourd'hui, l'« *escolier limousin* » écume la « *verbocination latiale* », capte la « *bénévolence de l'omnijuge et omnigène sexe féminin* », que Janotus de Bragmardo traite de « *substantificque qualité* », de « *complexion élémentaire* » qui est « *intronificquée en la terresterité* » de la nature « *quidditative* ». Mais la démesure et le goût du risque sont contagieux. Et la lettre compassée du père à son fils, rythmée par les couples de synonymes dans la meilleure tradition du moyen français, comprend un phrasé luxuriant riche en calques flamboyants (« *contemner* » pour « mépriser », « *copie* » pour « abondance », « *plasmature* » pour « forme », « *vocable* » pour « oral », etc.). Rabelais, l'humaniste partisan d'un encyclopédisme à outrance, est aussi l'héritier direct d'une culture qui s'est développée avant tout en se reproduisant elle-même avec obstination, et en exaltant sa fermeture.

Les essais rassemblés ici ont pour sujet ce travail de transformation qui s'effectue sur plusieurs plans : des formes, telle que l'ancienne dispute ou *altercatio,* se muent en structure romanesque après avoir traversé diverses métamorphoses ; le cadre du rêve annonce la poétique autonome de la *dorveille* ; les non-sens du treizième siècle et du quatorzième siècle deviennent les répliques ambiguës de la *sotie*, tandis que dans les coulisses se prépare la découverte de nouveaux mondes. Quant aux formes narratives proprement dites, le recueil de nouvelles le plus célèbre du quinzième siècle se pose en rival polémique de son modèle déclaré : le *Décaméron*. A l'abri de l'hommage évident à Boccace apparaît la dette moins évidente à l'égard de Poggio Bracciolini, ainsi que la permanence de l'esprit et du style des *fabliaux* dont l'attrait est loin de s'être évanoui. Sur le versant de la langue, les Rhétoriqueurs atteignent les sommets les plus risqués : par des manipulations et des ajouts, dans une sorte de délire frénétique, ils forgent à partir du latin tardif des jargons, des dialectes, qui sont très éloignés de la langue vulgaire en usage. Le quinzième siècle français revendique des traditions propres. Il exaspère l'autonomie de ses choix. Et il prend la direction d'une renaissance « barbare ».

Plus de dix ans séparent l'édition italienne de sa traduction française. La voie, qui était déjà ouverte à une réhabilitation de cette fin du moyen âge, ne cesse de s'élargir[1]. Puis-je croire avoir contribué à jeter bas le masque fascinant et mystérieux qui ne cachait aucun chevalier errant en mal d'aventure et à effacer les aléas d'une exubérance par trop manifeste ?

Ce sera au lecteur d'en juger.

---

1 J'ai ajouté un complément bibliographique concis en le signalant entre parenthèses.

PREMIÈRE PARTIE

LE TEXTE NARRATIF

I

LES CENT NOUVELLES NOUVELLES CONTRE *LE DECAMERON*

1. Des ombres denses pèsent encore sur le premier important recueil français de nouvelles en prose. Malgré de nombreuses conjectures[1], l'identité de son auteur reste mystérieuse. Les recherches sur la date de la première publication n'ont pas eu plus de succès en dépit de l'indication qui apparaît en bas du prologue du manuscrit de Glasgow : « De Dijon, l'an M. IIII^{c} XXXII »[2] ; 1432 est une date impossible parce que trop ancienne, et 1482 n'est probable que si l'on considère que c'est l'année où le copiste transcrivit les nouvelles dans le codex qui se trouve actuellement en Ecosse[3] ; on doit donc se contenter de circonscrire la période durant laquelle le texte a été rédigé en suggérant ses limites chronologiques, c'est-à-dire le terminus *a quo* et le terminus *ante quem* : 1450 et 1467[4]. Le dédicataire, ce

1 L'hypothèse la plus facile est qu'il s'agirait d'Antoine de La Sale, le plus connu des narrateurs, à qui la nouvelle L est attribuée. Cette hypothèse a été justement réfutée (voir P. Champion, *Les Cent Nouvelles nouvelles*, Paris, Droz, 1928, 2 vol., t. I, p. liii ; F. Desonay, « A propos d'une nouvelle édition des *Cent Nouvelles nouvelles* », *Revue belge de philologie et d'histoire*, 8, 1929, p. 993-1027 ; Ch. Knudson, « Antoine de La Sale, le duc de Bourgogne et les *Cent Nouvelles nouvelles* », *Romania*, LIII, 1927, p. 365-373. L. Rossi a envisagé une solution plus 'difficile' mais tout aussi peu crédible : selon lui il pourrait s'agir de David Aubert, l'« escrivain » qui fut au service de Philippe le Bon : « David Aubert autore delle *Cent Nouvelles nouvelles ?* I. La genesi della novella francese e l'attività letteraria alla corte borgognona nel Quattrocento », *Cultura Neolatina*, 36, 1976, p. 96-118. Cf. aussi, du même auteur, « Per il testo delle *Cent Nouvelles nouvelles :* la centesima novella e i racconti dell'acteur », *Medioevo romanzo*, VII, 1893, p. 401-418.

2 Voir, pour le manuscrit de Glasgow (Hunter, 252) : J. Young et P. H. Aitken, *A Catalogue of the Manuscripts in the Library of the Hunterian Museum in the University of Glasgow*, Glasgow, J. Macleose & Sons, 1908, p. 201-203.

3 L. Rossi explique clairement l'erreur du manuscrit, que P. Champion avait mal interprétée : « Con un minimo di buon senso si può ipotizzare che quella piccola *c* sovrapposta dovesse essere in origine una *l* e che la data fosse quindi il Mccccl xxxii (anche nell'edizione, che è datata Mccccl xxxvi, la *l* è tanto esigua che la si legge a stento » (« Per il testo della *Cent Nouvelles nouvelles* », cit., p. 406).

4 Les nouvelles XLII et LV renvoient à l'année 1450. 1467 est l'année de la mort de Philippe le Bon. Pour une bibliographie concernant la date du recueil, on pourra

« monseigneur le duc de Bourgogne, de Brabant, etc »[1] auquel s'adresse l'auteur, est probablement Philippe le Bon ; mais, pour en être sûrs, il faudrait pouvoir déterminer précisément et avec certitude l'époque de la rédaction.

Il y a toutefois quelque chose dont nous pouvons être certains. En offrant ses contes au duc de Bourgogne – quel qu'il soit –, l'auteur – dont on ne sait rien ou presque – fait allusion à un célèbre modèle avec lequel, dit-il, il ne peut rivaliser, le style de cet illustre prédécesseur étant trop raffiné et trop élégant pour qu'il puisse l'égaler :

> [...] Je, vostre tresobeissant serviteur, desirant, comme je doy complaire à toute voz treshaultes et tresnobles intencions en façon a moy possible, ose et presume ce present petit oeuvre, a vostre requeste et advertissement mis en terme, et sur piez, vous presenter et offrir ; suppleant treshumblement que agreablement soit receu, qui en soy contient et traicte cent histoires assez semblables en matere, sans attaindre le subtil et tresorné langage du livre des Cent Nouvelles (p. 22).

Ce « livre des Cent Nouvelles », c'est le *Décaméron.* Nul doute n'est possible, non seulement parce que le texte de Boccace, dans la traduction qu'en avait faite Laurent de Premierfaict, avait eu un immense succès et une large diffusion (la Bibliothèque des ducs de Bourgogne en possédait au moins trois exemplaires), mais aussi pour une raison toute simple: parmi les recueils de nouvelles publiés avant 1450, aucun autre ne correspond à la définition que donne l'auteur : le *Novelliere* de Giovanni Sercambi rassemble 155 nouvelles, le *Pecorone* de Ser Giovanni Fiorentino en compte 50, les *Novelle* de Gentile Sermini 40, quant aux *Trecentonovelle* de Franco Sacchetti, il ne peut en être question.

---

consulter l'introduction à l'édition de F. P. Sweetser, *Les Cent Nouvelles nouvelles,* Genève, Droz, 1966, p. xi.

1 P. 22 de l'édition Sweetser, cit. C'est cette édition que je citerai en me bornant à indiquer la page et la ligne.

Le modèle est donc l'oeuvre de Boccace, le seul auteur par ailleurs à être nommé et invoqué au cours du livre, alors que, par exemple, le nom de Poggio Bracciolini, dont les *Facéties* sont certainement plus exploitées par l'auteur bourguignon, n'est jamais mentionné. Mais l'acte anodin de déférence, signe banal d'une prudence rhétorique habituelle, n'est pas le seul indice d'une référence à l'auteur de Certaldo. Dans sa dédicace, l'auteur et compilateur insiste sur la comparaison, et, au terme d'un raisonnement aux prémisses lapalissiennes, conclut en affirmant que, puisque personne ne peut prétendre rivaliser avec cet archétype, et encore moins le surpasser, le seul mérite que l'on puisse acquérir est celui de la nouveauté. L'ancien adage « recentiores non sunt deteriores » est de retour. La postériorité comporte un supplément, un surplus, ne fût-ce que chronologique, par rapport à ce qui l'a précédé. En vertu de cette simple loi, l'auteur bourguignon peut orner son titre d'un qualificatif supplémentaire, artificiellement redondant et, à première vue, volontairement ambigu :

> Et pource que les cas descriptz et racomptez ou dit livre des Cent Nouvelles advindrent la pluspart es marches et metes d'Ytalie, ja long temps a, neantmains toutesfois, portant et retenant le nom de Nouvelles, se peut trèsbien et par raison fondée en assez apparente vérité ce présent livre intituler de Cent Nouvelles nouvelles [...] (p. 22).

La duplicité sémantique de « nouvelle » reflète aussi l'un des traits dominants de la culture bourguignonne de la fin du quinzième siècle. Si les nouvelles dédiées vraisemblablement à Philippe le Bon peuvent à bon droit être définies « nouvelles », la qualification est aussi un substantif répété et dénote par désignation emphatique une meilleure qualité. Pour des raisons incontestables, parce que les histoires qu'elles narrent ont eu lieu récemment et dans des endroits plus variés que ceux du *Décaméron* (« es parties de France, d'Alemaigne, d'Angleterre, de Haynau, de Brabant et aultres lieux »), les cent nouvelles en prose française sont deux fois – en hommage à l'étymologie et au sens métaphorique – « nouvelles ». C'est reconnaître dans les mots de l'auteur, sinon une présomption de supériorité, du moins un défi. Si cette hypothèse n'est pas inconsidérée, si donc le premier corpus français de brefs récits en prose ne se place sous l'égide du *Décaméron* que pour mieux mettre en cause la grandeur du modèle, la littérature des ducs de Bourgogne fournirait une autre preuve des objectifs d'autonomie et de la vocation à l'excellence qui la caractérisent si souvent.

2. La divergence la plus évidente entre le *Décaméron* et les *Cent Nouvelles nouvelles* concerne la structure du livre : les contes réunis dans le recueil bourguignon se succèdent au gré du hasard, sans que l'ordre en soit dicté par un fil conducteur. Ce choix, si opposé à celui du texte éponyme, après toute l'admiration proclamée – bien que due aux conventions rhétoriques –, ne peut manquer de paraître suspect. D'autant plus que des restes d'organisation, des traces d'encadrement affleurent ça et là ; comme un projet qui n'aurait été qu'à moitié mis en œuvre, envisagé et abandonné. Après le prologue, qui en réalité est une double dédicace – explicite au duc de Bourgogne, implicite au modèle italien –, la narration est confiée à trente-six voix qui appartiennent au cercle de la cour, depuis Monseigneur jusqu'à Philippe de Loan – dans le manuscrit de Glasgow le premier ouvre le recueil, le second le ferme –. Seuls trois narrateurs font exception : monseigneur de Villiers, Beauvoir, Labarde, qui sont tous trois de la suite du Dauphin. Cela suffit pour permettre de supposer l'ébauche d'un cadre méta-narratif, un noyau de fiction qui aurait pu être situé au palais, au cours des veillées pendant lesquelles, comme le reconstruit Pierre Champion avec quelque excès de zèle réaliste, Philippe le Bon « sur la soixantaine, trouvait un plaisir particulier » à raconter et

à entendre raconter des histoires salaces et « secrètes »[1]. Les cent nouvelles ont derrière elles une histoire primordiale aux contours indéfinis et incertains, mais rien ne nous est dit du prétexte qui a poussé les narrateurs à raconter ces histoires : nous ne savons pas pourquoi ils sont trente-six – nombre étrange –, et pourquoi aucune femme ne figure parmi eux.

Comment interpréter les ébauches de raccords qui se trouvent dans certains incipit ? « Pour continuer le propos de nouvelles histoires » déclare Monseigneur, le duc, en introduction à la nouvelle IX ; « pour ce propos continuer, et le nombre de ces histoires accroistre » reprend Monseigneur de la Roche au début de la nouvelle X. Et avec plus de pompe, Monseigneur de Villiers proclame au début de la nouvelle XXXII qu'il veut apporter sa contribution pour ne pas être privé « du tresheureux et hault merite deu à ceulx qui traveillent et labourent a l'augmentacion » du livre. Par des formules semblables, Monseigneur de Beaumont, Monseigneur de Santillly et Michaut de Chaugy déclarent leur ferme intention de participer à l'achèvement des *Cent Nouvelles*, et ils signalent par là même leur appartenance à un cercle. Cet enchevêtrement complexe de présences et d'absences ne peut que renvoyer au modèle du *Décaméron*, pôle d'attraction et de répulsion, voire même mythe à détruire. Entre l'ordre tout à fait accidentel utilisé par Franco Sacchetti dans les *Trecento novelle* et le cadre rigoureux pour lequel opte Giovanni Sercambi, l'auteur des *Cent Nouvelles nouvelles* choisit une voie intermédiaire, trop peu imitative pour être considérée comme l'aveu d'une dépendance et trop peu originale pour constituer une véritable solution alternative.

Ce que, dans une lecture sociale et historique de la disposition des récits, Hermann H. Wetzel a affirmé de ce recueil né dans l'ombre de l'humanisme Bourguignon ne semble

1 P. Champion, *Les Cent Nouvelles nouvelles*, cit., t. I, p. xviii.

donc pas lui convenir, ou du moins ne semble lui convenir que jusqu'à un certain point. On peut certes admettre que la recherche d'une construction harmonieuse de la fiction, d'une solide architecture littéraire correspond, en général, à des moments historiques d'anarchies, de ruptures d'équilibre causés par exemple par des fléaux contingents, tels que pestes ou famines, et que, réciproquement, les moments de stabilité politique et économique favorisent une organisation moins rigoureuse, et parfois à la limite du désordre. « Dans le cadre fictif du *Décaméron* », écrit Hermann H. Wetzel, « Boccace exprime l'idéologie correspondant à cette expérience historique [les nouvelles luttes de classe qui culmineront dans le tumulte des Ciompi] ». La thèse est que « le chaos de la réalité où l'un dupe l'autre, où l'homme suivant ses facultés gagne ou perd dans sa lutte avec le hasard, est maîtrisé par la vie harmonieuse et raisonnable d'une noble bourgeoisie »[1]. La situation du duché de Bourgogne durant la seconde moitié du quinzième siècle n'a rien à voir avec celle de la commune de Florence durant la peste de 1348 : « La Bourgogne de Philippe le Bon – pendant son règne ont été écrites les Cent Nouvelles nouvelles – se distinguait par une forte tendance à l'expansion territoriale, une administration et une juridiction centralisées et rigides jointes à des restrictions de l'autonomie communale. Dans un état si bien organisé et soumis à la volonté du Prince, l'auteur – lequel d'après la dédicace vivait probablement à la cour dans une situation d'inférieur – n'éprouvait pas le besoin de projeter un ordre nouveau ou même de restaurer un ordre ancien menacé ou perdu »[2].

1 H. H. Wetzel, « Eléments socio-historiques d'un genre littéraire : l'histoire de la nouvelle jusqu'à Cervantes », dans *La Nouvelle française à la Renaissance*, p. p. L. Sozzi, Genève-Slatkine, 1981, p. 41-78 (p. 47 la citation).

2 *Ibid.*, p. 53.

Mais une telle lecture exclut de façon discutable des détails importants : tout d'abord, comme nous l'avons vu, la persistance de signes d'une organisation des récits à l'intérieur même des hasards de leur succession ; ensuite l'indéniable sens allusif de 'citations' masquées, comme l'invention d'un nombre étrange et injustifié de trente-six narrateurs – qui cependant, à y regarder de près, est la combinaison d'un chiffre sacré et de son multiple. Ces renvois, d'autant plus significatifs qu'ils sont d'une très grande discrétion, révèlent que l'origine de la solution formelle adoptée est avant tout littéraire. Presque cent ans après sa rédaction, le *Décaméron*, grâce au succès de la traduction de Laurent de Premierfait, jouit d'une grande renommée en France, où est attestée la présence d'au moins quinze manuscrits parmi lesquels ressortait un splendide exemplaire, très probablement de la main même de Laurent de Premierfait, qui appartenait à la bibliothèque de Jean sans Peur et de ses successeurs[1] (l'intense activité littéraire encouragée par les ducs de Bourgogne, et parallèle à leurs ambitions politiques est d'ailleurs bien connue). Avec Philippe le Bon et surtout avec Charles le Téméraire, le duché tend de plus en plus à incarner l'idée de l'État et à réaliser le projet d'une culture centralisée. La fonction d'historiographe officiel, dit « indiciaire », est instituée : il célèbrera, aux côtés des poètes de cour, la grandeur des seigneurs ; on cultive l'art de la traduction ; on cisèle de précieuses allégories ; des œuvres célèbres du passé sont redécouvertes et mises au goût du jour ;

1 L'inventaire de la bibliothèque de Bourgogne de 1420 signale pour la première fois ce beau manuscrit, contenant la traduction que Laurent de Premierfait avait faite pour Jean de Berry (1411-1414). Il est raisonnable de supposer que Jean sans Peur, décédé en 1419, le possédait déjà. Le manuscrit est cité pour la dernière fois dans l'inventaire de la bibliothèque de Bourgogne en 1467, date de la mort de Philippe le Bon. Voir G. Doutrepont, *Inventaire de la « librairie » de Philippe le Bon (1420)*, Bruxelles, Kiessling, 1906 ; Id., *La littérature française à la cour des ducs de Bourgogne*, Genève, Slatkine, 1970 (I^e^ éd., Paris, 1909) ; G. Mombello, « I manoscritti di Dante, Petrarca e Boccaccio in Francia nelle principali librerie del secolo XVe » dans *Il Boccaccio nella cultura francese*, p. p. C. Pellegrini, Firenze, Olschki, 1971, p. 81-209 (en part. p. 112 suiv.).

on organise de petites et de grandes représentations théâtrales ; d'imposantes épopées chevaleresques prennent peu à peu la forme d'une apologie de la dynastie. Parallèlement, certains, à la façon des goliards, explorent à temps perdu le monde de la facétie et de l'obscénité. La redécouverte des anciens n'est que partielle : on lit Valère Maxime dans la traduction qu'en a faite Simon de Hesdin pour Charles V en 1375, et Aristote dans la traduction de Nicole Oresme. L'immanquable *De re militari* de Végèce (en français) côtoie une maigre anthologie de Cicéron (en latin) et quelques œuvres de Sénèque (certaines en français, d'autres en latin). A en juger par la bibliothèque ducale, l'hommage aux anciens se limite à la possession de quelques ouvrages isolés d'auteurs incontournables : Ovide, Juvénal, Salluste[1]. Quant aux Italiens, la renommée et la diffusion de Boccace (qui dépasse de très loin celle de Pétrarque) ne lui permettent pas d'avoir une influence tangible. Et la seule oeuvre qui ait emprunté la voie d'une imitation n'applique au texte-modèle qu'une mimésis fragmentaire et aléatoire, très proche de la parodie.

3. A Michault de Chaugy, le narrateur de la nouvelle XXVII, est confiée la tâche de faire un nouvel éloge de Boccace, juste au début de son récit. A vrai dire, l'éloge est ambigu parce que le narrateur ne se réfère à l'inimitable auteur du Décaméron que pour assurer ses auditeurs de la qualité de l'aventure qu'il s'apprête à raconter. « Se au temps du tresrenommé et eloquent Boccace », dit Michel de Chaugy, « l'adventure dont je veil fournir ma nouvelle fust advenue », l'auteur italien l'aurait certainement « adjoustée et mise au reng du compte des nobles hommes mal fortunez »(p. 191). Le public est le meilleur juge et Michel de Chaugy en attend le jugement définitif :

1 Voir la section *L'Antiquité* du livre de G. Doutrepont, *La littérature française à la cour des ducs de Bourgogne*, cit., p. 120-186.

> Et se sa male fortune n'est digne d'estre ou dit livre de Boccace, j'en fais juge tous ceux qui l'orront racompter (p. 191 13-15)

Ce singulier exorde suggère une question qui va au-delà de la lettre du texte : quelle valeur accordait-on à *l'inventio* à une époque qui, du moins à première vue, semble privilégier le remaniement des traditions préexistantes ? Les monumentales entreprises de mise en prose, en particulier de la 'geste', les réécritures moralisantes, tel l'interminable *Roman de la Rose moralisé* de Jean Molinet, les variations sur un thème, dont le cycle de la *Belle dame sans mercy* n'est qu'un exemple, sont les produits d'une culture qui consacre la plupart de ses énergies à la récupération et à la manipulation de sujets déjà traités. Certaines formes ou certains « cadres » privilégiés ont derrière eux une longue histoire : ainsi le « rêve » (vers le milieu du siècle, rares sont les fictions poétiques qui évitent le recours à des histoires oniriques) et le « testament ». En ce qui concerne les influences et les apports externes, apparaît une tendance qui régnera sans partage sur le seizième siècle ; on traduit Pétrarque et Boccace, et il arrive souvent qu'on les cite et qu'on les imite : c'est la naissance de l'italianisme. Les *Cent Nouvelles nouvelles* participent de ce mouvement, mais tentent aussi de l'éluder, voire de s'y opposer.

L'éloge du *Décaméron* se réduit en définitive à de simples formules rhétoriques, alors que les relations thématiques sont d'une étonnante pauvreté. Il n'y a pas dans le livre plus de quinze endroits où il est possible de relever une parenté, et il s'agit en fait d'une parenté de motifs que l'on retrouve par ailleurs dans d'autres nouvelles et fabliaux[1]. Ainsi on pourrait

---

1 P. Toldo est le premier à avoir étudié la fortune des *Cent Nouvelles nouvelles* et ses rapports avec la tradition narrative précédente : voir *Contributo allo studio della novella francese del XV° e XVI° secolo*, Roma, Loescher, 1895 (ensuite Genève, Slatkine, 1970). P. Toldo prend à la lettre les déclarations de 'dépendance' de l'auteur (qui est selon lui, il n'en a pas le moindre doute, Antoine de La Sale) et il partage équitablement les emprunts entre Boccacce et le Pogge : « L'ispirazione dello scrittore

entendre dans la nouvelle III, (c'est la mise en scène d'un échange de bons services érotiques qui illustre l'adage « l'arroseur arrosé »), un écho de *Décaméron* VIII 8 (« Due usano insieme: l'uno con la moglie dell'alto si giace; l'altro, avvedutosene, fa con la sua moglie che l'altro è serrato in una cassa, sopra la quale, standovi l'un dentro, l'altro con la moglie dell'un si giace. » [« Deux hommes se fréquentent assidûment : l'un couche avec la femme d'un autre ; ce dernier, s'en étant aperçu, s'arrange avec sa femme pour enfermer le premier dans un coffre sur lequel il s'installe avec l'épouse de celui-ci et couche avec elle »[1]]). Mais en réalité le lien avec la facétie CLVII est beaucoup plus étroit, si bien que l'on peut légitimement penser que l'auteur du recueil bourguignon a 'sauté' l'auteur du *De Casibus virorum illustrium*, et s'est inspiré directement du Pogge. La nouvelle IX reprend approximativement le thème de Déc. VIII 4 (« Il proposto di Fiesole ama una donna vedova: non è amato da lei e, credendosi giacere con lei, giace con una sua fante, e i fratelli della donna vel fanno trovare al vescovo suo. » [« L'Archiprêtre de Fiesole aime une veuve dont il n'est point aimé. Croyant coucher avec elle, il couche avec sa servante. Les frères de la dame le font prendre sur le fait par son évêque. »]). Mais ce thème a des origines multiples, et on le retrouve avec des similitudes souvent plus précises dans tous les modèles possibles des *Cent Nouvelles nouvelles* : le fabliau *Le meunier d'Arleux*, la nouvelle CCVI des

francese va pertanto dal Boccaccio al Poggio ed al primo, non meno che al secondo, chiede materia pel suo novelliere » (p. 5). Dans le chapitre *Madame du Chastel* de *Mimesis* (Paris, Gallimard, 1968), E. Auerbach ébauche une comparaison entre les *Cent Nouvelles nouvelles* et le *Décaméron* (la nouvelle XIV et celle de frate Alberto). W. Küchler est l'auteur d'un long article, lui aussi de caractère général : « Die *Cent Nouvelles nouvelles*. Ein Beitrag zur Geschichte der französichen Novelle », *Zeitschrift für französische Sprache u. Literatur*, XXX, 1906, p. 264-331 et XXXI, 1907, p. 39-101. Nous citons le texte du *Décaméron* dans l'édition V. Branca, Torino, Einaudi, 1987 (Iᵉ éd., 1980).

1 *Le Décaméron*, éd. C. Bec, Paris, Librairie générale française, 1994. C'est de cette édition que seront tirées les citations en français de Boccace.

Trecentonovelle, la nouvelle XXVI de Sermini, et enfin les facéties CCXXXIX et CCLXXI. Et, à y regarder de plus près, c'est de nouveau une facétie, la CCXXXIX, qui apparaît comme la source du texte bourguignon, et c'est donc bien le Pogge qui sans aucun doute est à l'origine de la rédaction du récit de cette insistance importune déjouée par un rapide échange de personne.

Le conte X des *Cent Nouvelles nouvelles* est, à l'instar de Déc. VII 6 – et cette fois il ne semble pas y avoir de concurrent –, l'illustration narrative d'une phrase à demi proverbiale comme celle que Pampinea prononce avant de commencer son récit : « E come spesso avviene che sempre non può l'uomo usare un cibo ma talvolta desidera di variare » [« La nature humaine étant ainsi faite qu'elle se lasse souvent des meilleures choses et aime changer »]. Mais aucun élément décisif ne permet de conclure à une filiation effective. Il en va autrement pour C. N. N. XVIII, dont le sujet, comme celui de C. N. N. IX, avait déjà été traité de nombreuses fois : non seulement dans Déc. VIII 2 (« Il prete da Varlungo si giace con monna Belcolore, lasciale pegno un suo tabarro; e accattato da lei un mortaio, il rimanda e fa domandare il tabarro lasciato per ricordanza: rendelo proverbiando la buona donna » [« Le curé de Varlungo couche avec la dame Belcolore et lui laisse en gage son manteau. Puis il lui emprunte un mortier et le restitue en réclamant son manteau qu'il lui avait laissé en garde. La brave femme le rend avec un bon mot »]), mais aussi dans les *Trecentonovelle* (CCXXXI), dans les *Facéties* (LXIX) et dans le fabliau *Le bouchier d'Abevile*. Il est toutefois évident qu'aucune version de cette vieille offense au beau sexe ne peut revendiquer une influence prédominante sur l'élaboration de la nouvelle française. Le sujet de C. N. N. XXIV, l'honnêteté féminine récompensée, est traité au moins trois fois dans le *Décaméron* (I 5, X 6, X 7), mais la ressemblance est trop vague pour qu'on puisse indiquer un rapport de dépendance. La nouvelle XXVII met en scène l'expédient bien connu de la cachette dans laquelle on enferme son mari pour laisser le champ libre à son amant : expédient que l'on retrouve dans deux fabliaux (*De la borgoise d'Orliens* et *De la fame qui fist batre son mari*), dans Déc. VII 7 et Fac. X, sans que pourtant n'intervienne jamais le détail de la malle. Quant à la parenté entre C. N. N. XXX et Déc. III 2, elle est si lointaine qu'elle peut passer inaperçue. Celle entre C. N. N. XXXVIII et Déc. VII 8 est indéniablement indirecte : les deux textes utilisent la tradition des fabliaux. Boccace s'inspire du fabliau *Des Tresces*, et l'auteur des *Cent nouvelles* puise à la fois dans les fabliaux *Des Tresces*, *Des Perdriz* et *De la Dame qui fist entendant son mari qu'il sonjoit.* C. N. N. LXIX nous plonge exceptionnellement dans un climat d'aventure, ne reproduisant cependant que les grandes lignes de Déc. X 9. L'histoire de Saladin, de Messire Torello et de sa femme qui, croyant son mari mort, est sur le point de se remarier, réapparaît dans la version française comme amputée, ou tout au moins privée du pittoresque orientalisant qui constituait une des caractéristiques majeures du genre. L'auteur des *Cent Nouvelles nouvelles* avait très probablement à l'esprit la question très débattue (en particulier dans les cours d'Amour du Moyen Âge) de l'épouse qui, depuis longtemps sans nouvelles d'un mari parti guerroyer, est déchirée entre les pressions extérieures et son devoir de fidélité.

Le motif très apprécié de la fausse confession est au centre de C. N. N. LXXVIII sous une forme qui pourrait nous faire penser que la source est Déc. VII 5. Les personnages féminins des deux nouvelles se tirent en effet d'affaire par une phrase semblable : une énigme d'une rare subtilité. On ne peut toutefois négliger le fait que le cycle du fabliau *Du chevalier qui fist sa dame confesse* est très connu, ni sous-estimer que la réponse devinette se retrouve très souvent dans les fables. La pointe ingénieuse qu'utilisent aussi bien la femme du jaloux dans le *Décaméron* que l'épouse du chevalier qui aimait trop les voyages dans les *Cent Nouvelles nouvelles* ne témoigne pas nécessairement d'une relation d'étroite dépendance[1]. Le récit XCVIII du recueil bourguignon, seul exemple de nouvelle tragique, a certains éléments en commun avec Déc. V 3 : l'amour contrarié de deux jeunes gens, la fuite, les brigands, l'errance nocturne dans une forêt. Ces éléments ne sont pourtant pas communs qu'à ces deux textes ; le thème était fréquemment traité, et la conclusion de l'aventure relie plutôt le texte français à une longue tradition romanesque tragique dont la quatrième journée du *Décaméron* (« nella quale, sotto il reggimento di Filostrato, si ragiona di coloro li cui amori ebbero infelice fine » [« Sous le principat de Filostrate, il est question dans cette journée des amoureux qui ont vu leur passion aboutir à une tragique aventure »]) contient de nombreux témoignages.

Reste l'exemple le plus connu, et le plus discuté, de parenté entre les *Cent Nouvelles nouvelles* (XIV) et le *Décaméron* (IV 2). Le sujet de la nouvelle française est le tour qu'un ermite joue à une jeune fille en s'appuyant sur la sottise et la crédulité de sa mère. L'ermite, pour arriver à ses fins, organise une invraisemblable Annonciation nocturne où, sans avoir besoin de recourir à un quelconque travestissement, il se fait passer pour un ange. Le message dont il est porteur n'est pas vraiment identique à celui de l'ange Gabriel (« [...] et d'eulx viendra un filz eleu au saint siege de Romme »), mais la prophétie est plus que suffisante pour convaincre la femme de la dignité de l'union charnelle proposée. Bien que les modalités de la supercherie divergent par plus d'un détail, on ne peut manquer d'y voir l'écho de la nouvelle dont frère Alberto est le héros. Le motif de la fausse apparition, avec ou sans travestissement, d'un être surnaturel,

1 Voir *infra*, p. 38-40

ange ou archange, se trouve dans les deux textes, et le but de la mise en scène y est le même : obtenir les faveurs d'une femme. Les caractères des personnages sont semblables : les séducteurs sont habiles et hypocrites (l'un faux prêtre, l'autre faux ermite), les victimes sont sottes (« zucca al vento », « bamba e sciocca » Monna Lisetta, la mère et la fille de la nouvelle bourguignonne « naïves » et « simplettes »). Le mécanisme de la tromperie est au contraire différent. Frère Alberto persuade Monna Lisetta que l'archange Gabriel s'est épris d'elle en comptant sur sa vanité ; l'ermite, lui, passe par la mise en scène d'une fausse Annonciation (à juste titre, par l'intermédiaire du *Décaméron*, le lai de *Yonec* peut être considéré comme l'un des antécédents possibles de la nouvelle française[1]), et il se risque à une prophétie sacrilège, en se faisant passer pour un ange et en expliquant à la mère que, si sa fille s'unit avec le « saint hermite », l'enfant qui naîtra de cette union sera pape. La nouvelle XIV emprunte ce dernier élément à une facétie du Pogge, *De veneto insano* (CLXI), où un charlatan bernant un vénitien en lui faisant croire qu'il est capable d'engendrer des papes réussit ainsi à profiter des faveurs de la femme avec le plein accord du mari. L'auteur bourguignon construit donc sa nouvelle en mêlant au moins trois motifs d'origines diverses. Le premier, le noyau du récit, car l'histoire découle de son expansion, sert à illustrer dans Déc. IV 2 le proverbe « Chi è reo e buono è tenuto, può fare il male e non è creduto » [« Le méchant qui passe pour bon peut faire le mal impunément »] ; le second motif (la prédiction parodique que l'enfant sera pape) se trouve dans la facétie du Pogge ; le troisième, sur le modèle de « l'hôte mystérieux » dont la fausse Annonciation[2] est un

1 Sur le rapprochement *Yonec-Déc.* IV, 2, voir l'article de M. Picone, « Alle fonti del *Decameron* : il caso di frate Alberto », dans *La parola ritrovata*, Palermo. Sellerio, 1983. p. 99-117.

2 Voir D'A. S. Avalle, « Fra mito e fiaba, l'ospite misterioso », dans *Mélanges d'études romanes du Moyen âge et de la Renaissance offerts à Jean Rychner*,

exemple, apparaît à la fois dans *Yonec* et dans la nouvelle du *Décaméron*. Il est très probable que C. N. N. XIV et C. N. N. LXXVIII – fausse confession et devinette – constituent les seules preuves d'une lecture attentive du *Décaméron*, l'auteur français, dans le reste de ses textes, se servant plutôt des *Facéties* de Poggio Bracciolini, source fréquente et souvent unique de nombreuses histoires.

4. Bien que leur première édition ne date que de 1470, les *Facéties*, par groupes séparés, circulaient depuis longtemps sur les territoires de langue française[1]. Le recueil bourguignon, qui va jusqu'à calquer la brièveté des confabulationes du Pogge, suffirait à témoigner de leur succès.

La première nouvelle qui trahit un lien exclusif avec les récits sagaces et souvent salaces de Poggio Bracciolini est la huitième nouvelle ; elle appartient à celles que Roger Dubuis appelle « à pointe », qui culminent dans une solution surprenante en forme de mot d'esprit[2], et doit certainement

---

Strasbourg, 1978, p. 33-44 (ensuite dans *Dal mito alla letteratura e ritorno*, Milano, Il Saggiatore, 1990).

1 L. Sozzi, « Le *Facezie* di Poggio nel Quattrocento francese », dans *Miscellanea di studi e ricerche sul Quattrocento francese*, p. p. F. Simone, Torino, Giappichelli, 1967, p. 411-507. Sur le lien, à son avis fondamental, entre les *Facéties* et les *Cent Nouvelles nouvelles* L. Sozzi revient dans « La Nouvelle française au XVe siècle », *Cahiers de l'association internationale des études françaises*, XXII, 1971, p. 67-84. Voir aussi l'essai de P. Koj, *Die frühe Rezeption der Fazetien Poggios in Frankreich*, Hambourg, Romanisches Seminar der Universität, 1969 et l'article de E. Stojkovic Mazzariol, « L'auteur des *Cent Nouvelles nouvelles* et le Pogge : une rencontre manquée ? », dans *Etudes littéraires sur le XVe siècle, Actes du Ve colloque international sur le Moyen Français*, Milano, Vita e Pensiero, 1986.

2 R. Dubuis, dans *Les « Cent Nouvelles nouvelles » et la tradition de la nouvelle en France au Moyen Age*, Grenoble, Presses Universitaires de Grenoble, 1973, propose une tripartition des nouvelles selon le mécanisme de l'action. Les nouvelles « linéaires » seraient les nouvelles dont le déroulement est simple et régulier ; lorsque l'intérêt se déplace « sur l'aboutissement d'une aventure et non plus sur son déroulement » (p. 109), la nouvelle ne serait conçue qu'en fonction de la « pointe ». Quant au troisième type, R. Dubuis fait appel à la figure d'un « point de bascule » : « La nouvelle n'est plus construite *en vue* de la pointe qui la couronne, mais *autour* de ce point qui voit, en quelque sorte, 'basculer' l'action » (p. 117).

beaucoup à la facétie CLVII (*De Florentino qui filiam viduae desponsaverat*). La facétie CXXXIII (*Visio Francisci Philelphi*) offre sans nul doute son point de départ à C. N. N. XI : c'est l'histoire d'un jaloux qui, dans un rêve, reçoit la visite du diable venu lui donner un conseil sur les moyens d'éviter les éventuelles infidélités de son épouse. La fin, en forme de pointe audacieuse, est absolument identique dans les deux textes. La nouvelle XX reprend elle aussi des sujets déjà traités par Poggio Bracciolini, précisément dans les facéties CXI et CXII. Le thème est celui de la 'femme malade qui est guérie par un rapport sexuel', que la prescription soit celle d'un médecin distrait (Fac. CXI), qu'un médecin participe à un complot pour le bien du couple (C. N. N. XX), ou encore que l'idée du remède soit l'invention d'un mari désespéré (Fac. CXII). Malgré une différence importante (la femme est en très bonne santé, elle feint la maladie pour contraindre un mari ingénu à remplir ses devoirs conjugaux), le texte du récit fait par Philippe de Loan reprend au moins en un endroit le texte même de la facétie CXI :

Fac. CXI	C. N. N. XX
Quid agis, mi vir ? Me quidem occidis.[1]	Que faictes vous, dit elle ; me voulez vous partuer ?

La phrase que prononcent les deux femmes au moment même où l'étrange traitement va leur être administré, n'a pas beaucoup de sens dans le texte français, puisque la protagoniste n'attendait que cela depuis un bon bout de temps, alors qu'elle est parfaitement cohérente avec la situation initiale dans le texte du Pogge.

1 J'utilise, pour plus de commodité, l'édition Rizzoli de 1983 (avec texte italien en regard et précédée d'un essai d'E. Garin) : Poggio Bracciolini, *Facezie*, Milano, Rizzoli, 1983 (p. 236). Le texte, qui reproduit l'édition Fubini (*Opera omnia*, Torino, Bottega di Erasmo, 1964-1969, 4 vol., vol. I), est d'une consultation facile car les *Facezie* sont numérotées.

C. N. N XXI, une nouvelle racontée elle aussi par Philippe de Loan, donne une version 'cléricale' du même thème : ici c'est une mère abbesse qui, gravement malade, accepte sur l'instance de ses consœurs d'appliquer la recette du médecin, tandis que ses compagnes décident, par solidarité et pour partager le poids du péché, de subir le même sort. Que dans les *Cent Nouvelles nouvelles*, comme dans les *Facéties*, les deux textes traitant la même anecdote se trouvent l'un après l'autre (C. N. N XX et XXI d'une part, Fac. CXI et CXII d'autre part) ne peut être fortuit. On pourrait objecter que la disposition temporaire des *Facetiae*, divulguées dans des manuscrits incomplets, n'était peut-être pas celle de l'édition. Mais le Pogge, dans *l'incipit* de la cent douzième facétie (*De viro qui uxorem aegrotam cognovit et postea convaluit*) souligne expressément la contiguïté : « Rem similem in oppido Valentiae quidam accidisse contribulo suo inter iocandum recitavit »[1].

On constate encore un lien très étroit entre C. N. N. XXXII et Fac. CLV. Dans le texte italien, une jeune fille se laisse duper par un prêtre qui, en confession, lui demande « an debitas decimas traderet sacerdoti »[2]. Naturellement l'acquittement de la dîme en question prendra la forme d'un commerce charnel. La jeune femme est si naïve que non seulement elle accepte bien sûr le marché, mais qu'ensuite elle raconte tout à son mari. Celui-ci se venge en invitant le prêtre licencieux à dîner et en lui faisant manger un plat « stercore et urina plenum ». Dans le texte français, l'histoire se fait en quelque sorte « chorale » : à la place du prêtre, c'est tout un couvent, à la place du couple, tout un village. De sorte que la punition pour les fameuses dîmes devient elle aussi démesurée. Le couvent fut incendié, et « acheterent bien cherement les pouvres cordeliers le disme non accoustumé qu'ilz misrent sus » (p. 226).

1 *Ibid.*
2 *Ibid.*, p. 282.

La nouvelle LXXIX est un exemple des très nombreuses histoires de médecins charlatans : le héros en est un épigone d'Hippocrate et de Galien qui soigne toutes les maladies avec des clystères, et, de plus, avec succès ; c'est pourquoi les gens des alentours s'adressent volontiers à lui dès qu'ils ont un problème, quel qu'il soit, y compris s'il s'agit de la perte d'un âne. Cette nouvelle est sans conteste un calque de la facétie LXXXVII (*De temerario qui asinos curabat*), dans laquelle un désœuvré (« nulli arti deditus ») s'improvise médecin et utilise pour tout remède une pilule qui a, en gros, les mêmes effets qu'un clystère. L'âne perdu, l'appel au charlatan, la halte dans la campagne pour y satisfaire un besoin physiologique, l'âne retrouvé : tous ces détails ne laissent aucun doute sur le modèle de ce récit attribué à Michault de Chaugy.

Il n'est pas permis non plus de douter du lien de dépendance directe entre la nouvelle LXXX et la facétie XLIII (*De adulescentula quae virum de parvo priapo accusavit*) : l'ignorance d'une jeune fille en matière d'anatomie masculine prend des formes si bizarres qu'il est impossible de ne pas penser à une dérivation. La relation est encore plus manifeste entre la facétie XI (*De sacerdote qui ignorabat solennitatem palmarum*) et la nouvelle LXXXIX, qui en réalité traduit l'anecdote racontée par l'humaniste toscan sur l'ignorance (ou l'oubli) d'un prêtre de campagne.

En ce qui concerne C. N. N. XC, l'influence combinée de deux facéties y est patente (XLII – *Vir qui mulieri dum aegrota esset veniam postulavit* – et CXII – *De viro qui uxorem aegrotam cognovit et postea convaluit* –). Avec les nouvelles XCI, XCII, XCIII et XCV, nous avons affaire de nouveau à des calques : elles suivent en effet de très près, respectivement, les facéties XLIX (*Fabula Francisci Philelphi*), LXXVIII (*Contentio duarum meretricum de tela linea*), LXVI (*Dictum Perusini ad uxorem*) et CXCV (*De fratre qui cognovit commatrem malitia faceta*). On peut hésiter quant à l'unicité de la source dans le cas de C. N. N. XCVI : le sujet est identique à celui de la facétie XXXVI (*De sacerdote qui caniculum sepelivit*, où un prêtre enterre son chien au cimetière et recourt à une astuce pour calmer la colère de l'évêque), mais c'est aussi le sujet d'un fabliau bien connu : *Le testament de l'asne*. Toutefois, comme nous allons bientôt le voir, les fabliaux sont des modèles que les *Facéties* manipulent, et les *Cent Nouvelles nouvelles* reprennent ces manipulations presque à la lettre.

Enfin il n'y a pas l'ombre d'un doute sur la source de la dernière nouvelle – mais les positions de la XCIX et de la C sont inversées dans l'édition de Vérard –. Cette nouvelle narre l'histoire d'un évêque espagnol, bon vivant, et gourmand au point de manger des perdrix le vendredi, une pratique qu'il justifie en disant qu'un prêtre, puisqu'il change le pain en corps du Christ lorsqu'il célèbre la messe, peut à plus forte raison transformer une perdrix en poisson. Le récit reprend avec une grande fidélité la facétie CCXVI (*De episcopo hispano qui comedit perdices pro piscibus*), conservant même le rang et la nationalité du héros. Les *Cent Nouvelles nouvelles* se terminent donc sur une référence patente aux *Facetiae*, mais la nouvelle qui ouvre le recueil puise dans une autre source et annonce l'autre pôle d'attraction, beaucoup plus important.

5. Les nouvelles bourguignonnes semblent avoir, du moins au point de vue quantitatif, un rapport privilégié avec les fabliaux. On y compte au moins 31 cas de parenté avec le genre médiéval du récit bref en octosyllabes. Il est vrai qu'il ne s'agit pas d'une relation de parenté très étroite. Il arrive même que la filiation soit incertaine, que l'arbre généalogique soit confus. Il n'en reste pas moins que les fabliaux, parfois peut-être par le truchement d'autres textes, ont laissé de nombreuses empreintes sur l'ensemble du recueil.

La première des *Cent Nouvelles nouvelles* a toute l'apparence d'être une variation sur le thème du récit *Des deux changeors*, où il est question d'une scène d'alcôve plutôt originale : un homme regarde une femme nue dont le visage est couvert, sans y reconnaître son épouse. Certes, une aventure construite autour de cette équivoque piquante est aussi le sujet d'une nouvelle de Sabadino degli Arienti (*Pecorone* II 2) qui fut souvent imitée dans la littérature italienne postérieure[1]. Mais le brassage qu'opèrent les trois types d'ouvrages est fort diversifié : est-ce le fabliau qui a inspiré à la fois et indépendamment le texte des *Cent Nouvelles nouvelles* et celui du *Pecorone* ou bien le conte de Sabadino degli Arienti a-t-il servi d'intermédiaire entre le fabliau et la première des nouvelles bourguignonnes ? Les deux hypothèses sont tout aussi plausibles.

Le lien entre la seconde nouvelle et le fabliau *Des trois meschines* apparaît plus certain, car le singulier incident qui marque un traitement médical ne se trouve que dans la tradition française. En ce qui concerne C. N. N. IV, il est inutile de mentionner *Estormi* qui inspire en revanche la rédaction de la nouvelle X de Giovanni Sercambi. Quant à la substitution de personne qui est racontée dans C. N. N. IX, nous sommes dans un cas classique d'aporie, tant le motif est répandu. Il se rencontre en effet dans *Le meunier d'Arleux*, dans le *Décaméron*

---

1 Voir la note comparative de P. Toldo (*Contributo allo studio della novella francese*, cit., p. 11-12) sur la première nouvelle. Dans le livre de R. Dubuis (*Les Cent Nouvelles nouvelles*, cit.) toute une section est consacrée aux fabliaux : elle devrait, théoriquement, éclairer les rapports entre ces 'précurseurs' et le recueil bourguignon ; mais l'analyse se développe par compartiments étanches et le chapitre sur les fabliaux (comme d'ailleurs les autres sur les *Lais* et le narratif bref en France) est une sorte d'étude monographique indépendante, sans lien avec les pages qui traitent spécifiquement des *Cent Nouvelles nouvelles*. Pour une confrontation thématique entre les *Cent Nouvelles nouvelles* et les fabliaux, il vaut mieux consulter P. Toldo (cit.) et W. Küchler (cit.). L'article de N. Balachov, « Le développement des structures narratives du fabliau à la nouvelle » (dans *Epopée animale, fable, fabliau. Actes du IVe Colloque de la Soc. int. renardienne*, p. p. G, Bianciotto et M. Salvat, Paris, PUF., 1984, p. 29-37) contient des remarques fort intéressantes sur la transformation des structures narratives des fabliaux aux *Cent Nouvelles nouvelles*.

(VIII 4), dans les *Trecentonovelle* de Sacchetti (CCVI), dans le *Novelle* de Sermini (Nov. XXVII), et enfin dans les *Facetiae* du Pogge (Fac. CCXXXIX). Tous ces récits mettent en scène une substitution organisée par deux femmes. La constante consiste en un triple mouvement d'action/réaction/surprise auquel participent un mari entreprenant, une femme aux décisions rapides, une jeune fille et un ou plusieurs personnages masculins secondaires. Le mari fait une cour pressante à la jeune fille, qui révèle tout à l'épouse ; celle-ci prend alors la place de la jeune fille, occupe son lit, et le mari couche avec sa femme en croyant avoir affaire à l'autre. Mais le tour justement joué au mari a des conséquences inattendues parce qu'il a invité un ou plusieurs de ses amis à profiter de sa compagne d'une nuit. Les différents auteurs qui ont traité cette histoire y ont ajouté des éléments, ont compliqué l'intrigue, et se sont surtout distingués par des dénouements différents : la jeune fille est punie ou récompensée, le mari reste dupe ou se venge, la femme est perdante ou gagnante. Mais il est pratiquement impossible d'établir un modèle de filiation, à cause d'un excès, si l'on peut s'exprimer ainsi, de consanguinité.

Alors que dans C. N. N. XII ne résonne qu'un faible écho du fabliau *De la dame qui aveine demandoit pour Morel sa provende avoir*, surtout quand on le compare au rôle qu'a pu jouer dans la rédaction de cette nouvelle la facétie CCXXXVIII, C. N.N. XVI a pour modèle le fabliau *De la mauvaise fame* combiné avec le *Dit du plisson*. Dans la nouvelle du quinzième siècle, l'exorde et le contexte sont, pourrait-on dire, ennoblis : il y est question d'un preux chevalier, courageux mais borgne, qui préfère la guerre à la paix du foyer, et part dans la très noble intention de défendre « la tressaincte foy chrestiane » (p. 109-21). Mais le stratagème qui amène le dénouement est identique dans le fabliau et dans la nouvelle : la femme, que son mari surprend en compagnie de son amant, invente une banale excuse pour couvrir l'œil sain de son mari, et se tire ainsi d'affaire in extremis.

Le bouchier d'Abevile ne fournit qu'un vague modèle à C. N. N. XVIII, qui a pu trouver ou dans Déc. VII 2 ou dans Trec. CCXXXI ou dans Fac. LIXL le motif peu commun d'une femme dupée, et à plusieurs reprises, par un représentant habile de l'autre sexe. Il est donc de nouveau difficile d'établir une priorité, ces différents textes s'organisant autour d'un noyau originaire qui subit lui-même de nombreuses modifications, au point qu'il n'en est plus discriminant. Cela n'est pas le cas pour la nouvelle dite de « l'enfant de neige » (C. N. N. XIX). L'intrigue est celle du fabliau *De l'enfant qui fu remis au soleil*, que Sercambi avait utilisée pour composer sa nouvelle CXXVI : un mari s'absente ou par goût de l'aventure ou bien pour des raisons professionnelles et à son retour il découvre qu'il a un enfant de plus ; sa femme invente sur-le-champ un mensonge extravagant. Elle serait tombée enceinte après avoir mangé de la neige ; feignant de la croire, son mari, dès qu'il le peut, emmène cet enfant en voyage et, à la première occasion, le vend comme esclave ; une fois rentré chez lui, il explique à sa femme que le malheureux enfant a fondu au soleil. Justification et contre-justification ne laissent que peu de place à des variations. Outre les éléments, en eux-mêmes peu caractérisants, d'un homme qui s'absente longtemps et périodiquement, d'une femme infidèle et d'un enfant gênant, les expédients métaphoriques de la neige et du soleil, qui eux sont caractérisants, ne peuvent être éliminés. Et, si la marge de manœuvre laissée aux auteurs qui reprennent la fabula est faible, on peut toutefois entrevoir ou exclure une relation qui serait bien évidemment dans le sens Sercambi > auteur bourguignon. Les ajouts parallèles de détails géographiques, de la tempête en mer, les variations quant au motif des fréquents départs (amour pour l'aventure au lieu de nécessité économique) et quant à la durée du premier voyage, indiquent avec certitude que le texte des *Cent Nouvelles nouvelles* a ici beaucoup emprunté au recueil de Sercambi. Mais on trouve aussi des inventions personnelles et des emprunts directs au fabliau. Le texte français contient, par exemple, dans le passage clé où la femme bâtit son explication extravagante, un détail nouveau : le feuille d'oseille. Et, en ne nommant point le fils du péché, fidèle en cela au fabliau, il ne reprend pas la trouvaille de Sercambi qui, lui, l'avait baptisé du nom allusif d'Albano (alba=aube, blancheur). Le bilan de l'enquête serait donc : quelques éléments communs avec le texte de Sercambi et une contiguïté plus que probable avec l'antécédent français. Que l'auteur ait utilisé pour écrire la nouvelle XIX la version italienne de l'enfant de neige n'exclut donc pas qu'il ait connu le fabliau, ancêtre d'une série complexe[1].

Le cas de la nouvelle XXIII est plus simple : la source unique et certaine est le fabliau *De celui qui bota une piere*, texte dans lequel le jet d'une pierre est l'interdiction symbolique qu'un amant impose à sa bien aimée. Les nombreux changements introduits dans la version en prose – y compris la nature de l'interdiction – ne modifient pas pour l'essentiel la substance de la construction originale. Malgré les habituels ajouts, informations géographiques, historiques et familiales, qui tendent à créer une sorte de cadre réaliste, le nœud de l'intrigue consiste entièrement en un manège amoureux dont un enfant de deux ans est le témoin, enfant qui sera l'auteur de la « pointe » – *climax* de la nouvelle.

La nouvelle XXVII a des ancêtres plus nombreux : elle s'inspire probablement de deux fabliaux, *De la dame qui fist battre son mari* et *De la borgoise d'Orliens*, mais aussi de la facétie X, *De muliere quae virum defraudavit*, qui appartient au même type, et peut-être mais pas nécessairement de Déc. VII 7.

---

1 Voir D. McGrady, « Were Sercambi's Novelle known from the Middle Ages on ? », *Italica*, LVII, 1980, p. 3-18.

C'est probablement avec la facétie que la nouvelle bourguignonne entretient la relation la plus étroite, puisque, dans ces deux textes, le mari est moins maltraité que dans les autres (certes il est toujours contraint de passer une nuit dans un lieu inconfortable, mais la femme et son amant ne s'acharnent pas contre lui, et il ne reçoit pas de coups de bâton comme dans les autres versions).

Toujours à propos de trahisons féminines, la nouvelle XXXIV abonde en importuns. Une femme infidèle et en appétit y donne rendez-vous non pas à un amant mais à deux, et, quand l'époux arrive sur la scène de l'adultère, cette abondance a une conséquence comique inattendue. On ne comprend pas très bien pourquoi P. Toldo doutait de l'influence du fabliau *Du clerc qui fut repus deriere l'escrin*[1] ; la ressemblance, malgré certaines petites retouches et de nécessaires innovations, est en effet si grande que la filiation peut être difficilement remise en question.

Dans l'intrigue un peu bancale de C. N. N. XXXVIII, on peut encore reconnaître l'amalgame maladroit de deux motifs présents dans au moins trois fabliaux : celui du mari que sa femme prive d'un mets très apprécié, poisson ou gibier, et celui de la femme qui se fait remplacer dans son lit par une voisine ignare et consentante, détournant sur celle-ci le courroux de son mari. Le dernier de ces motifs apparaît dans le fabliau *Des Tresces* et *De la dame qui fist entendant son mari qu'il sonjoit* (dont s'inspire Déc. VII 8). Le premier se trouve dans le *Dit des perdriz*. Du fabliau *Du chevalier qui fist les cons parler* –

1 Les formules prudentes qu'emploie P. Toldo (« Un'assomiglianza lontana trovasi nel fabliau *Du clerc qui fut repus derriere l'escrin [...]* », p. 19, cit.) s'expliquent probablement par le fait que C. N. N. XXXIV se rapproche davantage de la cinquième nouvelle du *Novellino* de Masuccio Salernitano. Mais une réponse à la question de qui à influencé qui – est-ce que Masuccio s'est inspiré du recueil bourguignon ou est-ce au contraire l'auteur bourguignon qui a été influencé par la lecture du texte italien ? – serait 'coûteuse'. Le *Novellino* fut publié posthume en 1476 et, pour le compter parmi les sources possibles, il faudrait supposer une très large circulation de nouvelles isolées, semblable à la diffusion qu'avaient eue les *Facetiae*.

représentant d'un cycle célèbre –, la nouvelle XXXIX ne conserve que le détail de la substitution des personnes, qui ici n'est pas caractérisant ; alors que la nouvelle XLIX met clairement au premier plan le dialogue à la fois minaudier et audacieux entre deux amoureux qui est au centre de *Connebert*. L'histoire est assez connue : un mari assiste à leur insu à une conversation amoureuse entre sa femme et l'amant de celle-ci. Ce qui est ici singulier, c'est la teneur très intime de l'échange : l'amant détaille le corps de la femme en lui demandant chaque fois si la partie nommée lui appartient, et la femme répond oui sauf en ce qui concerne son derrière, qui reviendrait de droit à son mari. Tandis que *Connebert* prend un tour sanglant et se termine par une punition exemplaire – un motif proche de celui du « coeur mangé »[1], et qui sera repris par plusieurs textes postérieurs, parmi lesquels C.N.N. LXXXV – le récit bourguignon se poursuit de façon plus plaisante et son épilogue est pittoresque. A l'occasion d'une fête, le mari fait confectionner une robe pour sa femme dans une méchante étoffe avec pourtant un peu de tissu précieux pour recouvrir la partie qui lui est réservée. Comme l'avait déjà signalé P. Toldo[2], c'est sans aucun doute à Sabadino degli Arienti (Pecorone VII 1) que l'auteur est redevable de ce développement construit sur le dialogue secret des deux amants. Il est cependant intéressant de remarquer que Sabadino degli Arienti, au terme d'une longue insertion, retrouve le ton violent du fabliau, s'orientant, en accord avec l'ennoblissement d'une histoire née sous le signe du

---

1 Dans ces opérations de castration simple (simple si l'on pense à la castration canonique du *lai d'Ignaure*) il est aisé de reconnaître les signes, certes banalisés, du « coeur mangé ». Voir, sur les attestations de ce motif au moyen âge : L. Rossi, « Il cuore, mistico pasto d'amore : dal *Lai Guirun* al *Decameron* » *Studi Provenzali e francesi*, VI, 1982, p. 28-128. Voir aussi la note de V. Branca à *Déc.* IV 9 (p. 563-564 de l'éd. cit.). Le recueil *Le Coeur mangé. Récits érotiques et courtois des XIIe et XIIIe siècles*, Paris, Stock, 1979, ne présente pas, malgré son titre, beaucoup d'intérêt. [M. Di Maio, *Il Cuore mangiato. Storia di un tema letterario dal Medioevo all'Ottocento*, Milano, Guerini e Associati, 1996].

2 P. Toldo, cit., p. 21-22.

grotesque-piquant, vers un dénouement typique de la nouvelle tragique. Il n'est pas facile de décider si la trouvaille machiavélique de Francesco di Giordano da Monte degli Orsini est l'anneau nécessaire qui relie les deux récits français que deux siècles séparent. Au cas où l'enquête devrait se limiter à ces trois textes, l'analyse interne semblerait confirmer l'hypothèse d'une succession : fabliau / *Pecorone* / *Cent Nouvelles nouvelles*. Mais, quoi qu'il en soit, il est certain que l'auteur de Bourgogne connaissait, et bien, *Connebert*, comme le montre la nouvelle LXXXV, l'une des plus célèbres du recueil.

Il existe entre certains fabliaux et les nouvelles LX, LXI, LXV des relations secondaires : la première a en commun avec *De frere Denise* le détail de la tonsure féminine ; la seconde ne fait que varier le motif de la substitution du *corpus delicti*, traité de façon semblable dans *Des Tresces* et dans C. N. N. XXXVIII ; la troisième tente de dissimuler les traces de l'histoire salace du *Fevre de Creeil* dans un pèlerinage aventureux au Mont Saint Michel. La nouvelle LXXIII est en revanche une copie assez fidèle du fabliau *Du Prestre qui fu mis ou lardier*. L'auteur ne prend pas même le soin, comme il le fait ailleurs, de modifier la caractérisation de l'amant, qui était et reste un prêtre, transporté comme un paquet, à l'insu du mari, dans un coffre inconfortable.

Les relations entre la nouvelle LXXVIII, le fabliau *Du Chevalier qui fist sa dame confesse* et Déc. VII 5 sont beaucoup plus enchevêtrées. Tout en admettant, comme l'affirme V. Branca, que le thème « apparaît assez répandu dans la littérature médiévale »[1], et que donc les antécédents possibles sont nombreux, il n'en demeure pas moins que la nouvelle française manifeste des similarités convaincantes essentiellement avec les deux textes que nous venons de mentionner. Comme on pouvait le constater pour la série C. N. N. XLIX,

1 Giovanni Boccaccio, *Decameron*, éd. cit., p. 821, n. 1.

Connebert et *Pecorone* VII 1, l'intrigue semble progressivement se compliquer, et le *Décaméron* pourrait être l'intermédiaire entre la forme la plus simple et la forme la plus complexe. Dans le fabliau *Du Chevalier qui fist sa fame confesse*, un mari prend la place du prêtre qui devait confesser sa femme et écoute stupéfait la confession de tous les adultères dont il est la victime. La surprise consiste dans la géniale présence d'esprit de la femme qui se tire immédiatement de ce très mauvais pas, en inventant qu'elle avait en réalité reconnu son mari et voulait lui donner une leçon. La cinquième nouvelle de la septième journée du *Décaméron* fait de ce récit une illustration du thème du mari jaloux et de la mal mariée, et y introduit certaines variations. Les plus importantes pour une comparaison avec les *Cent Nouvelles nouvelles* sont celles qui concernent la ruse féminine pendant et après la confession. En premier lieu, mais c'est un élément que le texte français ne reprend pas, la femme s'aperçoit dès le début que le confesseur est son mari, et sa confession n'est que le prélude d'une vengeance très finement conçue. Puis, quand elle tente de tranquilliser et de railler le jaloux, la femme révèle, comme dans une fable devinette, que les nombreux amants qu'elle s'était attribués n'étaient que des personnifications de son mari : « Io dissi che io amava un prete: e non eri tu, il quale a torto amo, fatto prete ? »[1] [« Je t'ai dit que j'aimais un prêtre : mais ne t'étais-tu pas fait prêtre, toi que j'ai tort d'aimer ? »], dit la mal mariée ; elle justifie de même ses autres trahisons. Elle a trompé trois fois son mari : nombre fatidique repris dans l'habile excusatio de C. N. N. LXXVIII. L'invention et la solution de l'énigme donnent au texte français un ton de fable. La femme confesse trois amants : un écuyer, un chevalier et un prêtre. Chez chacun d'eux, il faut reconnaître le mari, qui, jeune, fut 'escuier', adulte, chevalier, et, enfin, 'prestre'. L'insertion d'une

1 *Ibid.*, p. 831.

énigme dans le *Décaméron* et dans le recueil bourguignon rend superflu un rapprochement direct entre ce dernier et le fabliau. Mais l'extrême popularité de la fausse confession et de la devinette surprise ne peuvent que conseiller la prudence, et il est fort possible que l'auteur des *Cent Nouvelles nouvelles* ait eu à l'esprit, en plus du conte de Boccace et l'histoire du *Chevalier qui fist sa fame confesse*, d'autres textes dont il serait risqué de dresser la liste.

Le lien entre la nouvelle LXXXV et les fabliaux est de nouveau transparent. Dans *Connebert*, le forgeron Tiebaut, pour se venger, clouait le sexe du prêtre fornicateur à une table et mettait le feu à la cabane, contraignant ainsi sa victime à se châtrer. Dans la nouvelle, la séquence des actions, le métier du mari et le rôle du valet apprenti sont identiques.

Les nouvelles LXXXVII et LXXXVIII, qui traitent, elles aussi, des infortunes du triangle amoureux, mais avec moins de tragique, s'inspirent respectivement des fabliaux *Du Vilain de Bailleul* et *De la Borgoise d'Orliens*. Ce sont, dans le recueil, les dernières à témoigner d'une dépendance à l'égard de la tradition médiévale française, puisque dans la nouvelle XCVI, pourtant très proche du *Testament de l'asne*, l'auteur a préféré utiliser la facétie XXXVI plutôt que le fabliau. A l'origine, il s'agit d'un âne que son maître, un prêtre, aime tellement que, lorsque l'animal meurt, profitant de son habit, il l'enterre au cimetière. Devant se justifier, le prêtre raconte à son évêque une histoire : gros travailleur, l'âne a mis de côté une belle somme, et, dans son testament, il l'a léguée à l'évêque – à condition bien sûr qu'il exécute ses dernières volontés –. Naturellement la haute autorité ecclésiastique n'y trouve rien à redire, et autorise que l'âne repose en terre consacrée. Dans le texte du Pogge, l'âne est devenu un chien, la somme offerte au curé passe de vingt à cinquante ducats : des variantes que les *Cent Nouvelles*

nouvelles reprennent telles quelles, accréditant l'hypothèse d'une dépendance directe.

De toutes ces comparaisons au niveau du contenu (en admettant qu'il soit utile d'indiquer les principales sources des sujets d'une nouvelle), on peut conclure à une influence prépondérante des fabliaux. Un degré au-dessous se trouve le *Liber Facetiarum*, suivi, mais de loin, par Sabadino degli Arienti, Boccace et Sercambi (sans compter Etienne de Bourbon, Rasse de Brunhamel, Albrecht von Eyb, etc.).

6. La dédicace à Philippe de Bourgogne est en réalité une promesse mensongère. Le texte, une fois débarrassé de ses ornements traditionnels, annonce au dédicataire et au lecteur de nouvelles nouvelles, dignes d'être comparées à celles du *Décaméron*, et qui peut-être les surpassent en vertu précisément de cette ‘ nouveauté ’ tant vantée. Mais ces nouvelles ne sont pas du tout nouvelles, ou très peu. Ni les changements du contexte historique et géographique ni les nouveaux costumes que revêtent les personnages ne réussissent à cacher ce qu'on peut appeler de façon un peu vague les ‘ sources ’. Plus de la moitié des récits contenus dans le recueil ont des modèles connus, et il arrive dans certains cas que l'on soit en présence d'un simple plagiat. Les facéties du Pogge sont parfois reproduites avec une précision photographique. Et certains fabliaux ne subissent même pas les transformations qu'exigerait une modernisation. Mais on ne peut demander à une nouvelle l'absolue nouveauté, caractéristique à peu près exclusive de la chronique historique (ce qui ne signifie pas que les *Cent Nouvelles nouvelles* ne contiennent aucune référence à des événements qui ont « réellement eu lieu »[1]).

---

1 Dans l'introduction à son édition des *Cent Nouvelles nouvelles*, Pierre Champion soutient, en se basant sur le registre des « audiences » de Philippe le Bon, que l'auteur s'est souvent inspiré d'événements contemporains (éd. cit., p. lxii-lxiv). Certains

Ce qui rend vraiment suspect et donc mensonger le programme de l'auteur inconnu, c'est l'humble déclaration liminaire, l'hommage déférent à un langage (nous dirions aujourd'hui un style) subtil et inimitable. L'auteur en effet ne reprend rien ou presque de ce style, il n'emprunte pas la voie ouverte par Boccace, cette transformation du récit bref à travers la condensation et la légitimation réaliste de nombreuses formes du discours médiéval. Le recueil bourguignon ne témoigne d'aucun effort authentique d'actualisation. Plus que des agents ou des actants, les personnages sont des actions et des fonctions: ils n'ont ni nom ni visage ; de même on ne rencontre dans le texte aucun signe qui pourrait permettre d'identifier les villes, les villages, les bourgades, où se déroulent leurs aventures[1]. Certes, comme toujours, il y a des exceptions, mais elles ne vont pas dans la direction inaugurée par le *Décaméron*. L'atmosphère de ces contes n'en est pas pour autant abstraite et stéréotypée ; des aperçus sur la vie quotidienne, des séquences descriptives ouvrent et ralentissent le cours de la narration et révèlent un goût prononcé pour le concret ; ils ont fait et font parler de réalisme : réalisme désintéressé[2] ou limité et médiéval[3], ou même réalisme tout court. Pierre Champion a pu ainsi écrire : « Les *Cent Nouvelles nouvelles* ouvrent une fenêtre sur la campagne des Flandres et de Bourgogne, une porte secrète de la maison des hommes de ce temps en ces pays »[4].

---

personnages historiques ou présumés tels ajoutent, en outre, à l'authenticité des nouvelles : Montbleru, qui est aussi le narrateur de la nouvelle LXIII, Jean Stotton et Thomas Brampton (LXII), le comte Walerant (XXIV), Talebot (V), Clayz Utenhoven (LXIX).

1 Voir G. Angeli, « La novella e la censura del nome », *Rivista di letterature moderne e comparate*, XXXV, 1982, p. 5-12.

2 C'est la définition de L. Sozzi qui parle dans « La Nouvelle française au XVe siècle » (cit., p. 78), d' « étude désintéressée du réel ».

3 E. Auerbach, *Mimesis*, cit., p. 264 et 266.

4 P. Champion, *Les Cent Nouvelles nouvelles*, cit., t. I, p. lviii.

L'enthousiasme du premier éditeur moderne des *Cent Nouvelles nouvelles* témoigne d'un penchant pour le pittoresque, mais souligne une historicité inexistante. Le marchand londonien de la nouvelle XIX, qu'aucun trait d'ailleurs ne caractérise comme un habitant de la capitale britannique, évolue dans la même dimension temporelle que son prédécesseur plus vieux de deux siècles, le héros, victime et bourreau, du fabliau *L'Enfant qui fu remis au soleil* : autant dire que cette dimension temporelle est indéfinissable. Et on peut constater dans chaque nouvelle que l'auteur ne s'est nullement soucié de peindre le tableau de la société contemporaine ou tout juste antérieure, car dans ces textes, la société se réduit à une bande de marchands, de clercs, d'artisans, de paysans, unis par un destin commun de trompeurs et de dupes. La tromperie se déroule dans un cadre géographique postiche et la ruse affiche des histoires non datées. Il n'y a là rien d'étonnant, et on reconnaît dans cette focalisation aplatissante le rôle de matrice que les fabliaux ont eu dans l'élaboration du livre.

Il faut aussi relever une seconde « infidélité » au *Décaméron* : la rareté des nouvelles nobles et tragiques. On ne doit pas en conclure cependant que l'auteur *des Cent Nouvelles nouvelles* est incapable de concevoir des actions généreuses et de dresser de précieux décors. Ainsi, la nouvelle XXVI, l'histoire de deux jeunes amants, « un jeune, gent et gracieux gentilhomme nommé Gerard » et une « une damoiselle de leans nommé Katherine » (p. 163), développe dans un style soutenu le thème d'un amour exceptionnellement constant mais malheureux. Elle utilise de nombreuses figures de la rhétorique courtoise, des périphrases nobles (« Amour qui bande les yeulx de ses serviteurs »), des *topoi* narratifs (les 'losengiers' : « aucuns maudictz, detestables envieux »). Et parfois surgit, des cendres des hyperboles conventionnelles, un langage moins pompeux et moins ampoulé :

Et à ces motz, larmes a tant saillirent des yeulx et descendirent au long de sa belle et clere face jusques bien bas sur sa robe. (p. 164 52-53)

Ce n'est qu'en de rares occasions que l'auteur bourguignon raccourcit la distance entre le style et la teneur du récit, en abandonnant l'ironie et l'usage antiphrastique du lexique de la courtoisie[1]. Il n'y a pas dans le recueil plus de trois nouvelles tragiques ou exemplaires. La nouvelle LXIX, narrée par Monseigneur, met en scène, dans un cadre géographique et historique précis, une aventure que le Moyen Âge connaissait déjà dans la littérature comme dans la réalité. Il arrivait souvent qu'on restât de longues années sans nouvelles d'un chevalier parti guerroyer ou à la croisade, et son épouse, après un délai raisonnable, pouvait estimer sa mort plausible, et se remarier avec le consentement de la communauté et de l'église. Un jour le mari réapparaissait, et la femme se retrouvait bigame et involontairement infidèle. L'épouse de Clayz Utenhoven, qui s'était ainsi remariée, dès qu'elle apprend le retour du chevalier qui avait été son premier époux, éclate en larmes, se tourmente et s'évanouit (elle finira par mourir de douleur) :

« Helas ! et qu'en dira mon tresloyal seigneur et mary, auquel je n'ay pas gardé loyaulté comme je deusse, mais comme femme fresle, legere et muable de courage, ay baillé part et porcion a aultruy de ce dont il estoit et devoit estre le seul seigneur et maistre ? Je ne suis pas celle qui doit ou ose actendre sa presence [...] ». Et ces parolles dictes, accompaignées de grands larmes, son treshonneste, tresvertueux et loyal cueur s'evanuyt, et cheut paulmée (p. 424–25 78-88).

Alourdi par les habituels couples de synonymes, par l'utilisation de tournures du latin tardif et par des périphrases nobles qui

---

1 En plus du texte de J. Rasmussen (*La prose narrative française du XVe siècle*, Copenhague, Munksgaard, 1958, p. 154-162), voir les remarques perspicaces de L. Sozzi dans *La Nouvelle française au XVe siècle*, cit., p. 81-83.

miment un démembrement expressif à travers des réminiscences de l'ancien français (« son cueur s'evanuyt »), cet acte de contrition révèle un nouvel effort pour faire correspondre le style à un contenu élevé. C'est un peu ce que l'auteur fait dans la nouvelle tragique par excellence (XCVII), mais il y ajoute une discordance de ton inédite. L'histoire est identique à celle que Rasse de Brunhamel, parmi d'autres, avait tiré d'un récit de Nicolas de Clamanges. Un couple de jeunes amants, tous deux de haut lignage, sont attaqués la nuit dans une auberge par une bande de malfaiteurs et de ribauds, qui veulent violer la jeune fille. La taverne, comme la forêt, est le lieu classique des mauvaises rencontres, des guets-apens, et c'est là que, avec pour seul témoin l'aubergiste apeuré, le couple et les agresseurs engagent une bataille verbale. Les perfides mauvais garçons « tous allumez du feu de concupiscence charnelle » se mettent à brailler avec vulgarité et prétendent avoir la jeune fille, déjà réduite par leurs propos au rang de fille de mauvaise vie (« la ribauldelle »). De son côté, le jeune homme répond par une très noble tirade, pleine d'hypotaxes et de volutes artificielles (« Et ne soiez pas si abusez en voz courages que je me repute si lasche que je la laisse villanner ne souffrir luy faire injure », p. 550 156-58). Pour rendre au mieux le pathétique de la situation, le prétendu émule de Boccace oppose dans leurs langages mêmes la grossièreté farouche des assaillants et la pureté innée des deux « loyaulx amoureux ». Il crée ainsi un bizarre contraste entre deux registres extrêmes : l'extrêmement bas et l'extrêmement élevé.

Dans la troisième et dernière nouvelle traitant d'un sujet noble – la nouvelle XCIX –, l'auteur (dont le rôle est joué, dans le cadre fictif, par l'acteur comme dans la nouvelle XCVIII) s'efforce de produire un parangon de style moyen. Le sujet, qui n'est pas sans rapport avec le cycle de Grisélidis, est un exemple de vertu[1]. Un riche et sage marchand, habitué aux longues navigations et qui ne peut résister aux attraits du voyage, prend congé de sa très jeune épouse, non sans lui avoir donné auparavant quelques conseils de prudence. Homme d'expérience et connaissant la vie, il prévoit que la jeune femme ne lui demeurera pas fidèle, aussi se contente-t-il de lui demander de choisir avec soin son éventuel amant. Celui-ci devra être sage, modeste, avisé, sincère. La femme suit si bien les conseils de son mari que, malgré son penchant naturel, elle ne parviendra pas à le tromper, et finira par comprendre les mérites de la fidélité et de l'honneur. Le récit, qui inspirera par ailleurs Goethe, est écrit dans un style qui convient au sujet. Les couples synonymiques rythment les phrases d'une monotonie ampoulée sans jamais produire toutefois les effets stridents de la nouvelle tragique. Monologues et dialogues se succèdent, occupant plus de place que la narration proprement dite, ils s'entremêlent à des apostrophes, à des interrogations, ils s'emboîtent (on trouve ainsi des dialogues dans les dialogues), préparant le terrain à l'éloge de la vertu. Ces trois nouvelles, ainsi que le récit de l'histoire de Gérard et Katherine, tranchent sur le reste du recueil, par leur sujet et par leur style. Quoi que l'on puisse penser de la réussite de l'auteur, il importe ici de souligner la valeur symbolique de cette disparité. Dans un livre où abondent les sujets de facétie, les mots d'esprit, les pointes, où le langage des fabliaux domine, où la psychologie est absente, l'aventure et la tragédie réduites au minimum, la ' courtoisie ' parodiée, ces exceptions semblent être là pour démontrer le caractère intentionnel de ce qui a été perçu comme de la grossièreté, comme l'antithèse de l'élégance humaniste de Boccace. En passant du plaisant au pathétique, en dressant une ébauche

1 Sur la source probable de la nouvelle XCIX (le récit qui s'intitule *Marina* d'Albrecht von Eyb, traduction latine d'un modèle italien), voir l'essai de W. Küchler, « Die *Cent Nouvlles nouvelles* », cit.

d'architecture fantôme[1], l'auteur des *Cent Nouvelles nouvelles* apporte la preuve qu'il saurait mais ne veut pas suivre la voie difficile du recueil composite et bien construit. Et, par delà les nombreux emprunts qu'il ne cherche pas à cacher, il affirme que le livre est bien son œuvre et son œuvre préméditée.

1 J'ai déjà parlé des restes, à mon avis tout à fait visibles, d'un projet véritable : voir *supra,* p. 16-17. Il faut aussi signaler le calque de Boccace dont parle L. Rossi (« Per il testo delle *Cent Nouvelles nouvelles* », cit.) à propos justement de l'architecture de l'oeuvre : les sujets des nouvelles qui ouvrent et clôturent le recueil. La première nouvelle ne contient pas qu'une exaltation du « notable bourgeois » ; et elle est bien loin d'être édifiante. Quant à la dernière, puisqu'il faut replacer la nouvelle XCIX à la fin du recueil, elle est consacrée à l'éloge de la vertu.

II
LA TRANSFORMATION NARRATIVE DU DÉBAT: LES *QUINZE JOYES DE MARIAGE* ET *JEHAN DE SAINTRÉ*

A la fin du XVe siècle de nombreux indices annoncent déjà que le débat littéraire se trouve à l'étroit dans toute sorte de limites, qu'il s'agisse de genre, sous-genre, type ou forme. Et cela non pas tant à cause de l'amplification du sujet de la dispute – amplification trouvant place dans le débat qui, par nature, s'étend de la théologie à la médecine du cœur, de la politique à l'hygiène, de l'histoire à l'art culinaire etc. – qu'à cause de la dissolution des contours provoquée par une tendance omnivore. *L'altercatio* assimile et dévore tout ce qui provient de la lyrique nouvelle ou archaïque et de la culture environnante au sens large. Conformément à ce qui se produisait dans le passé on continue, parfois avec une ferveur renouvelée, à proposer d'innombrables alternatives: sur le binôme corps/cœur *(Le débat du coeur et du corps* de Villon), homme/ femme *(Le débat de l'omme et de la femme* de Guillaume Alexis), chair/poisson *(Le débat de la chair et du poisso n* de Molinet), « belle dame sans mercy/amant transy d'amour », selon la longue série inaugurée par Alain Chartier. Sur des trinômes animaliers (*Le débat de l'aigle, du harenc et du lyon* de Molinet) ou entièrement corporels (*La guerre et le débat entre la langue, les membres et le ventre* de Jehan d'Abundance). Les diverses facettes et ramifications entraînent la discussion dans un jeu polyphonique qui bouscule définitivement la limite du dilemme proprement dit. On en arrive en somme au dialogue à plusieurs voix, au « pluriloge », « à peine distinct », observe Paul Zumthor, « de ce que serait le livret d'un jeu de scène »[1].

1 P. Zumthor, *Le Masque et la lumière. La poétique des Grands Rhétoriqueurs*, Paris, Seuil, 1978, p. 185. Dans le chapitre « Le Formes globales » Zumthor analyse les

Rien d'étonnant dans tout cela puisqu'il s'agit d'un mécanisme qui se reproduit un peu partout à cette époque. Le virage effectif est marqué par la désinvolture avec laquelle le débat est mêlé et superposé à des discours qui lui sont étrangers. Dans le cadre de la vieille question féminine et amoureuse, qui domine de très loin, les combinaisons formelles sont nombreuses. Le thème peut être, par exemple, proposé et débattu en rêve, c'est-à-dire selon les règles du rêve littéraire. Parfois il arrive que le fond soit emprunté à la rencontre amoureuse[1]. Et à ces cadres greffés, on ajoute souvent un corps qui calque le modèle judiciaire ou bien celui pseudo-guerrier du tournoi. Peu importe que les cours d'amour soient le point de fuite peu éloigné de ces deux lignes de perspective. Le cérémonial du jugement courtois est comme écrasé par cette abondance métaphorique hétérogène mais non incompatible dans laquelle se reflète l'enchevêtrement serré des modèles dialectiques. Débat d'amour par excellence parce que l'objet de la discussion concerne le nœud fondamental femme-mariage, *Le Champion des dames* de Martin Le Franc est le produit symptomatique de cette élasticité fondamentale des rapports et échanges de registres. Même si ce n'est pas d'une façon trop insistante, *l'incipit* signale que la défense conçue par Martin Le Franc se situe dans le rêve. Tout le récit, qui se révélera construit selon des rituels plus qu'artificiels, fait donc partie d'une grande fiction et de cette fiction il devrait tirer, conventionnellement, un label d'authenticité.

Le « champion » des dames révèle en outre, dans sa désignation même, que son action est liée au monde des armes et

---

suiv.). Pour une classification des controversiae des « rhétoriqueurs » on pourra consulter l'*Histoire de la poésie française au XVIe siècle* d'Henry Guy, Paris, Champion, 1910, t. I, p. 112 suiv.

1 Dans son *Essai de poétique médiévale*, Paris, Seuil, 1972, P. Zumthor souligne précisément ces types de combinaisons tardives provoquées par la « dissociation du poème et du chant » (p. . 306-308).

des défis. Toutefois, là où on attendrait la mise en scène d'un tournoi, Martin Le Franc monte un scénario de guerre avec un château à prendre d'assaut, des assaillants escaladant les murailles, des canons, des couleuvrines, des arbalètes. C'est Franc Vouloir qui intervient pour aider ceux qui sont attaqués et pris de panique: à peine descendu de cheval, il revêt selon la tradition les attributs du guerrier: armure, jambières, cuirasse, lance, bouclier, cotte d'armes. On parle, dans les transitions, la langue de la guerre : assauts, victoires, défaites, entrées en lice. En somme, le débat est inscrit à l'intérieur de deux cadres. Celui du rêve, qui s'estompe dans le lointain et celui de la guerre, constamment présent, qui sert à rythmer, tout en étant relégué aux didascalies, les différents raisonnements. Car il s'agit bien de raisonnements et pas d'autre chose. Les défis effectifs sont purement verbaux et le poème tout entier est une suite de plaidoiries animées pour et contre l'amour et son intermédiaire, la femme. En position centrale se détache donc le discours judiciaire, plus approprié que le discours guerrier pour soutenir et développer la « querelle d'Amours et des Dames contre Malebouche et sa gent mauvaise »[1].

Mais ce n'est pas par hasard que le protagoniste et héros est le « champion des dames » et non l'« advocas des dames ». Martin Le Franc vise à une compénétration totale des deux registres et mêle volontairement les modalités du débat juridique et de la tenson. Le résultat en est un tissu qui trahit justement un goût indiscutable pour le mélange hasardeux. Les ingrédients, c'est-à-dire les points de référence qui deviennent de vrais composants de base dans le nouvel enchaînement, avaient dans leur contexte d'origine une fonction parfaitement autonome. Ainsi mêlés, ils acquièrent, et échangent entre eux, forme et

1 Voir le prologue de *Le Champion des dames* dans l'édition (malheureusement jamais terminée) d'Arthur Piaget, Lausanne, Payot, 1968. [Martin Le Franc, *Le Champion des dames*, éd. R. Deschaux, Paris, Champion, 1999, 5 vol].

identité. Chaque personnage a désormais plus d'un statut en même temps et chaque situation est double ou triple. Malebouche est certes le Malebouche du *Roman de la Rose*, allégorie qui appartient à la sphère doctrinale de l'« ars amandi » du moyen âge; toutefois le « traitre larron » (v. 74) de Martin Le Franc est aussi bien le perfide condottière des troupes qui se lancent à l'assaut du château d'Amour, que le grand accusateur dans un procès qui prévoit, selon la règle, avocats et témoins à charge et décharge. Engluée dans un tel enchevêtrement, la représentation progresse sans fils directeurs et substitue au langage figuratif de la *Rose* (un des plus beaux exemples de concentration des forme initiatiques les plus significatives) un langage postiche et désaxé. Comme chaque séquence est le lieu d'une harangue et d'un défi, le texte a recours à de terribles surimpressions qui traduisent sur le plan lexical une circulation provisoire et illusoire de sphères et de compétences. Il suffit de rappeler le début du deuxième livre et la textuelle « entrée en lice » de vilain Penser qui est donc guerrier mais aussi avocat et qui, même en menaçant de mort Franc Vouloir (« Mais par le sang de Clopinel, Tu demourras a mes attaques Et morras en cestui tinel » v. 4350-4352), ne dégaine que des armes de papier :

> Et lors, d'une grande besache,
> Le truant paillart ahonty
> Livres, procès et papiers sache,
> Disant [...]
>
> [v. 4353-56]

2. La grotesque alternance des registres dans le long poème de Martin Le Franc n'est qu'un des symptômes de cette tendance vorace et protéiforme propre au débat de tout le XVe siècle. Et, aussi paradoxal que cela puisse paraître – ce relativisme est du reste d'origine classique –, les thèses à soutenir sont également interchangeables ainsi que les accusés à défendre. Avec le même

esprit que les « faux dialecticiens » contre lesquels polémiquait Platon, les auteurs du XVe siècle débattent pour le plaisir de débattre: ils s'exercent dans l'éloge et dans le blâme en changeant indifféremment d'objectif. Responsable d'un procès qui a duré environ un siècle, Alain Chartier avait de fait déjà conclu la question de l'« esclavage d'amour » par un jugement de compromis prononcé en appel. *L'Excusacion envers les dames* du même Alain Chartier est la première réponse à la *Belle dame sans mercy* et constitue un des nombreux cas de contradiction dans la pratique écrite des XIVe et XVe siècles. Et par contradiction, ou mieux contre-dit, j'entends justement cet art du jeu de l'antiphrase visant à démonter et ensuite à rénover les formes reçues en héritage et désormais vidées de leur sens. Certes le maître dans cette stratégie des contrevérités et du disloquement d'une rhétorique stéréotypée reste, comme Roger Dragonetti le soutient depuis longtemps avec des arguments brillants, François Villon[1]. Mais même des auteurs comme les Grands Rhétoriqueurs, sur qui a pesé pendant longtemps une étiquette de pompe académique, ont donné une impulsion à ce mouvement d'oscillation déséquilibrante, en passant avec la même vitalité stylistique du registre de la célébration à celui du cabotinage et de la dérision. En marge de la grande rhétorique (mais de toute façon inspirateur d'une palinodie préfacée par son auteur avec la prose exubérante et ampoulée de l'« école »), Guillaume Alexis abandonne le rôle d'avocat général dans cette plaidoirie imaginaire contre les femmes et l'amour qu'est le *Blason de faulses amours* pour défendre avec légèreté et humour le beau sexe dans le *Débat de l'omme et de la femme.* Le premier dialogue voit la victoire de la thèse du moine alors que le second fait triompher la dernière réplique de la femme :

1 Les études de R. Dragonetti sur François Villon (« Lorsque l'escollier Françoys teste et proteste », « Le contredit de François Villon », « La Ballade de Fortune ») sont réunies dans *La Musique et les Lettres*, Genève, Massot, 1986 (p. 257-78, 279-308 et 309-22).

LA FEMME *replicque*
Les hommes se monstrent infames
En voulant diffamer les femmes [...]
[v. 161-62]
En plusieurs lieux pourrez trouver,
Comme on peut justement prouver,
Qu'il est trop plus de mauvais homes
Et aussi plus de femmes bonnes [...][1]
[v. 189-92]

Les exemples cités sont caractéristiques du double jeu de la composition: réquisitoires qui se développent dans une direction donnée et que l'avocat même nie en embrassant le point de vue de la partie adverse. Mais toujours dans des contextes canoniques que les titres mettent en évidence (*excusacion, débat* etc.). Comme dans un jeu auquel tous font semblant de croire, les rôles sont d'abord remplis avec maestria et ensuite inversés avec la même conviction sur l'arrière plan de procédures similaires et de règles répétées jusqu'à l'obsession. Qu'il soit exercice de maîtrise ou reflet d'une conformation de l'expression poétique reposant à la fin du moyen âge sur la dualité, le débat sur la femme, l'amour et les signes du monde courtois est aussi, à l'occasion, une ébauche de projet dont on entrevoit les contours parodiques seulement en filigrane. Un texte comme *Les Quinze joyes de mariage* apparaîtrait, à côté des *Arrêts d'Amour* et des *Cent Nouvelles nouvelles,* comme le dérivé d'une mode naissante (la nouvelle) où confluent à la fois le filon des traités antiféministes et celui de la parodie religieuse. Chaque tableau, c'est-à-dire chaque 'joye', illustre un axiome quelque peu élémentaire et expéditif : l'homme marié perd sa

1 *Œuvres poétiques de Guillaume Alexis,* éd. A. Piaget et E. Picot, Paris, Didot, 1896-1908, 3 voll., t. I, p. 142. Dans le chapitre « La Femme » de *François Villon et les thèmes poétiques du moyen âge* (Paris, Nizet, n. éd. 1971) Italo Siciliano souligne à plusieurs reprises le goût du sophisme et du jeu rhétorique qui caractérise la « querelle » au XVe siècle (p. 365 : « Il semble que c'est plutôt l'amour de la chicane que l'amour des dames qui pousse certains avocats à intervenir pour leur défense »).

liberté et tombe dans un abîme de malheurs. La métaphore qui a le plus de succès, après celle, plus banale, de la prison et des barreaux, relève du monde de la pèche. Avec des variations par rapport au *Roman de la Rose* dans lequel le terme à comparer était l'entrée en religion, l'auteur des quinze récits compare l'aspirant mari à un poisson qui reste pris dans la nasse.[1] Avant d'être des nouvelles parfaitement autonomes selon le modèle idéal du *Décaméron* ou celui concret des fabliaux, les *Quinze joyes* sont des fragments narratifs qui exemplifient des vérités attestées. On pourra peut-être remarquer que l'adage est ici toujours le même et que l'ensemble est irrégulier par rapport aux recueils d'exempla. L'esprit misogyne dont est imprégné ce texte d'origine probablement poitevine[2] et rédigé entre le déchaînement d'une fameuse querelle (sur le *Roman de la Rose*) et le début d'un non moins fameux cycle de débats (sur la *Belle dame sans mercy*) situe son auteur parmi les épigones de Jean de Meung, Matheolus et Deschamps, indirectement mis en cause dès le prologue, très clair et tout à fait explicite. Les choses changent dans l'épilogue, où la densité démonstrative mi-sérieuse mi-plaisante des quinze exempla disparaît d'un coup. En adoptant le ton et les manières d'Alain Chartier (après la *Belle dame sans mercy* l'*Excusacion*), le détracteur ironique des femmes et de l'institution du mariage se lance dans les méandres tortueux de la prudence rhétorique dans le but apparent de réduire la portée du réquisitoire et d'atténuer la juste colère des victimes.

La déclaration finale apparaît comme un acte de contrition burlesque. Dans le premier raisonnement, c'est encore l'ironie qui prévaut. Le mariage est certes un terrible piège mais les femmes n'ont qu'à s'en réjouir. En effet, tout ce que l'auteur a

1 Mes citations se rapportent à l'édition Rychner : *Les Quinze Joyes de mariage* Genève-Paris, Droz-Minard, 1963.

2 *Ibid.*, p. xxxii-xxxvii.

exposé devient louange et honneur (« louenge et honneur » 114, 13) du sexe féminin qui remporte, dans son duel avec l'ennemi atavique, une victoire certaine :

> Et si les femmes se deullent de ce que je n'ay mis ou assigné les dictes chouses que je tiens a maleurtez surs elles come surs les hommes, elles le me pardonront, si leur plest, combien que je ne leur ay rien meffait, pour ce que tout est a leur louenge et honneur, et auxi que par regle generalle les chouses dessus dictes chaient sur les hommes, come j'ay dit dessus (114, 8-15).

Ce motif – « tout est a la louenge des femmes » et « honneur pour elles » (115, 44, 48) – est utilisé à nouveau dans une autre plaisante invective contre ces maris inconscients qui offrent spontanément leur cou au joug. Le champ métaphorique s'élargit. Il ne s'agit plus de poissons cette fois, mais, à en juger par des expressions comme « telles besteries » (115, 25), « abestir » (115, 26), « embridez et abestiz » (115, 29-30), « embridé » (115, 35), de bêtes de somme. L'excusatio rédigée en antiphrase culmine sur une révélation retentissante: les quinze scènes pittoresques de vie conjugale sont une œuvre exécutée sur commande pour un groupe de jeunes femmes. Jusque là, on ne s'écarte pas trop des positions initiales: le texte et ses antécédents peu crédibles (la commande par des femmes) sont cités pour cautionner une demande de pardon évidemment simulée. Mais la fin du texte réserve des surprises. Conscient du fait que les inspiratrices ont été médiocrement satisfaites par le livre commandé, l'auteur se déclare prêt à faire amende honorable et à tout recommencer. Il pourrait écrire un nouveau livre à leur louange et redresser les torts que les femmes subissent depuis toujours :

> Et l'ay escript a la requeste de certaines damoiselles qui m'en ont prié, et si elles n'en estoient contentes et elles vouloient que je prenisse paine a escripre pour elles [...] en bonne foy je m'y ouffre, car j'ay plus belle matiere de le faire que ce n'est, veu les grands tors, griefs et oppressions que les hommes font aux femmes

> en plusieurs lieux generallement [...] pour ce qu'elles sont febles de leur nature et sans deffense [...] (115-116, 48-59).

Un renversement de situation s'annonce, signe de cette neutralité de l'exercice rhétorique dont on a parlé. Mais également expression de la vacuité dans laquelle flotte la querelle.

Pour raconter quinze nouvelles, l'auteur, qui a glissé son nom dans l'énigme d'un rébus, a eu besoin de se jeter dans le vif d'un débat séculaire rallumé à la fin du XIVe siècle par la révision du *Roman de la Rose*. La dénonciation de l'académisme ou à tout le moins du rituel trompeur qui accompagne la controverse n'empêche pas que cette forme, d'ailleurs jamais tombée dans l'oubli, serve de cadre à un diptyque narratif dont la seconde partie est seulement annoncée.

3. Le jeu qui se développe entre récit et débat est encore plus subtil chez *Jehan de Saintré*. Le plus apprécié et le plus étudié des textes narratifs du XVe siècle porte la marque de la dualité du dessein qui a été justement interprété comme « le lieu exemplaire d'une mutation structurelle »[1]. Encore lié à une culture féodale sur le déclin, Antoine de La Sale écrit un roman – considéré avec raison comme le premier de la littérature française moderne – si nettement divisé en deux parties qu'il fait croire à une rédaction par deux plumes différentes. Dans la

---

1 E. Stojkovic Mazzariol, *L'Occhio e il piede. Lettura critica del « Petit Jehan de Saintré »*, Vicenza, Neri Pozza, 1979, p. 8. Madame Mazzariol partage l'opinion de Julia Kristeva qui avait parlé, dans *Le Texte du roman* (The Hague, Paris, New York, Mouton, 1979), de transition de « l'idéologème du symbole » à « l'idéologème du signe » : de passage d'un système de rapports univoques à un système de rapports biunivoques, d'une structure « monovalente » à une structure « hétérovalente, déchirée, double » (p. 29). C'est justement sur le principe de l'ambivalence que repose *L'Occhio e il piede* : titre qui fait allusion à la contradiction entre le haut (le regard, l'éthique de la *fin'amors*) et le bas (le contact des pieds sous la table, l'amour charnel, la tradition réaliste). Je cite d'après l'édition suivante : Antoine de La Sale, *Jehan de Saintré*, éd. J. Misrahi et Ch. Knudson, Genève, Droz, 1967 [voir aussi : Antoine de La Sale, *Jehan de Saintré*, éd. M. Eusebi, Paris, Champion, 1993-94, 2 vol. ; Antoine de La Sale, *Jehan de Saintré*, éd. J. Blanchard et D. Queruеil, Paris, Le livre de poche, « Lettres gothiques » 1995].

première, l'histoire de la *Chastelaine de Vergi* revit à l'état embryonnaire: une dame aime un jeune page et, comme la Chastelaine, fait promettre à son jeune amant que leur amour restera secret. Mais la dame prend beaucoup d'autres initiatives par rapport à l'héroïne du récit anonyme du XIIIe siècle. Son intention est de s'occuper de l'éducation chevaleresque, en plus bien sûr de l'éducation sentimentale, de Jehan de Saintré, selon un code strictement courtois. Les années passent; le page devient un chevalier renommé qui participe avec honneur, mais toujours sous l'amoureux contrôle de sa bienfaitrice, à des tournois et à des faits d'armes (il y a même une fantomatique croisade contre les Sarrasins en Prusse) jusqu'à ce qu'il décide de s'émanciper et d'offrir à l'aimée une action héroïque et inattendue. Réagissant de façon tout à fait imprévisible, la dame retire au néo-chevalier à la fois son amour et sa protection économique.

Sur cette éclatante manifestation de colère immotivée, qui est un calque imparfait d'un schéma arthurien[1], s'achève la première partie du roman. Dans la deuxième, le décor change, bouleversé par des présences qui détournent le récit de sa logique. Le rideau se lève non plus sur la noble cour du roi Jean de France, mais sur une réalité campagnarde dans laquelle sévit un abbé robuste et athlétique. Les rôles sont redistribués: la dame se jette dans les bras du peu honnête serviteur de Dieu et ne se soucie pas de cacher sa nouvelle liaison. Saintré, de son côté, ne tarde pas à découvrir l'impudique comportement du couple, ce qui le contraint à faire face à l'inévitable duel. Mais les adversaires appartiennent à des milieux séparés et leurs

1 Tout à fait pertinente la remarque de Emma Stojkovic Mazzariol à propos de la fonction 'courtoise' de l'interdiction-transgression qui serait le modèle déformé du tournant romanesque dans *Jehan de Saintré*. Tandis que dans le contexte de l'idéologie de la *fin'amors* « la trasgressione è il momento cruciale che innesta l'iter conoscitivo dell'avventura », dans *Jehan de Saintré* « il motivo essenziale della trasgressione è ridotto volutamente a una banale situazione di fatto, destinata solo a far ruotare il discorso su se stesso, rovesciandolo » (p. 46-7 de *L'Occhio e il piede*, cit.).

points de vue ne cadrent pas. C'est pour cela que, le combat, comme le roman, se dédoublent. Dans la lutte au corps à corps, l'abbé a le dessus et dans le duel armé Saintré fait sa fête comme il faut à l'abbé. Les vainqueurs se moquent à tour de rôle des vaincus si bien que le match, en fin de compte, est nul. Mais la victoire de Saintré est la réponse à un défi impertinent – en ce sens qu'un homme d'église n'est pas autorisé à provoquer un duel et à en venir aux mains avec des rivaux – et apparaît donc comme une vengeance juste et définitive. Pour qu'il ne reste pas l'ombre d'un doute, La Sale renvoie à la Cour d'Amour la décision sur le cas. Le verdict prévisible absout évidemment le chevalier et accable la dame (et, indirectement, l'abbé).

Aucun exégète d'Antoine de La Sale n'a manqué d'observer que deux mondes et deux styles s'affrontent dans le roman: le style courtois et le style réaliste ou, pour simplifier, Chrétien et les fabliaux. Les déductions, semblables, vont dans le sens d'un témoignage 'automnal' et nostalgique: les idéaux chevaleresques sont en déclin, ainsi que l'aura de la *fin'amors*. L'histoire projette sur la fiction le contact, auparavant impensable, entre le bas et le haut, le populaire et l'aristocratique. Les nombreux reflets de cette bipolarité, disséminés dans les plis du texte, ont été étudiés. Les personnages, les formules, les sujets sont ambivalents[1] et d'une certaine manière, ils annoncent le grand dilemme de la littérature romanesque. La structure fondée sur l'*oxymoron* de *Jehan de Saintré* a cependant une transparence qui lui est propre. On ne peut en somme ignorer qu'elle correspond, littéralement, au modèle de la controverse.

---

1 Voir, en plus des textes déjà cités de J. Kristeva et E. Stojkovic Mazzariol : A. Bronarski, « *Le Petit Jehan de Saintré* : une énigme littéraire », *Archivum romanicum*, V, 1921, p. 187-238 (aussi Firenze, 1922) ; J. Rasmussen, *La Prose narrative française du XVe siècle*, cit. (« Dans le *Petit Jehan de Saintré*, on assiste à la lutte des deux courants opposés [...] », « A la polarité idéologique du Saintré correspond une polarité stylistique [...] », p. 155) ; P. F. Cholakian, « The two narrative styles of A. de La Sale », *Romance Notes*, X 1968-1969, p. 362-72.

D'ailleurs la conclusion du texte passe par un jugement. Saintré expose de façon impersonnelle à la reine et aux dames réunies, amante parjure comprise, un cas où il est au contraire personnellement impliqué et demande à la fin l'opinion de la cour improvisée. L'assemblée exclusivement féminine est appelée à se prononcer sur une question d'amour : la dame a-t-elle eu tort ou raison d'abandonner un amant loyal et preux pour un moine trop sensible aux plaisirs de la chair ? Posé en ces termes, le débat ne peut que déboucher sur une condamnation de la dame dont le chevalier dévoile publiquement l'identité.

L'ensemble des procédés qui conduisent à la sentence est bien sûr essentiel pour mieux mettre en relief la conduite honteuse de l'accusée et la reconnaissance officielle de sa culpabilité. Toutefois, aucune preuve supplémentaire n'est produite et aucun coup de théâtre n'intervient pour démolir l'opinion qu'Antoine de La Sale a contribué à mettre en valeur. La dame des Belles Cousines avait, aux yeux de tous, trahi d'une façon indigne et déraisonnable son protégé. Tous donc, de l'auteur au lecteur en passant par les comparses et autres protagonistes, avaient déjà prononcé tacitement la condamnation. L'organisation du procès aurait pu donner à l'accusée l'occasion de se disculper et de révéler au moins une raison plausible à son imprévisible courroux et à la série ' colère – abandon – infidélité ' qui en découle. Dans le développement impersonnel mais clairement allusif de la controverse, on demande à la dame de donner son avis sur un cas qui en fait est le sien et sur la conduite d'une noble dame allemande dont le nom n'est pas mentionné et qui en réalité est elle-même. Mais la réponse, totalement hors de propos, élude la question. Ce qui permet à Jehan de Saintré, dans le rôle de l'avocat général, de s'acharner impitoyablement sur elle en dévoilant la réalité des faits :

> « Voire, ma dame », dist le seigneur de Saintré, « vous me dictes et ne respondez riens a mon propos ne a ma demande, qui est se la dame a bien fait ou non d'avoir ainsin habandonné son loial amant et serviteur [...] » (306, 27-32).

La dame ne sait aucunement justifier sa colère soudaine et son détachement tout aussi soudain du chevalier. Elle n'est ni Laudine qui congédie Yvain à cause de son impardonnable oubli ; ni Guenièvre qui fait payer très cher à Lancelot son instant d'hésitation. Elle renvoie pourtant, par antithèse, à l'une et à l'autre. Les images floues de la matière de Bretagne laissent des ombres perceptibles dans le roman d'amour et d'aventure du XVe siècle.

Après avoir admis que l'archétype renversé du tournant romanesque réside dans la lumineuse obscurité de l'interdit féminin, il n'en reste pas moins que le débat n'ajoute pour ainsi dire rien à l'action du texte. Un procès précédant l'épilogue devrait en effet imprimer à la narration un changement important par l'intermédiaire de révélations sensationnelles ou de découvertes surprenantes. La quatrième nouvelle de la dixième journée du *Décaméron* pourrait servir d'exemple. Messer Gentile de' Garisendi a sauvé par miracle d'une mort horrible la femme aimée. Madonna Catalina, femme de Niccoluccio Caccianemico, avait contracté pendant sa grossesse une maladie étrange qui avait dégénéré en catalepsie. Mari et proches parents avaient procédé normalement à l'enterrement, persuadés qu'elle était morte. Mais Gentile, qui était accouru pour la pleurer, l'arrache à sa sépulture lorsqu'il s'aperçoit de la macabre erreur. Sans rien dire, le jeune homme emmène Catalina chez lui et la confie aux bons soins de sa mère. Catalina accouche d'un enfant. Peu de temps après, Gentile apprête un grand dîner auquel il invite, entre autres, Niccoluccio Caccianemico. C'est l'occasion pour lui de soumettre à l'assistance une fausse question qui dissimule celle qui lui tient vraiment à coeur. Si quelqu'un, demande Gentile, a un serviteur fidèle et qu'il l'abandonne quand celui-ci est atteint d'une maladie mortelle, et si une personne charitable le secourt et le guérit, est-ce-que cette personne a le droit de garder le serviteur en question sans léser ni offenser l'ancien maître ? Naturellement les convives lui donnent raison. Et naturellement Gentile dévoile le nœud de la véritable controverse : il fait apparaître la femme et l'enfant, raconte les événements et, renonçant au droit que la cour vient de lui accorder, il rend la femme à son mari. Nul doute que le jugement soit, dans le *Décaméron*, le moment fort par excellence[1]. La scène de justice ne sert pas seulement de moyen d'information à l'intérieur de la nouvelle (Niccoluccio apprend que sa femme est vivante, qu'il est le père d'un enfant...), elle est aussi le lieu d'un acte de magnanimité auquel le public, pas plus que les personnages impliqués, ne s'attendait guère. Cette intensification fonctionnelle poussant le récit à un coup de théâtre fait défaut à la controverse de Jehan de Saintré. Aucun élément nouveau n'est proposé au lecteur et un seul résultat est obtenu: que la condamnation de la liaison indigne entre la dame et l'abbé, déjà implicite dans l'énonciation et partant tout à fait claire pour le destinataire, devienne également explicite à l'intérieur du texte où l'on voit la reine et sa suite et, par conséquent, le roi et sa cour, sanctionner la honte de la dame. On assiste là à la mise en place d'une figure: une citation tenant lieu d'ornement qui correspond de manière symétrique à l'enseignement emphatique du début. On a raison de croire pourtant que l'enjeu est plus considérable. En d'autres termes, que la question d'amour,

1 Sur la question d'amour dans la nouvelle voir l'article de P. Cherchi, « From *controversia* to *novella* » dans *La Nouvelle*, Actes du colloque de Montréal, p. p. M. Picone, G. Di Stefano et P. D. Stewart, Montréal, Plato Press, 1983, p. 89-99. V. Branca, dans la première note à la nouvelle (Giovanni Boccaccio, *Decameron*, cit., p. 1137), fait remarquer que « l'antecedente più diretto e interessante » est la « questione d'amore » du *Filocolo*.

résumé ou projection en abyme d'un des plus célèbres débats de la littérature médiévale (« clerc *vs* chevalier »), revendique les droits du chevalier du XVe comme ceux du roman de l'aristocratie guerrière contre la 'mondanisation' intolérable du clergé et l'avènement du réalisme. En ce qui concerne le premier point, celui du débat historique et littéraire entre homme d'épée et homme de plume, l'allusion est patente. L'éloge de l'abbé transparaît sous le voile de l'ironie: un gaillard de vingt-cinq ans aimable et poli (« gracieux seigneur », 259, 13; « gracieux moynne », 251, 22), généreux et plein de verve (« les largesses, la joieuseté », 251, 29). Tel le clerc de Blancheflor dans le *Jugement d'Amour*[1], l'abbé est, dans la perspective de la dame et des demoiselles qui l'accompagnent, gentil et courtois. Quant au chevalier, héros d'un roman apologétique qui suit les traces des faits mémorables et des biographies illustres, il n'a pas besoin de louanges manifestes.

Si l'on passe à la *pars destruens*, l'abbé est accusé de mener une vie dissolue et immorale (« pas ne faisoit les euvres de bon religieux, mais d'omme dissolut et de chaitive vie ». 284, 28-29) à partir d'un modèle qui était en vigueur depuis deux siècles déjà – dans le *Jugement d'Amour* l'auteur dit que « clers ne doit pas avoir amie »[2] – mais dont l'importance s'accentue au moment où le clerc devient un religieux confirmé (en l'occurence le père supérieur d'une abbaye) et ne peut donc plus être exonéré du célibat. Aux chefs d'accusation contre Jehan de Saintré, Antoine de La Sale consacre une longue séquence au

1 Voir « Le Jugement d'Amour ou Florence et Blancheflor » dans E. Faral, *Recherches sur les sources latines des contes et romans courtois du moyen âge*, Paris, Champion, Paris, 1967, p. 251-69 (v. 103 : « Uns clers cortois loial et bon » ; v. 144-47 : « Sour toutes les gens qui sunt Doivent li clerc avoir amie ; Car plus sevent de courtoisie Ke autre gent »).

2 *Ibid.*, v. 310. Dans le chapitre des *Recherches* consacré aux « Débats du clerc et du chevalier dans la littérature des XIIe et XIIIe siècles » (p. 191-302), E. Faral analyse aussi les circonstances historiques dans lesquelles se situe le débat et ébauche le portrait du clerc du XIIIe qui en était le protagoniste (p. 193-95).

cours de laquelle l'abbé couvre son rival d'injures facétieuses et de moqueries bien connues.

Au moins trois des péchés que Jacques Vitry, par exemple, attribuait aux guerriers et aux jouteurs sont reprochés à Saintré. Dans le sermon *Ad potentes et milites*, Jacques de Vitry intercale aussi un *exemplum* sur les tournois en utilisant, comme le dit Le Goff, « le septénaire des péchés capitaux »[1]. Il commence par l'orgueil ou *superbia* qui, chez *Jehan de Saintré* tourne à la vantardise et à la fanfaronnade :

> « Monseigneur de Saintré », dist damp Abbés, « vous ne sçavez, j'ay pluseurs foiz pensé se il peut estre que entre vous nobles hommes, chevaliers et escuiers, qui faites si souvent armes, et quant reviennent ilz dient qu'ilz ont gaigné [...] » (276, 20-4).

Le sixième péché du chevalier est la gourmandise ou *castrimargia* car, suivant le prêcheur du XIIIe siècle, qui pratique les tournois ne perd jamais une occasion de banqueter et de faire la noce en gaspillant peut-être l'argent qui était destiné aux pauvres[2]. De même l'abbé raille l'inclination de « chevaliers ou escuiers » aux plaisirs de la table, « a ces bon vins et a ces bonnes viandes... » (277, 32-33). Quant au dernier péché, la luxure, Jacques de Vitry lui donne le sens de 'désir de plaire aux femmes' en transformant de manière scandaleuse le jeu de la guerre en jeu érotique. Dans l'exemplum *Contra torneamenta et*

1 J. Le Goff, « Réalités sociales et codes idéologiques au début du XIIIe siècle : un *exemplum* de Jacques de Vitry sur les tournois », dans *L'Imaginaire médiéval*, Paris, Gallimard, 1985, p. 248-61 (cit. p. 251). L'article de Jacques Le Goff se rapporte à un témoignage de prédication du XIIIe siècle qui nous intéresse dans la mesure où il montre la continuation et la manipulation d'arguments pour et contre les deux *estats*. Je renvoie à Le Goff pour une bibliographie concernant l'interdiction des tournois par l'église. Quant à la dégradation du rôle du chevalier au XVe siècle, est toujours fondamental le texte de J. Huizinga, *L'Automne du Moyen Age*, cit.

2 « Non carent torneamenta sexto mortali peccato, quod est castrimargia, dum mutuo propter mundi pompam invitant ad prandia et invitantur : non solum bona sua, sed et pauperum in superfluis commessationibus expendunt et de alieno corio largas faciunt corrigias » (p. 259 de J. Le Goff, *Réalités sociales et codes idéologiques*, in *L'Imaginaire médiéval*, cit.).

de malis que de torneamentis proveniant, l'auteur condamne en particulier la coutume des *emprinses* de marque féminine, c'est-à-dire des enseignes symboliques que la dame dédiait ou donnait au chevalier et que le chevalier exhibait pendant le tournoi :

> Non carent septimo mortali peccato, quod dicitur luxuria, cum placere volunt mulieribus impudicis, si probi habeantur in armis, et etiam quedam earum insignia quasi pro vexillo portare consueverunt.[1]

Or, dans le roman, le troisième et dernier reproche que l'abbé fait indirectement à Saintré, c'est précisément de jouter pour briser les cœurs féminins en affichant les objets rituels reçus tantôt de l'une tantôt de l'autre. Même si le ton est celui de la plaisanterie, le sens de la tirade contre la mondanité excessive des chevaliers est, à quelques nuances près, le même que celui du sermon de Jacques de Vitry :

> « Et puis s'en vont de l'une a l'autre et prenent une emprinse d'une jarrectiere, d'un bracelet, d'une rondelle ou d'un navet – que sçay je, ma dame ? – et puis vous dient un tout seul a x ou xii : 'He ! ma dame, je porte ceste emprinse pour l'amour de vous'» (277, 10-15).

L'homme d'église a donc embrassé aussi bien le parti que les arguments de ses prédécesseurs en les adaptant avec peu d'effort à une situation aristocratique et chevaleresque en déclin. Mais tel n'est pas en réalité l'avis du juge qui attribue sans hésiter la palme au chevalier. Antoine de La Sale, avant de faire parler la Cour d'Amour, donne la parole aux événements. Il raille l'abbé au moment même où celui-ci raille Saintré et défend Saintré au moment où il n'arrive pas à se défendre lui-même. Les vices imputés aux héros des tournois sont, à bien y regarder, les tares typiques du désinvolte ministre de Dieu qui est effectivement orgueilleux et fanfaron (il se vante d'être imbattable à la lutte,

1 *Ibid.*

cède aux flatteries du duel), ripailleur[1] (pendant le carême, il prépare des repas qui, pour être maigres, n'en sont pas moins succulents) et coureur de femmes (il fait une cour impudente à la dame à laquelle il fait du pied sous la table). Quant aux vices de l'abbé, ils sont notifiés sur un ton si mesuré qu'ils apparaissent absolument indiscutables. Aussi bien le clerc que la dame sont coupables parce qu'ils ont trahi leurs origines en passant dans un contexte bourgeois et en acceptant les rôles propres à un état et à un genre inconvenants. Leur procès s'inscrit à l'intérieur de deux controverses : le débat du clerc et du chevalier d'abord et la question d'amour ensuite. L'une et l'autre ne sont toutefois que de simples réactions en chaîne produites par un mécanisme judiciaire d'une ampleur plus vaste. Nous touchons ainsi au deuxième point, celui qui concerne le conflit entre deux types d'écriture. Un élément corrompu comme la reprise inappropriée du verdict cruel qui sert à mettre l'amour à l'épreuve bloque l'engrenage du récit d'apprentissage au point de le faire dérailler. *Jehan de Saintré* est divisé en deux parties par la volonté de son auteur qui devient ainsi l'arbitre de son propre texte. Le véritable objet du réquisitoire est alors la déviation d'un idéal littéraire nourri des principes de la 'geste' et de la courtoisie. Le verdict, quant à lui, proclame l'impossible fusion du roman avec la nouvelle-fabliau. Même si le livre n'est rien d'autre que cette conciliation non aboutie. Ce qui n'est pas le moindre de ses paradoxes.

---

1 Dans son article sur « Nourritures et symboles dans le Banquet du Faisan et dans Jehan de Saintré » (*Manger et boire au Moyen Âge.* Actes du Colloque de Nice, Paris, Les Belles Lettres, 1984, p. 429-40), M. Santucci souligne à juste titre le faible penchant de l'abbé pour le jeûne et l'abstinence même pendant le carême.

DEUXIÈME PARTIE

LA « GRANDE RHÉTORIQUE »

I

LE « RUDE ENGIN » DE MOLINET

1. Une des preuves retenues pour l'attribution de *l'Art de rhétorique* à Molinet est l'identité presque totale de son prologue avec l'introduction au *Roman de la rose moralisé*. Dans le premier, l'« indiciaire » de Valenciennes s'adresse à un « très honnoré seigneur » (Philippe ou Henri de Croy) engagé dans la milice de Cupidon et qui a donc besoin d'aide pour la conquête de la partie adverse, c'est-à-dire pour « obtenir d'elle victoire glorieuse »[1]. La comparaison viendra précisément de *l'Art de Rhétorique*, *ars amandi* métaphorisé en *ars bellum gerendi*. Dans la seconde, l'explication est la même mais avec quelques détails supplémentaires. Le destinataire, Philippe de Clèves, est un guerrier : il sert dans les troupes de Mars, mais celui qui écrit estime que, pour être un homme complet, il doit jouter dans des tournois bien différents et devenir « champion des dames, ensievant le tres plaisant guidon de Venus »[2]. Le moyen fourni par le complaisant remanieur sera cette fois la moralisation de la *Rose*, véritable Bible méconnue par ses prédécesseurs (le dernier en date des mauvais commentateurs serait Gerson), dont il convient d'éclaircir le sens caché :

> Ce Guillaume de Loris, qui par maniere de songe a encommencié ce livre, est figuré à Moyse, recepteur des Commandements de la loy et escripteur de l'anchiien Testament. Et par ce Jehan [de Meun], que Nostre Seigneur a couvert et revestu de ses esles, est figuré saint Jehan l'Évangéliste qui, entre les autres, a compilé une grande part du Nouveau Testament et ces deux parties ensemble conjoinctes, parmy les labeurs de leurs coadjuteurs, sont la sainte Bible[3].

1 J. Molinet, « Art de Rhétorique », in E. Langlois, *Recueil d'Arts de seconde Rhétorique*, Genève, Slatkine 1974 (1re édit. Paris 1902), p. 214.

2 La comparaison, ainsi que d'autres preuves pour l'attribution qui n'est plus discutée aujourd'hui, se trouve in N. Dupire, *Jean Molinet. La vie. Les œuvres*, Paris, Droz, 1932, p. 64-65 (la citation est à la page 65).

3 In N. Dupire, *op. cit.*, p. 89.

Extraire la « substantificque mouelle » d'un texte profane est donc la tâche de Molinet qui rejoint ainsi la race élue des médiateurs entre le divin et l'humain :

> Et affin que je ne perde le fourment da ma labeur et que la farine qui en sera molute puist avoir fleur salutaire, j'ay intention, se Dieu me donne la grace, de tourner et convertir soubz mes rudes meules le vicieux en vertueux, le corporel a l'espirituel, la mondanité en divinité et souverainement de le moraliser[1].

Ceux qui s'arrêtent au sens littéral font comme l'enfant qui jette la noix, ignorant de ce qu'elle contient. Les mots (« Et fit [*scil.* Gerson] ainsi que le petit enfant, auquel on donne une grosse verde noix gaugue [...] ») sont ceux utilisés par Fulgence (« In nuce enim duo sunt, testa et nucleus [...] ») soucieux de réhabiliter, *alias* de christianiser, les classiques latins.

En additionnant les projets de l'*Art* à ceux de la *Rose moralisée*, on découvre un enseignement qui, traversant le triptyque, déjà présent chez Dante, *salus-venus-virtus*, privilégie nettement le salut spirituel. Amour est reflet d'amour divin, et guerre n'est licite qu'accompagnée de justice (rappelons-nous, entre autres, les époustouflantes représentations du *Temple de Mars* : « Guerre a le chief cornu, long, satanique, Pied hircinnique et hure de sengler, Pance de loup, dos de beste asinicque, Oeul basilicque et gueulle draconicque [...] ») ; cet effort de sacralisation plonge ses racines dans un passé lointain récupéré depuis peu[2]. S'il y a quelque chose de plus original, c'est la formulation d'une poésie qui se veut authentique dans la mesure où elle reflète la Vérité, même si elle la présente dans les formes les plus inattendues, ou qui, en renversant la thèse, invente ou traduit des histoires dont le sens se trouve au-delà du sens littéral :

> Comme en general le nom de poesie soit pris pour fiction quelconque, c'est a dire pour toute narracion ou introduction

1 *Ibid.*, p. 80.

2 Récupération qui équivaut au déclin pour J. Huizinga (Voir le chapitre « Le symbolisme à son déclin » dans l'*Automne du Moyen Age*, cit., pp. 246-261.

> apparaument significant un senz, et occultement en signifie un aultre ou plusieurs, combien que plus proprement dire celle soit poesie dont la fin est la verité [...][1].

C'est Christine de Pizan qui parle dans le *Livre des Fais*, d'où émane l'idée d'une rhétorique qui laisse une grande place à l'*inventio.* Jacques Legrand, dans l'*Archiloge Sophie*, partage le même avis :

> Poetrie est science qui aprent a faindre et a fere ficcions fondées en raison et en la semblance des choses desquelles on veult parler, et est ceste science moult necessaire a ceulx qui veulent beau parler, et pour tant poetrie, a mon advis, est subalterne de rhetorique[2].

Si la rhétorique est un art qui englobe couleurs et *poetria*, celle-ci à son tour consiste dans la capacité de faire des « ficcions », c'est-à-dire d'organiser des fables qui aient avec la doctrine diffusée un rapport métaphorique. La poésie et la prose de Molinet sont parcourues du début à la fin par une fièvre d'interprétation scripturaire qui semble avoir contaminé toute l'école des « Rhétoriqueurs ». Dans la *Journée de Therouenne*, Maximilien est le Père d'une Trinité courroucée tandis que la France, secouée par une « fureur herodïenne » et « plaine de scorpions », symbolise la puissance luciférienne. Dans ce bizarre chapitre des *Chroniques* qui s'intitule *Le paradis terrestre,* on retrouve l'hypostase de la triade habsbourgo-bourguignonne, Frédéric-Maximilien-Philippe, accompagnée toutefois d'une justification qui est aussi une profession de foi :

> Non pas que je voeulle deiffier les princes, mais, pour ediffier le simple peuple qui à dur croit les saintes escriptures, je feray comparation de l'invisible au visible, de l'éternel au temporel, et du facteur à la facture[3].

---

1 Christine de Pizan, *Le Livre des Fais et bonnes Mœurs du sage Roy Charles V*, éd. S. Solente, Paris, Champion, 1936-1940, t. II p. 176.

2 In E. Langlois, *op. cit.*, p. VIII.

3 J. Molinet, *Chroniques*, éd. G. Doutrepont-O. Jodogne, Bruxelles, Palais des Académies, 1935-1937, t. I p. 534-35. J'adopte le sigle C pour les citations des *Chroniques* et, quant aux *Faictz et Dictz* (éd. N. Dupire, Paris, Didot, 1936-39, SATF, 3 vol.), je me bornerai à l'indication du tome et des vers.

Pour l'édification des gens simples, Molinet n'hésite pas à réaliser les unions les plus hétéroclites, Saint Paul et Alexandre le Grand, Augustin et Apollon, Mathieu et Orphée, Jean et Arion, Arthur, Ogier et Mars, jusqu'à abolir la frontière entre mystique et païen dans une orgie apologétique. L'histoire que révèlent les *Chroniques* et les *Faictz et Dictz* est un miroir qui reflète le miraculeux parcours de l'époque chrétienne, un espace tourmenté qui porte la marque de Dieu. Mythologie et allégorie : un accouplement éprouvé depuis déjà plusieurs siècles, mais désormais usé par une tendance à la sclérose. Pour suivre Huizinga, il s'agit d'un « symbolisme en sens inverse, où le supérieur désigne l'inférieur » et où « les choses terrestres l'emportent sur les conceptions saintes »[1]. La course systématique au nombre et à la lettre, symptôme de l'ère mécanique et symbolique, passe indifféremment de la dissertation théologique et de la sphère homilétique à la poésie commémorative ; Molinet, comme Gerson et Alain de la Roche, décompose les noms pour qu'ils deviennent sacrés en faisant confluer la magie alphabétique dans celle des chiffres. Le Philippus du *Trosne d'honneur* se décompose en 9 lettres qui correspondent aux neuf cieux et en même temps à 9 vertus : dans le *Chappelet des dames*, le procédé est au contraire celui de l'énigme. La guirlande est composée de cinq fleurs dont les lettres initiales coïncident précisément avec celles qui forment le nom de la duchesse d'Autriche (Marie), ainsi que celui de vertus, d'héroïnes, de saintes ou, en tout cas, de femmes célèbres. Le A, par exemple, est l'« ancolie », l'amour de Dieu, sainte Anne, Anne mère de Samuel, Anne mère de Tobie, Anne la prophétesse, Agrippine, Argine et Alceste. La restructuration onomastique n'adviendra qu'à la fin et progressivement : d'abord Marie, résultat de la somme de » marguerite, ancolye, rose, jennette et englantier », ne désigne que la vierge, puis, par

1 J. Huizinga, *op. cit.*, p. 255.

un saut comparatif, Marie de Bourgogne. Nul ne doit s'étonner, prévient Molinet, si on associe « la marrine a la filloele, la dame a la chambriere, l'innocente a la pecheresse et la vierge a la continente » étant donné que « nostre seigneur et createur est souvent figuré a sa creature » (F. I 123). Le raisonnement est parfait : on ne parle que de noms. Les *res* ne sont même pas effleurées.

Mais dans l'œuvre du voyant Molinet, exprimée dans un langage « fort agensy, fort mignon et renouvelé »[1], le crépuscule automnal et l'aube renaissante se croisent. Sur les traces de certains autres spécialistes qui ont revalorisé les Rhétoriqueurs, Franco Simone a signalé les points de contact qui les rattachent aux deux générations des humanistes français du XVe siècle[2] : avant tout, réhabilitation de la rhétorique et de la grammaire par rapport à la logique et, en second lieu, embellissement de la langue. Cependant, cette conception aplatit d'une certaine façon l'effort culturel de l'« École » qui avance sous les pressions d'une sérieuse concurrence. Le résultat auquel arrivent les Gontier Col, Jean de Montreuil, Guillaume Fichet, Robert Gaguin, Guillaume Tardif est, en accord avec les anathèmes contre le « gothique » qui proviennent d'Italie, exorcisant (attribution de la palme au latin classique, cicéronien) ; celui des « Rhétoriqueurs », polémique (supériorité du vulgaire, enrichi et renouvelé). La recréation de la langue, glorifiée ensuite par la *Concorde* de Jean Lemaire de Belges, suit approximativement les voies indiquées par l'« excellent orateur » Alain Chartier,

1 Cette nouvelle grâce du vulgaire est ouvertement déclarée dans le prologue de la *Rose moralisée* (cit. in Dupire, Jean Molinet, cit., p. 96).

2 Voir en particulier parmi les nombreuses contributions de F. Simone « La Scuola dei « Rhétoriqueurs », in *Umanesimo Rinascimento Barocco in Francia*, Milano, Mursia, 1968, p. 168-201. Bien plus innovante et complexe est la position de F. Garavini qui, dans « Poliglottia e esperimenti linguistici nella letteratura francese fino a Rabelais », in *Saggi e ricerche di letteratura francese*, XVII 1978, p. 9-73, réexamine l'expérimentation linguistique et le travail théorique de la phase pré-renaissante avec une attention particulière pour l'expressionnisme de type « rabelaisien ». Reconstruction, donc, d'un contexte culturel qui dépasse les limites de jugements réducteurs ou revalorisants et auquel se conforme mon analyse.

voies qui persistaient dans l'erreur de la « barbarie » à cause de l'imitation prolongée du latin curial excessivement ampoulé. Citons un passage du traité de Lemaire :

> *Laquelle* amistié ne fëaulté ne se pourra trouver ou temple de Venus qui signifie lascheté et oiseveté, *attendu* qu'elle est trop amoureuse et accoincte de Mars, le grand dieu des batailles, *lequel* ne quiert si non semer division et zizanie entre loyaulx amans ; mais bien la pourra on recouvrer ou temple de la deësse Minerve, *c'estadire* de parfaicte operation de prudence, paix et concorde, comme on verra par la deduction de *ce present* traictié, qui sera divisé en deux parties[1].

Une telle concentration calculée de relatifs, de formules abréviatives, de termes de référence, de formations causales mécaniques n'est certainement pas fortuite ; elle prolonge au contraire les habitudes syntaxiques des grands maîtres bourguignons, qui savaient admirablement doser l'héritage juridique et une nouvelle exubérance linguistique. Chastellain, avec ses tournures de phrases sinueuses (la scolastique croisée avec Sénèque) où se greffent des expériences lexicales audacieuses, a fait école. Il est toutefois dangereux de ne pas préciser les innombrables nuances que révèle cette phase de croissance – ou « crise de croissance » comme dirait A. François[2] – du vulgaire. Tout en faisant le même parcours, Molinet dévie sensiblement pour s'inspirer, en plus de la « melliflue eloquence » (C. II 594) de son ami et prédécesseur Georges Chastellain, du « rude » style apostolique qui avait ses lointaines origines dans la rhétorique asiatique. Une tendance naturelle à des accumulations programmées, déployées dans une syntaxe paratactique, réduit au minimum le taux de compléments prépositionnels et de relatifs analytiques qui caractérisent la prose de la chancellerie. Ce qui revient au

---

1 J. Lemaire De Belges, *La concorde des deux langages*, éd. J. Frappier, Paris, Droz, 1947, p. 6 (l'italique n'est pas dans le texte).

2 A. François, *Histoire de la langue française cultivée des origines à nos jours*, Genève, Alexandre Jullien, 1959, t. I p. 46.

contraire à la mode, ce sont la prose rythmée, la *numerosa oratio* des « gorgiens » orthodoxes, les antithèses, la rareté des phrases subordonnées, le style par *kola* et *kommata* qui connut sa période de splendeur avec Tertullien, Minucius Felix et le second Augustin, et qui fut diversement récupéré par les théologiens et les faiseurs de sermons médiévaux[1]. Ils inspirent, plus près de nous, Christine de Pizan dans les *Gloses* à l'*Épître d'Othéa*, Chartier dans l'*Espérance* et surtout Martin le Franc dans l'*Estrif de Fortune et de Vertu* :

> Comme l'oiseleur déçoit les oiseaux, les hommes décevez, puisqu'ils ont de vostre miel goûté. Vous leur tranchez et éplumez toutes les ailes. Vous les engagez, vous les vendez, vous les tuez [...]. Oyez, petis et grands, ma doctrine notable, écrivez-la en vos cœurs car elle est véritable, à cette vie mondaine, aussi à l'autre profitable[2].

Le procédé de l'inversion sert exclusivement ici à transformer la prose en poésie ou, plus précisément, l'abus d'homéotéleutes amène à diviser la phrase en segments hétérométriques qui riment entre eux. Pour expliquer un artifice déjà bien connu de la prose du latin tardif, Rasmussen suppose une tentative d'imitation de la langue concurrentielle (suppléer la fréquence de l'identité dans les désinences), mais la réponse

---

1 Voir les *Études sur le latin des Chrétiens* de C. Mohrmann, Rome, Ed. di Storia e Letteratura, 1958-1963, 3 vol. : en particulier le vol. III, p. 147-70. En outre : J. Rasmussen, *La prose narrative française du XVe siècle*, cit., p. 31 ; E. Auerbach, *Literatursprache und Publikum in der lateinischen Spätantike und im Mittelalter*, Bern, Francke, 1958 ; L. Lazzerini, « "Per latinos grossos...". Studio sui sermoni mescidati », in *Studi di Filologia italiana*, XXIX 1971, p. 219-339.

2 Cit. in A. Cherel, *La prose poétique française*, Paris, l'Artisan du livre, 1940, p. 46. Outre Norden (*Die antike Kunstprosa vom VI Jahrhundert vor Christo bis in die Zeit der Renaissance*, Leipzig, Teubner, 1898, t. II, p. 810-908), voir, pour la question de la prose poétique : B. Hauréau, *Notices et extraits de quelques manuscrits de la Bibliothèque Nationale*, Paris, Klincksieck, 1890-1893, t. III, p. 112-13 et 138 (sermons de Jacques de Lausanne et Gui d'Évreux) ; A. Lecoy De La Marche, *La Chaire française au Moyen Age, spécialement au XIIIe siècle, d'après les manuscrits contemporains*, Paris, Didier, 1868, p. 188 ; P. Meyer, « Les manuscrits français de Cambridge », in *Romania*, XV, 1886, p. 331-32 (« Pronostics selon le mois de la naissance ») ; R. Sturel, « La prose poétique au XVe siècle », in *Mélanges Lanson*, Paris, Hachette, 1922, p. 47-60.

devrait tenir compte de la rareté forcée du *cursus* dans les provinces francophones. La prédominance des oxytons excluant la possibilité de réaliser des clausules métriques (à l'exception du *planus*), on a recours à d'autres moyens[1]. On peut voir dans la rime cette recherche d'un substitut. Lisons les premières lignes du traité de Jacques Legrand :

> Si doiz sçavoir que ryme aucunesfois se fait en prose et aucunesfois en vers, et quant elle se fait en prose, il ne convient point regarder au nombre de ses sillabes, ne mais il suffit que en la prose soyent aucunes diccions d'une mesme ou de semblable terminaison, et lors langaige est plus bel, et singulierement quant les sentences de la prose se finent es diccions semblablement terminées[2].

On crée alors une prose poétique sur la base d'une langue soutenue par des suffixations dérivées, et progressant par blocs syntaxiques compacts et répétitifs. Dans cet art, Molinet sera un maître, au point que Buchon, le premier éditeur des *Chroniques*, fut victime de l'« illusion que nous donnent certains passages »[3] et imprima un extrait narratif comme s'il était versifié. Il s'agit du reste d'alexandrins parfaits où l'historien réfléchit sur les dommages subis par la noblesse pendant la guerre :

> Vous menez le bon temps en paisible asseurance,
> Et ilz sont aux hutins en mortelle souffrance;
> Vous dormés ez cités bien couvers es repos,
> Et ilz couchent aux champs tousjours le fer au dos;

---

1 Je suggère une précision aux conclusions de H. Hatzfeld (« Le grand cérémonial bourguignon imité par la bourgeoisie, la grande phrase pseudo-latine et pseudo-cicéronienne qui cherchent plutôt à imiter les italiens, sans posséder en français les ressources de leur cursus médiéval, conduit à une sorte de préciosité avant la lettre ») in « La Littérature flamboyante au XVe siècle », in *Studi in onore di Carlo Pellegrini*, Torino, SEI, 1963, p. 95.

2 J. Legrand, « Des Rimes », in Langlois, *op. cit.*, p. I

3 Introduction aux *Chroniques* de Molinet, édit. cit., t. III p. 174. [Voir aussi : M. R. Jung, « Ecrire en vers : les rhétoriqueurs devant la tradition latine et française », in *Rhetoric – Rhétoriqueurs – Rederijkers*, North Holland, Amsterdam, Oxford, New York, Tokyo, 1995, p. 83-99 ; J. Devaux, *Jean Molinet. Indiciaire bourguignon*, Paris, Champion, 1996 ; F. Cornilliat, « La place du vers dans le travail historiographique des "Grands Rhétoriqueurs" », in *La Recherche. Bilan et perspectives*, Le Moyen Français, 44-45, 1999, p. 107-127].

Vous vivez, en espoir d'augmenter vostre estage,
Et ilz meurent pour vous et pour vostre heritage[1].

On pourrait se demander pourquoi l'erreur ne se produit qu'une seule fois; et comme pour remédier à cette carence, Doutrepont et Jodogne s'exercent à reproduire tous les passages où l'illusion dont on a parlé réapparaît. Le résultat de l'opération est un ensemble de 81 échantillons qui vont d'un minimum de deux à un maximum de douze vers. Il s'agit d'un pourcentage plutôt élevé, et rendu plus significatif encore par le recours à des expédients compliqués propres à l'écriture spécifiquement poétique. Cette volupté répétitive[2], typique des « Rhétoriqueurs » dont l'idéal est la conjonction de la similitude et de la dissemblance son-sens, s'exprime ici généreusement dans la *climax* oxymorique (« ung deduit desplaisant, ung desplaisir esjoyssant, une joye plaine de cris, une clameur confite en ris », I 58), dans la *contentio* avec *isocola* (« Il pourchassoit ses ennemis et ses ennemis le fuyoient ; il esperoit avoir amis et ses amis le deleissoyent ; il cuidoit complaire aux pays et les pays gré n'en sçavoyent », I 549), dans la *correctio* avec rimes internes (« et n'estoit trop mondain ne trop solitaire, mais humain et tout salutaire, non enclin à dormition, mais à soing et devotion, non à vaine mondanité, mais à saine mondicité, non à lubre concupiscence, mais à salubre continence », I 61), dans la *comparatio* antithétique (« [ton père] estoit le serviteur de Venus, tu es le disciple de Mars. Il estoit le mignon des dames, tu es le gorgias des armes. Il amoit fort le Saint Empire dont oncques ne fut empireur, ne le tourne pas en empire en guerroyant son empereur », I 93) et, en général, dans des accumulations contrastantes et paronomastiques. Que l'*oppositio*, reine des figures chez Molinet, soit le signe d'un

1 *Ibid.*

2 P. 199 et passim de P. Zumthor, in « Le grand 'Change' des Rhétoriqueurs », in *Change de forme*. Colloque de Cerisy, Paris, Union générale d'éditions, 1975, t. I, p. 191-218.

thème constant de la poésie comme de la prose est une constatation obligée. Les revirements de la fortune, les changements radicaux opportunément effectués par la providence sont les forces, dans la voix prophétique de cet historiographe inspiré, qui disposent des destinées de l'humanité. *Rerum varietas* et *fortunæ commutatio* scandent les jeux oppositionnels en révélant un fonctionnement mécanique exprimé par le verbe *changier* et par ses synonymes. Mais, en vertu de cette propension maniaque à l'identité – ou exclusion des contraires – l'antithèse échappe rarement à la paronomase, à l'équivoque virtuelle :

> Convertis rigueur en vigueur,
> severité en serenité,
> demence en clemence[...]
> [I 213]
> Proposèrent lui donner confort de rescriptions
> en lieu de renfort de garnisons
> et le servirent de promesses
> en lieu de haultaines proesces [...]
> [I 74]
> Sa tristesse estoit convertie en leesse,
> Sa douleur en doulceur,
> Son helas en solas,
> Son malheur en valeur [...]
> [I 273]
> Et ont chaingiét les habitans d'icelle
> Vaillance en vengeance,
> Honneur en horreur,
> Clemence en demence,
> Devotion en derision,
> Felicité en ferocité [...]
> [I 534]

Dans la prolifération d'*isocola* sous forme de *disiunctiones* accumulées bien au-delà de l'assemblage de trois termes et dans la pénurie d'hypotaxes et de signes curiaux se cache peut-être une volonté d'innovation, mais sûrement pas au sens humaniste orthodoxe. Les éditeurs de Molinet ont plusieurs fois souligné sa connaissance approximative des classiques latins, ainsi que sa totale ignorance des Grecs. Citations et allusions renvoient essentiellement à la Vulgate, tandis que les héros « païens », simples perles dans la couronne des *illustres viri*, au même titre que les héros nationaux (Roland et Olivier, Ogier, Arthur), se détachent sur des toiles sans fond. Il est sûr que Molinet a lu le *De re militari* de Végèce, mais peut-être seulement dans la traduction en plusieurs exemplaires présente dans la bibliothèque des ducs de Bourgogne[1]; et son intimité avec Ovide, Lucain et Tite-Live, seulement mentionnés à côté de Justin, Augustin, Orose, Diodore et Ambroise, est superficielle. À la représentation d'une illustre origine de la dynastie bourguignonne participent au contraire amplement les *Annales* voisines de Jacques de Guyse (1339), vulgarisées en 1445 par Jean Wauquelin ; on se demande dans quelle mesure la connaissance de Politien[2], lien ténu avec les contemporains italiens, peut modifier le contexte culturel. Les *Faictz et Dictz* ne réservent aucune surprise quant à leurs sources, si on excepte les *Triomphes* de Pétrarque (mais peut-être dans leur résumé en latin) : Augustin, Ambroise, Isidore de Séville, Bède, le pseudo Hugues de Saint-Victor et le *Pastoralet*[3]. Son humanisme est apostolique, reviviscence de la spiritualisation du haut Moyen-Âge (pensons à l'école de Chartres) qui coïncide avec la tentative d'aplanir l'opposition entre *sermo rusticanus* et *sermo rhetoricus* : l'*eloquium humile* dont parle Isidore se rattache par le biais d'exubérantes accumulations et de marques hédonistes au *tumens et ornatus sermo*.

1 G. Doutrepont, *La Littérature française à la cour des ducs de Bourgogne*, cit., p. 125 et 130-31.

2 P. Jodogne, en signalant la dette contractée avec le *Coniurationis Commentarium à la Congiura dei Pazzi* (« Les 'Rhétoriqueurs' et l'Humanisme », *in Humanism in France at the end of the Middle Ages and in the early Renaissance*, Manchester-New York, Manchester University Press, 1970, p. 166-67), n'exclut pas la possibilité de confirmer plus sûrement le lien Molinet-humanisme.

3 N. Dupire, *Jean Molinet*, *op. cit.*, p. 102-42.

2. C'est Noël Dupire qui s'est acquitté de la tâche de détailler les éléments minimaux de l'écriture de Molinet. Des listes de locutions populaires, de termes picards, flamands et d'origine latine se succèdent sans que soit précisée l'essence de cet « expressionnisme » linguistique. L'accusation d'« écumeur » semble, à l'éditeur des *Faictz et Dictz*, tout à fait exagérée. Les néologismes hardis sont rares et dus, pour résumer, à deux causes : « D'abord Molinet aime beaucoup les longues énumérations, nous l'avons vu : dans la pièce qu'il adresse *Au Roi de Castille*, il présente une liste de 43 noms d'agent en *-eur*, et dans le Prologue du *Roman de la Rose moralisé*, on trouve une kyrielle interminable de substantifs abstraits en *-ion*. D'autre part, Molinet est friand de rimes rares et imprévues, et il n'hésite pas à forger parfois des mots nouveaux pour produire un effet de surprise à la fin du vers. En voici quelques exemples typiques : " Delivre-moy, sire De l'ome malvais, De l'inique *vire* " (MSQ 8132) ; " Mais tout empire et tel tient pomme et *pire* Qui de l'empire est empireur " (*Eages* 180) »[1].

Exigence de la rime et volonté de surprendre sont toutes deux des justifications apparentes, applicables, à la limite, au plus éhonté des « latiniseurs ». Que « pire » remplace « poire » pour rimer avec « empire » et faire *gradatio* avec l'empire est un fait mécaniquement différent des marques en *-gère* ou en *-fique* mais fondamentalement inspiré par les mêmes objectifs. La langue, sous le contrôle d'un technicien, se crée au moyen de mariages expérimentaux qui font imaginer les *scriptoria* du XVe siècle comme de laborieuses forges d'usinage et de transformation du matériau brut. Il ne s'agit donc pas de cabinets scientifiques aux prétentions inventives : il n'y a pas grand-chose de nouveau dans la « francigène locution » du XVe siècle. Lorsque Pierre Fabri recommandera un juste milieu, en distinguant les hardiesses tératologiques de celles qui sont

1 *Ibid.*, p. 257.

permises (mais par qui et au nom de quoi ?), son admonestation donnera comme exemple le barbare « Se ludez a la pille vous amitterez » (pour « si vous jouez à la balle vous perdrez »). Le raisonnement, basé sur une sorte de bon sens commun, est connu ; si l'équivalent français existe déjà, il est inutile de recourir à des emprunts au latin. Dans le cas contraire, il est permis, et même recommandé, de revenir à la langue-mère. Mais comment considérer la large frange qui sépare l'« écumé » du calque prudent, protégé par un usage savant et une origine le plus souvent ecclésiastique ? Que dire de ces mots très en vogue à l'époque et complètement disparus par la suite : « pellifier » (« perlificare » ou louer), « desvinculer » ou « prelier » (« prœliare » c'est-à-dire combattre) ? Et pourquoi « recuperer, pluvieux, constituer », néologismes attribuables à Molinet, ont-ils vu leur usage entériné au cours des siècles ? Il est inutile de chercher une réponse exhaustive. L'historien de la langue ne peut qu'enregistrer ces faits et reconnaître l'incontestable portée de la fabrication linguistique à l'époque des « Rhétoriqueurs ». Il faut tout essayer. Si le contexte ou la rime l'exigent, de *pinguis* on fait « pinguibil*e* », de *ros* « rorable », de *rudis* « rudical », de *femina* « femine », de *macula* « macule », de *canis* « canicule », de *vigor* « vigent ». Dans un contexte le plus souvent comique, la racine est populaire : « vitache » (*vit+acea*), « gorasse » (*gorre+acea*), « Saffrelique » (*safre+ilis+ica*). Sur la même base mais avec des suffixes macaroniques : « Broudelibus » (broude=cochon et broudier=fesse), « Billouardus » (bille=membre) et les plus courants « rasibus », « coquibus », « oribus ». Nous ne sommes donc pas en présence d'onomaturges mais d'habiles ou inhabiles (qui en jugera ?) « rabouteurs ». Dans le débat cratylique, ces « hautes et scientifiques personnes » n'entrent qu'en catimini. Observons leurs interprétations alphabétiques ; Alexis dispose ses lettres verticalement en concentrant tous ses efforts sur des jeux épiphoriques : toutes les rimes sont équivoques et se terminent par le signe qui est tour à tour pris en compte. Les spéculations sur le sens sont inexistantes. Quant à l'*interpretatio nominis*, il y règne un désordre fantaisiste, certes autorisé par les divagations post-isidoriennes, mais désormais réfractaire au déchiffrement. Il se peut que l'accès à l'« intelligence du *Nombre* »[1] soit le but de rares graphismes allégoriques (le *Petit Traictiet de la Harpe* et l'*Oroison sur Maria* de Molinet) ; mais les différents *Temples*, *Couronnes*, *Chappelets* pratiquent un art aussi éloigné de la mimophonie que de la mimographie[2]. La vision merveilleuse de Jean Lemaire (*Temple d'Honneur et de Vertus*) culmine dans l'apothéose de Pierre (Prudence-Justice-Esperance-Raison-Religion-Equité), de la même façon que le *Trosne d'honneur* de Molinet acclame le nom de Philippus (Prudence-Hardiesse-Instruction-Largesse-Justice-Pité-Pouvreté-Verité-Singularité). Ce qui est en cours, c'est une 'alphabétisation' gratuite qui, bien éloignée de la science éponyme, vide les abécédaires mystiques et conduit à un effritement de la valeur de la lettre. Le *Dictier des Franchois et Gantois* utilise la même fragmentation de graphèmes initiaux, majuscules et minuscules, qui renvoient au signifié désigné par le mot entier : F=France ou Flandre, p=peuple, C=camp. Le seul inconvénient, c'est que, souvent, on ne peut pas reconstituer la partie manquante. C'est ainsi que la controverse entre Maximilien et Philippe pour le gouvernement des Flandres prend la forme d'une apostrophe bizarre qui met face à face la grande F sur champ d'azur et les triomphants As et b avec l'entourage correspondant de M, p, z, h, b, c. La morale est vite tirée : l'abc parfaitement ordonné a été injustement bouleversé par la guerre :

> Nostre a b c estoit par ordre mis,
> N'a pas longtemps, en paisible assemblee [...]
> [I 207 73-74]

---

1 F. Rigolot, « Rhétorique du nom poétique », in *Poétique*, 28, 1976, p. 475.

2 G. Genette, *Mimologiques*, Paris, Seuil, 1976, p. 71.

Par guerre avés le command transgressé
De l'emprainteur qui vous a impressé
A son imaige[...]
[I 208 91-93]

Il faut revenir à la paix, ne serait-ce que pour ne pas s'exposer à une redoutable colère :

Car nous avons terribles escripvains
Qui vœullent mectre encre et plumes en œuvre,
Commis prudens, saiges et non point vains,
Pour ruer f. et g. es bas cavains,
Se le petit p. brief ne se recœuvre [...]
[I 208 81-85]

Livre, plume, encre, producteurs et produits de l'arsenal d'écriture évoluent sur un terrain d'où la véritable recherche symbolique est exclue. La multiplication du nom (du type Pierre=Prudence-Justice, etc.), qui « interprète » *a posteriori* et arbitrairement, est alors compensée par une tendance à réduire qui fait parler André de La Vigne de A et S (« A ne peut vivre en ce monde sans S » : où A est André et S Sezile) ou de R et N (« [...] l'or regne En ce pays au moyen de R et N » : où R est René et N Nicolas), comme pour souligner un ostracisme magique[1]. Une nouvelle ère de l'abc a commencé. L'onomaturge du *Cratyle* s'est transformé en un amateur de collages, capricieux et expérimentateur. Il n'existe au fond qu'un seul danger : la capacité de résistance de la langue.

3. Une grande partie *des Faictz et Dictz* de Molinet est marquée par une *vis comica* dont l'intermédiaire expressif dominant est un jargon obscène ou un latin contrefait. Dans le *Mandement de froidure*, représentant de poids du premier type, le véritable héros est un ramassis de loqueteux et de ribauds

1 Ph. A. Becker, « Andry de la Vigne », in *Berichte über die Verhandlungen der Sächsischen Akademie der Wissenschaften zu Leipzig*, Phil. -hist. Klasse, 1928, Bd. 80, 2 Heft, p. 38-39.

réunis à l'enseigne de la *pie* (la « dive Bouteille »). De multiples picardismes et des termes flamands (*lufre-lufrement*, *loque*, *Laucarchier*, *briemart*, *cromb*, *ducasse*, *espanter*, *harler*, *houllier*, *ratripelleur*) servent de toile de fond à une moisson de scatologies affichées, de « vit » à « couilles », « pets », « vesse », « chier » pour finir par les « cons » qui inondent la dernière zone en se disposant verticalement comme dans les boniments :

> Car en aïde, avec poix et baccons,
> Nous avons bien onze ou douze mille cons ;
> Cons a detail avons et cons en gros,
> Cons a ung blanc et cons a demy gros,
> Cons a deux rengs, cons a double fœullés [...]
> [II 734 89-93]

Il n'y a pas trace de latin (fausse est la *barbarolexis* « en ce tempore » du vers 19) ; signe que chez Molinet il existe une double matrice utilisée dans deux directions. *La Chanson sur l'ordre de Belistrie* partage avec le *Mandement* cette empreinte jargonnesque anti-latine : des formes comme *loudier*, *queute*, *broudier*, *drincquier* (flamand), *toreille*, *ripeux*, *rados*, *brimber* (picard) alternent avec « pet, vesse, cul, pisser, coullons, vatos, caudepisse, fiens », avec des comparaisons, des métaphores et des épithètes abjectes (« Soyez vous aussy quoy taisans Qu'est une truye de seize ans Qui pisse par derriere », « Là ruons en nostre entonnoir Mainte andouille [...] mainte tripe embrenée », « L'un rongne au bout d'un cras tailloir »).

Proche par certains côtés des types semi délinquants auxquels la poésie facétieuse de Molinet réserve une place d'honneur est le « papelart » de *Fut presenté a ung prelat de Haynau* ; ce « personnaige especial » se trouve au centre d'une généalogie grossière, mi-animalesque, mi-culinaire. Colart Cochon et dame Ruyaude sont le père et la mère, Jahn Lardon et Andouille, le compère et la commère, Martin Lardon, le cousin ; parmi les descendants se détachent dame Saucisse, dame Ratte, dan Jahn Rongnon et Jahn Grongnet. Entraînées par la marque de cette onomastique grotesque se succèdent métaphores avilissantes et locutions populaires, lieu de rencontre d'épîtres, d'épitaphes, de fausses donations, d'injures et autres pièces de circonstance.

À l'emploi du latin, au contraire, la *Letania minor*, le *Sermon de Billouart* et l'*Argumentum operis* accordent une certaine place, étant donné la nature du thème parodié. Tandis que le sens caché de l'*Argumentum* (« Bis natus non baptisatus, in ligno positus pro nobis peccatoribus ») tourne autour de l'excrément (d'où la ressemblance avec le déchiffrement d'une énigme), le *Sermon* développe selon les lois de l'homilétique le thème « *Introivit in tabernaculo, lacrimante recessit oculo* ». Étant entendu que Billouart ou Billouardus est le phallus, autrement dit Chouart – « chat-huant » mais, en jargon, membre viril[1] – ou, plus noblement, Priape, le mouvement de la déclaration n'est pas difficile à prévoir. Billouart entre dans un couvent de nonnes tourmenté par Broudelibus (broudier en flamand=derrière) et triomphe de la résistance malgré l'opposition de Maujoinct[2] :

> Quand ce notable estriponneur
> En ce convent entré fut la,
> Son bonnet tout jus deffula [...]
> [II 563 179-81]
> Billouart tout plourant issy
> Qui est : *oculo recessit.*
> Ainsy ce convent desolé
> Fut adoulcié et consolé [...]
> [II 563 230-33]

Le recours à des scansions techniques (« theume, declarer-declaration, fondement, prescher, auditoire, vie-legende-histoire,

1 Connu, non seulement de Rabelais, mais aussi de Guillaume Bouchet et du *Moyen de parvenir* ; cf. L. Sainéan, *La langue de Rabelais*, Paris, De Boccard, 1922-1923, t. I, p. 300.

2 « Maujoinct, sexe, proprement mal joint, épithète euphémique fréquente chez Rabelais et chez Marot, et déjà utilisée au XVe siècle » (Sainéan, *op. cit.*, t. II, p. 299).

predication, maniere et forme, deux parties, premier point, noter, retenir ») et l'emploi d'équivoques obscènes sur l'expression de l'*argumentum* sont des « conventions » anciennes du courant clérico-estudiantin, et le seul approfondissement – qui n'est certes pas une innovation – est scatologique. De même, le *Donet* compte sur l'étymologie pour déclencher des calembours usés. Mais l'objet parodié semblerait ici plus intéressant. La grammaire de Donat ou *Donatus Minor* (vulgarisé) resta jusqu'au XIVᵉ siècle un des manuels les plus utilisés pour l'enseignement primaire du latin avec l'*Institutio Grammatica* de Priscien. Ils furent ensuite détrônés tous les deux par la tendance spéculative dominante dans le *Doctrinale* et le *Grecismus* ; ce n'est pas par hasard que les humanistes français s'acharnent contre les textes d'Alexandre de Villedieu et d'Évrard de Béthune, authentiques charnières de l'enseignement scolastique, en proposant une réforme pédagogique basée sur le critère italien du retour aux sources classiques[1]. Dans sa lettre à Arnold de Bost, Robert Gaguin raille, par exemple, la répétition maniérée de certaines formules universitaires :

> A quorum creberrimis scriptis si hæc vocabula : quoniam, postquam, cum, consequenter, preterea, sed contra, in contrarium, responsio, solutio, et huiusmodi apud illos passim redudantia decusseris, ex immani fiet liber brevissimus[2].
>
> [Si on supprime dans les écrits très touffus de ceux-ci des mots comme *quoniam*, *postquam*, *cum*, *consequenter*, *preterea*, *sed contra*, *in contrarium*, *responsio*, *solutio* et d'autres tout aussi redondants, le livre, d'énorme qu'il était, deviendra minuscule].

Il n'y a au contraire pas grand-chose d'« anti-barbare », au sens érasmien, dans le renversement qu'effectue Molinet sur un texte désormais démodé ; le traité du grammairien latin avait tout au plus refait surface avec la moralisation de Gerson (le *Donatus moralisatus*) et, si on doit parler de cible, il faudra

1 En particulier Fichet (F. Simone, « Robert Gaguin e il suo cenacolo umanistico », in *Ævum*, XIII, 1939, p. 417-18).

2 In F. Simone, art. cit., p. 429.

regarder du côté de l'illustre théologien et prédicateur, mis en cause aussi dans la *Rose*. Du reste, la rétrogression finale vers la philosophie chrétienne des « bienheureux les simples d'esprit » ne peut que faire allusion, en la parodiant, à la lecture allégorico-spirituelle des catégories grammaticales :

> Pour nient m'en iroie en logicque
> Estudïer quelque argument
> Ou quelque chose sophisticque [...]
> Quand viendra au grant jugement
> Devant Dieu, le souverain sire,
> Bien profiteront povrement
> Les Isagogues de Porphire.
> Ja ne fault a Dieu querir grace
> Par beau parler en rhetoricque [...]
> [II 702 593-601]
> Que vauldra l'art mathematicque
> Devant Dieu [...]
> [II 702 609-10]

Le verbe l'emporte donc sur les *Artes*, mais des *excerpta* scripturaires sont à leur tour profanés dans les farcissures du *Petit Traictié soubz obscure poetrie* (*Psaume* 37), de la ballade *Domine mi reverendo* (*Psaume* 30 et *Daniel* 9, 18), de la *Lettre à Guerard de Watrellet* (*Mathieu*, *Psaumes*, *Rois* etc.) et du *Dictier ad cause des vins vers* (*Mathieu*, *Psaumes*, *Cantique*, *Habacuc*, etc).

La dernière et la plus importante ramification de l'expérimentation sur le mélange latin-vulgaire, c'est la parodie de cette nouvelle langue elle-même, fruit d'habitudes fleuries de la chancellerie et d'exigences savantes :

> Persuader par prosopopeÿe,
> Bien rebarbant barbarisme prophane,
> Corroborer la zomothopeÿe
> Recalcitrant soloëcisme orphane,
> Cimbalisier [...].
> [II 856 23-27]

Ainsi résonnent certains vers de la ballade *Humblesse blesse*, au sens douteux mais à l'indubitable efficacité phonique : une autocritique de Molinet, peut-être paraphrasée et clarifiée par le message sénile adressé à l'école péripatéticienne fréquentée au collège de Montaigu :

> Non virtuosus sum, sed tortuosus, non mirabilis, sed miserabilis, non disertus, sed desertus. Jam reperi vos plus nominales quam reales, qui concipitis ex nomine quod in homine non est ; dumdudum cardinalis Monacus super stultos triumphavit, suus fui scriba indoctus ; tunc juvenis eram fatuus in flore, qui nunc senex sum stultissimus in merore [...] (II 883).
>
> [Je ne suis pas vertueux mais tortueux, pas admirable mais misérable, pas disert mais désert. Je trouvai alors que vous étiez plus nominalistes que réalistes car vous déduisez du nom ce qui n'est pas dans l'homme ; tandis que le cardinal Lemoine triomphait sur les sots, je fus son secrétaire ignorant ; j'étais alors un prétentieux jeune homme dans la fleur de l'âge, je suis maintenant un vieillard très sot avec la douleur en partage...].

La confession et la demande de pardon qui l'accompagne, semblables aux formules du *Donnet*, ne doivent pas induire en erreur. Tout rentre dans le *topos* du « rude engin » ou déclaration-de-modestie du fabricateur, qui tire de « fasciculis, bisaculis et sacculis » les plus délirants articles de la collection ; on les trouve moins dans les macaronismes modérés de l'*Individuis Porphirianæ arboris* que dans le mélange poliphilesque – c'est-à-dire d'un macaronisme inversé, caractéristique de l'*Hypnerotomachia Poliphili* de Francesco Colonna – qui imprègne la *Lettre missive a venerable et cathefumineuse personne, Jo. de Wisoc, president en Papagosse* :

> Homme faé, divin seraph, cousin aux anges, parent aux dieux de la lignie de Te Deum, monstre beat creé par nigromancie, sans possibilité, demy luton, moittié caucquemaire, ne cymere, ne cicheface, individu rebarbatif, furny toutesfois d'esperit vital, de membre viril et de testiculeux genitoires, a vostre superlicoquence venerabilitudinicque chinochicrochitrorieusement, par mos scenofagieux [...] (II 915).

Jo. De Wisoc, maître ès « philopholie » et « estrommanie », est le destinataire d'une lettre où convergent à titre de citations plusieurs exemples de registres de l'injure, des burlesques Claquedent-Froitvaulx-Minchemont (*Ordre de Belistrie)* à l'obscène Broudigny et au « paradis des truyes » (*Fut presenté a ung prelat de Haynau*) ; l'amalgame linguistique et la récupération de certaines matrices de la fatrasie (« J'ay veu de mes oreilles sourdes et oÿ de mes grosses paupières ») font de ce texte un concentré exemplaire de tératologies.

4. Si le terme rhétoriqueur[1] évoque aujourd'hui un attachement à la forme au détriment du contenu, une pratique acrobatique où mots, syllabes et lettres s'unissent et se séparent en maintenant un équilibre constant, Molinet est rhétoriqueur surtout par certaines pièces comiques comme les ballades énigmatiques et obscènes, les ballades figurées, la correspondance avec ses compagnons d'art, Robertet et Crétin, les « metres retrogrades » (ou congélation de la *correctio*) : une production qui constitue environ un tiers des œuvres facétieuses et qui montre, au regard des atypiques « anti-sermons, débats, prières », l'adhésion à une pratique nouvelle. Même si on admet que le comique naît du sérieux, conséquence obligée de ce qui déjà existe et s'est affirmé, on doit reconnaître dans le répertoire de Molinet une espèce de gradation qui va du traditionnel à l'innovant. Sur le premier palier s'insèrent les renversements véritables, et sur le second les textes plus autonomes, indices, soit d'une saturation précoce, soit d'un tournant effectif dans les modalités de la composition : modalités qui ne sont libres et libératoires que dans des moments privilégiés et (paradoxalement) asservies dans les intervalles. Les *Graces sans villonies*

1 P. Jodogne souligne le caractère indu de l'appellation aux pages 150-58 de l'art. cit. (p. 156 : « Ainsi donc, ni à l'époque de Coquillart, ni même à celle de Marot ou de Du Bellay le titre de rhétoriqueur n'a été porté par les écrivains. Ses rares emplois ont toujours un sens péjoratif »).

portent, par exemple, la marque concrète de l'appartenance au premier type dans la mesure où elles mettent en scène le changement de registre le plus attendu : forme de la prière + registre opposé. Les orants remercient Dieu qui les a expédiés en Enfer où, dans une communion blasphématoire, ils ont mangé et bu Satan. De là, ils dévident joyeusement une anti-« prenostication » dont le sens est : « tout ira à l'envers de ce qu'on pourrait attendre » :

> Les francz archiers victoire aront,
> Les Bourguignons se renderont ;
> Graces a Dieu paix regnera.
> Ainsi que l'escrevice ira
> Justice [...]
>
> [II 545 15-19]

Ce sont des formulations qui, à leur tour, imitent les moralités et créent un double plan oppositionnel ; plusieurs fois dans les *Chroniques* et dans les *Faictz et Dictz*, Molinet aborde la question des injustices et du renversement universel en l'explicitant par des termes antithétiques. Ici, comme dans la *Ressource du petit peuple*, le chaos est métaphorisé au moyen du *topos* des *impossibilia* :

> Dieu, le temps sera merveilleux :
> Les brebis mengeront les leups,
> Les soris les chas occiront,
> Les folz les saiges conduiront,
> Le filz engendrera le pere,
> Le fille enfantera la mere ;
> Lyons nagant en mer sallee,
> Poissons es bois prenront allee ;
> Les Turcqs jamès n'aprocheront [...]
>
> [II 546 41-49]

L'impossible désigne pourtant un « temps merveilleux » en prolongeant la perspective parodique, et ce n'est pas un hasard si l'*auctoritas* horatio-virgilienne n'apparaît qu'en ce lieu, comme pour souligner encore une fois la préexistence d'un modèle repris et bafoué. Une architecture si raffinée met au point la technique connue du renversement ponctuel qui est au contraire absente de textes comme le *Mandement*, l'*Orde de Belistrie*, « Souvent voy au moustier » et de nombreux autres où se mêlent à des dégradations reconnaissables des ancrages chaotiques et dépourvus d'identité.

Cette distinction peut toutefois sembler tautologique. La transformation poétique en cours depuis la seconde moitié du XIVe siècle a désormais déplacé les frontières des grandes hiérarchies médiévales, et, avec l'institutionnalisation des formes fixes, amené par voie de conséquence un changement dans les rangs de l'opposition. Le genre – ou « forme du discours » – n'est plus nécessairement lié à un registre, et le renversement ne concerne plus désormais que des registres en liberté[1]. Pour le « débat », le sermon et la prière, la substitution est encore possible. Ainsi le « gendarme » et l'« amoureux », épigones du fameux diptyque « clerc-chevalier », échangent des répliques qui sont pesantes, c'est le moins qu'on puisse dire, en imitant les dissertations plus ou moins abstraites de leurs prédécesseurs. À leur tour, les sermons renversés jouissent de cadres préétablis et soulignent volontairement les termes techniques qui rythment les divagations : ils rejoignent en fait le niveau des *complaintes* plus tellement amoureuses, analogue à celui des *sottes-chansons*. Au-delà, il n'y a plus que raillerie de contenus occasionnels déversés dans des épîtres, des épitaphes, des ballades et des rondeaux.

Toujours en calculant le niveau d'opposition mais en déplaçant la perspective du registre au lexique, on arrive à isoler trois noyaux fondamentaux : un vulgaire antithétique de celui des pièces « sérieuses » (dialectal, jargonnesque, obscène et « poliphilesque »), une alternance vulgaire-latin avec rabaissement du premier ou du second ou des deux, et un latin

1 Sur les effets de cette désagrégation, cf. P. Zumthor, art. cit., p. 195.

volontairement curial (rarement macaronique). Le procédé qui relie l'emploi de ces matériaux est l'accumulation, la tendance à la liste et à la verticalité. Cela signifie que l'élan vital, l'extension *ad infinitum* de la substance linguistique se poursuit et se censure selon un mouvement pendulaire, devenant le symbole d'une duplicité profonde. Comique involontaire, comme la plupart des poètes de l'« École » dans les textes officiels, Molinet sait faire réagir les glorifications hyperboliques en dévoilant la face à peine cachée du risible. Le suprême triomphe du signifiant[1] n'a pas lieu dans les constructions cérébrales ayant un but édifiant (littéral et métaphorique), mais dans celles qui sont consciemment animées par une volonté d'abaissement et de parodie. Nous sommes en présence d'une anticipation effective, *in positivo*, de ce que Jean Paris appelle le « silence » rabelaisien, aboutissement de la « progression vers l'irréalisme »[2] scandée par la pratique ludique de l'excès des signifiants concrets. Bakhtine parle, à ce propos, de pure récupération, de découverte libératoire et vivifiante de la fête publique.

Les forces censurables et en fait impunies, déchaînées pendant tout le Moyen Âge dans le seul domaine légal de ce monde renversé qu'est le carnaval, allaient venir lentement à la lumière pour trouver leur expression suprême chez Rabelais[3]. Un facteur déterminant de l'immixtion du bas-trivial-interdit est le passage des structures féodales à celles, plus souples, des cours humanistes. Dans cette perspective fataliste, la promotion du comique est un événement obligé, relié à une philosophie

1 *Ibid.*, p. 197 et 212.

2 J. Paris, *Rabelais au futur*, Paris, Seuil, 1970.

3 M. Bakhtine, *L'œuvre de François Rabelais et la culture populaire au Moyen Age et sous la Renaissance*, tr. fr. d'Andrée Robel ; Paris, Gallimard, 1970. Bakhtine travaille en accord avec les théories de la « canonisation » des genres mineurs soutenues par Chklovski et Tynianov (J. Tynianov, « Le fait littéraire » *in Formalisme et histoire littéraire*, Lausanne, l'Age d'homme, 1991, p. 215 : « Lors de sa désagrégation, un genre se déplace du centre vers la périphérie et à partir des riens de la littérature, de ses arrières et de ses profondeurs, monte à sa place vers le centre un nouveau phénomène ».).

facile du retour cyclique. D'où l'époque suivante d'obscurcissement, à son tour destinée à déboucher sur un nouveau triomphe, etc, etc. L'*Histoire du rire* de Bakhtine sépare en somme la spéculation littéraire de la spéculation linguistique et fait de la seconde un appendice de la première. En adoptant la thèse de Foucault et en se rattachant idéalement à la lignée spitzérienne, Jean Paris rend avant toute chose à Rabelais la paternité de la rupture mot-chose, la « souveraineté solitaire du langage » : « "On s'était demandé comment reconnaître qu'un signe désignait bien ce qu'il signifiait : à partir du XVIIe siècle on se demandera comment un signe peut être lié à ce qu'il signifie". Une fois encore, le propos retarde sur l'histoire : c'est à Rabelais qu'il faut rapporter ce souci ; c'est avec lui que " le langage, au lieu d'exister comme l'écriture matérielle des choses, ne trouvera plus son espace que dans le régime général des signes représentatifs " [...] »[1].

Mais la disjonction plonge ses racines dans des couches encore plus lointaines. Dans le *Mandement de froidure*, œuvre qui se rattache avec les *Graces* à une certaine sève villonnienne et qui précède directement la glorification des « verolleux et goutteux », c'est en jouant sur des éléments réalistes et concrets que Molinet, en traversant la zone du grotesque, se propulse jusqu'aux frontières du chaos. Un défilé d'artisans se déchaîne à l'appel de « froidure » mais le métier est, à cause de cette précarité ou de ce déphasage qui fait parler Spitzer de *Augenblicksämter*[2], purement virtuel :

Marchans de cuyrs, brelenqueurs, orlogeurs,
Bouteus de feu, esgueulleurs, vendengeurs,
Hars parees, barguineurs de caignons,
Faulx crocheteurs, desleaux compaignons,

1 J. Paris, *op. cit.*, p. 131. Les passages entre guillemets sont de M. Foucault (*Les mots et les choses*).

2 L. Spitzer, « Die Wortbildung als stilistisches Mittel exemplifiert an Rabelais », in *Beihefte zur Zeitschrift für rom. Philologie*, Halle, Niemeyer, 1910, p. 57 sqq., et 89 sqq.

Escornifleurs de trippes et d'andoulles,
Joindeurs de culz, ratripelleurs de coulles,
Pervers, perjurs, effondreus de toccasses,
Jueurs de dez, combatteurs de ducasses,
Vieux guisterneurs, vieux trompeurs, viés ivrongnes,
Vieux batteleurs, vieux gueux a rouges trongnes [...]
[II 733 33-42]

En fait, on ne voit pas très clairement qui, du spécifiant ou du spécifié, est le plus « impossible » dans les couples « escornifleurs-de trippes (et d'andoulles) », « ratripelleurs-de coulles », « effrondreus-de tocasses » ; tandis que dans « joindeurs-de culz » la surprise se concentre résolument sur le second terme. Ce n'est pourtant pas le seul élément de dissolution réaliste ; il est probable que derrière les non-sens se cache un sens second, certainement obscène, mais d'une obscénité à son tour remise en question, non établie et de ce fait presque irréelle. La présence de « coulles » et de « culz » entraîne la lecture métaphorique d'« andoulle » tandis qu'une sexualité féminine sera supposée à cause de « toccasses », étant donné la nature du verbe[1]. Ce n'est que le début d'une longue chaîne où d'autres maillons iront s'attacher comme :

– « brelenqueurs » : du jeu on passe facilement à l'amour comme en témoigne le « tenir le brelant » de Rabelais[2].

– « bouteus de feu » : cf. en effet le sens dépourvu d'équivoque dans la *Ballade figuree* LXVIII (II 886, v. 11). Du reste, le vocabulaire guerrier est celui où l'éros puise le plus

1 Le glossaire de Dupire renvoie à « cocasse signifiant pot ». Cependant, il semble plus vraisemblable qu'il s'agisse d'un jeu sur « toquet » (pic. pour « coin », c'est-à-dire angulus : attribut de la femme qu'on trouve aussi dans le *Monologue des perruques*, v. 49 – « pasté de coing » – de Guillaume Coquillart) présent avec son sens normal dans les *Chroniques* et avec un sens obscène dans les *Faictz et Dictz* : « A Tours on vous nommoit Tribot, Quand vous demouriés au Toucquet » (II 784, v. 86-87). Molinet joue sur l'érotisation identique de « coin » (« Qui luy frapperoit sur son coing D'un gros martel pesant et lourt » : II 622, v. 158-59. À noter que « frapper coing », attesté aussi chez Villon, se prête fréquemment à des équivoques obscènes), éventuellement camouflé sous la forme correspondante latine (Saint Billouart qui pénètre dans le lieu défendu devient : « Et s'entra en ung angulo », II 561, v. 118).

2 Cf. L. Sainéan, *op. cit.*, p. 306-307.

fréquemment. Nous ferons entrer dans la série les « cannoniers » et les « barguineurs de caignons ». À cet égard, *Le Hault Siege d'Amours* est une véritable mine d'exemples.

– « marchand de cuyrs » : locution érotique qui semble originale chez Molinet. Citons pour preuve le sens obscène de « housseurs de cuirs » dans la *Response a monseigneur maistre Anthoine Busnois* (II 798, v. 2) et de « conroier le cuir » dans le Rondeau LXXI (II 872, v. 3-4), où apparaît aussi « conroie », synonyme de l'organe féminin. De l'activité professionnelle Molinet tire, dans plusieurs contextes, une grande partie des *erotica verba*. Voir « fourbir la cuirache » (var. « harnois » in II 868, v. 20, présent aussi chez Rabelais) in II 623, 798 et 868 ; « marteler sur (broude caude) » II 799, v. 24 ; « remboureur de bas » II 798, v. 1 ; « ramonna sa forge » II 868, v. 11 ; « planter febves en roie » II 800, v. 67 ; « batre le fer » II 623, v. 166. L'avant-dernier exemple renvoie au travail agricole où l'on trouve les différents synonymes de la « terre molle » (Coquillart) et du « larris » (Rabelais) ; comme « croie » II 799, v. 26 et II 872, v. 9 et « argilliere » II 559, v. 41 et II 799, v. 32.

Au métier par excellence sont donc réductibles en partie ceux qu'on appelle « métiers plaisants »[1] qui projettent sur le texte, le rendant trivial, l'univers des « cris » et des farces.

« Froidure » n'est que le sujet fictif du *mandement* ; la véritable invitation est le fait de la substance linguistique même. Suffixes, préfixes, consonnes doubles et simples (« paillars, pillars, piffres, pippeurs, goutteux, boitteux, cannonniers, coulletiers, etc. ») guident, et d'une certaine façon articulent le choix des « appelés » en conduisant au triomphe de la paronomase et de l'allitération. Comme les variations à partir d'une note, l'énumération s'invente à partir de la lettre, en construisant un sens autonome et explosif qui défie et annule le

1 Voir à ce sujet l'article de H. Lewicka dans *les Études sur l'ancienne farce française*, Paris, Klincksieck-Warszawa, Pwn, 1974, p. 73-77. En constatant le détachement du genre comico-érotique de l'épithalame, Huizinga remarque le transformation du premier en images empruntées aux métiers (*op. cit.*, p. 152).

réel. On remplace ainsi la sclérose du fonctionnement discursif normal par une prolificité interne théoriquement inépuisable.

Dans l'*Orde de Belistre*, le laid et le canaille, hissés sur des sommets hyperboliques, s'exhibent en abolissant d'éventuels canons esthétiques et moraux :

> [...] roupieux,
> Maleureux, quetivailles,
> Foireux, roigneux, ripeux, morveux,
> Fruleux, pulleux et mousquilleux,
> Tigne[u]s armés d'escailles,
> Borgnes, esbourbellés, hideux,
> Morfondus, esclopeux, boitteux
> Crochus, bochus [...]
> [II 726 26-33].

On ne peut pas parler non plus d'obscénité là où un nouvel ordre exorcise le signifié concret des facteurs isolés. La *Complainte d'un gentilhomme a sa dame* est un exercice de dextérité qui consiste à aligner 43 vers sur 76 à rimes équivoques avec des mots commençant par le préfixe *cum–*. On aura ainsi « cognut : con nut, combas : con bas, confesse : con fesses, etc ». Le mouvement de « cons » se met en branle à partir du titre même, choisi, on l'aurait parié, à cause de « complainte = con + plainte ». Dans la *Ballade figuree* LXVIII se rétablit l'alternance masculin-féminin par la « figuration » de la bisexualité et de l'attribut commun. Les rimes, soulignées graphiquement par l'auteur, donnent alors : « con / vis / cus ». Quant à la scatologique *Response a monseigneur Anthoine Busnois*, Molinet complète au masculin le boniment sur les « cons » du *Mandement* et apostrophe « coullons quarrés, vis a grosse macquette [...] coulles gruvollees », tandis que l'*Epitaphe Hotin Bonnelle* évoque tristement la 'geste' du membre qui était « droit comme broche » et qui maintenant « cline en bas et se desloche » (II 764). Autour des mots défendus se déploie une inlassable activité de reproduction (de « vit » « vitache », « vitulo », « avité », d'« aine »

« doulchaine », de « cul », « culer », « culiere ») qui atteste, *mutatis mutandis*, la virtuosité de l'« indiciaire » et apologiste.

Cette récupération du bas est donc loin d'être libératoire ; l'écriture de l'illicite, au moment où elle devient le banc d'essai du « rhétoriqueur », assume une téléologie destructrice. Libérés pour être ensuite réorganisés, des fragments excrémentiels et érotiques de bas étage entrent dans le cycle de la consommation en créant l'illusion d'un hyperréalisme qui n'est qu'une étiquette : citation de la matière de la farce, des litanies obscènes et de la vieille alliance clergé-sexe. Réminiscence qui est un alibi, tant pour égarer le lecteur-juge que pour cacher la mise en cause du véritable intouchable : le « langage renouvelé » digne de réinterpréter la *Rose*, la pratique de l'« École », dérivé direct d'une culture qui, dans la « querelle » entre réalisme et nominalisme, se range sous la bannière du second. Le rapport dialectique s'est désormais brisé entre les pôles, positif et négatif, entre la littérature et son contraire : la formule de l'anti- est remplacée par le régime du double registre où l'auteur se réécrit de façon parodique sans passer par la rhétorique 'noire'. Dans l'usage lexical courant, la présence d'un signe 'contraire' ne laisse perplexes, voire déroutés, que les modernes. Qu'on lise le prologue du *Contreblason de faulses amours*, palinodie par rapport au *Blason* de Guillaume Alexis :

> Comme ainsi soit que ja piessa, du temps antique et moderne, en aage doré, plusieurs singuliers acteurs, orateurs, historiographes, philosophes, cirographes, cronicqueurs et compositeurs ayent diversement innumerables œuvres, opuscules, codices et treselegans traictez plus que precieuses gemmes ne la tresreflamboyant, rutillant et clere estoille journalle ou matutinalle que l'en dit communement Aurora ; plus aussi pareillement melliflueusement et paracletement aspiré et soufflé que nul des quatre ventz aerins [...] plus au surplus finablement armonicquement et suaviticquement distillé, arrousé et deflué que nul des quatre magnificques fleuves [...][1].

1 Dans *Œuvres poétiques de Guillaume Alexis*, éd. A. Piaget-E. Picot, Didot, 1896-99, SATF, t. I, p. 277. L'identité de l'auteur est précisée par H. Petersen, « Destrées, frère chartreux et poète du temps de Marguerite d'Autriche »,

L'adhésion à une esthétique définie avec bonheur « flamboyante » par Hatzfeld amène le chartreux Destrées à entrer en lice avec des « orateurs, rhétoriciens ou metrifieux sans nombre » et à se produire dans une compétition mirobolante et multiforme : un super-blason qui n'est pas, mais qui pourrait être, une parodie. Le 'contre' inversé et légitimé coïncide avec une interruption momentanée de la signalétique, et par conséquent le défendu se faufile dans les licences du code.

Grâce à son apport dans les deux sphères, Molinet peut être considéré comme l'emblème d'un courant fondamentalement ambigu, obstacle et stimulant pour l'humanisme, machine productrice de mots et, virtuellement, engin explosif du langage. La clef comique de la *Folie des gorriers*, située par Picot aux environs de 1465, consiste dans des recherches rythmiques d'origine incertaine, souvent associées à des artifices rhétoriques et à des latinismes exquis qui font penser à la plume d'un professionnel bivalent :

Lustre lustrant, excellant, magnifique,
Magniffiant cristalline couleur,
Couleur luysant, octroyez moy faveur,
Favorisant ma requeste authentique.
Autentiqués la doulceur qui me picque ;
Piqués mon cueur par vostre grant doulceur,
Lustre lustrant.
Califfiez ce que je precogite,
Precogités par ardente ferveur,
Ardés mon cueur en vostre rhetorique,
Lustre lustrant[1].

[v. 188-98]

Cet éloge de la Folie, coulé dans les formes du rondeau et disposé en *gradationes* successives, utilise la mixture

Commentationes Humanarum Litterarum, Societas Scientiarum Fennica, Helsingfors, 1927, I fasc. 8.

1 *Recueil général des Sotties*, éd. E. Picot, Paris, Didot, 1902-1912, SATF, t. I, p. 153.

ecclésiastico-scolastique bien connue du théâtre religieux. En effet, l'appel prononcé par le « gorrier » comme celui des deux autres qui font chorus sur les refrains « Fleur de Beaulté » et « Vrays amoureux », est un authentique emprunt aux supplications à la vierge et aux chansons amoureuses, sans la moindre exagération. Avec un effort minimal – la pure et simple transposition –, la perspective comique s'impose. Il est vrai que dans le milieu des étudiants et des « bazochiens » se propage l'emploi du déformant, du barbarisme pédant, des « néologismes plaisants »[1], mais le goût du « rhétoriqueur » penche plutôt pour l'insertion non altérée, le reflet d'une pratique littéraire qui se fonde sur le système de l'alternative. C'est ce qui arrive, par exemple, dans la *Sotise a huit personnages* (ou *Le monde et abus*) :

Sot dissolu

Simonie a tant de complices
D'autorité superlative
Qu'il n'est dignité elective,
Ne benefice collatif,
Qui ne soit au jour d'uy natif
D'elle, selon le temps qui court[2].
[vv. 788-93]

André de La Vigne, autre auteur – comme Gringoire et certains « petits rhétoriqueurs » – à double clavier, projette à plusieurs endroits de la *sottie* le métier de poète officiel en se parodiant (et somme toute avec bienveillance) lui-même. Cette oscillation innée dans l'écriture des disciples de Chartier et de Chastellain est le reflet d'une énigme qu'il ne faut pas résoudre : elle est en effet le seul intermédiaire conduisant à l'imbrication serrée d'éléments opposés dans la littérature du seizième siècle qui finiront par se déverser dans la *pars construens* de la Pléiade et *destruens* de Rabelais.

1 Cf. H. Lewicka, *La Langue et le style du théâtre comique français des XVe et XVIe siècles*, Paris, Klincksieck-Warszawa, Pwn, 1960-1968, t. I, p. 353.
2 *Recueil général des sotties*, cit., t. II, p. 63-64.

II
LE TYPE-CADRE DU SONGE DANS LA PRODUCTION DES « GRANDS RHÉTORIQUEURS »

1. Au terme d'un prologue qui dissimule, pour mieux la déceler, l'énigme du couple destinateur-destinataire, Guillaume de Machaut aborde la 'matière' de *La Fonteinne amoureuse,* poème allégorique en forme de songe dont le début n'échappe aucunement au cadre maniéré que l'on retrouve jusqu'à l'automne du moyen âge :

Il n'a pas lonc temps que j'estoie
En un lit ou pas ne dormoie,
Einsois faisoie la dorveille,
Com cils qui dort et encor veille,
Car j'aloie de dor en dor,
Pour ce qu'assez envis m'endor,
Quant aucune merencolie
Avec ma pensee se lie[1].
[v. 61-68]

Le lieu que le rêveur choisit pour que se mette en branle le dispositif du songe n'est qu'une variante de l'*hortus conclusus* traditionnel: dans la chambre close, un lit, promesse d'oubli et de repos, accueille le poète troublé et inquiet. Car, s'il est vrai que des règles tacites imposent le décor propice à la vision onirique, la rêverie n'en dépend pas moins d'une série de dispositions intérieures fortement connotées. En signalant son état mélancolique, l'auteur de *La Fonteinne amoureuse* proclame la parfaite orthodoxie de son « entrée en songe »[2]. Il

1 Dans l'édition de E. Hoepffner, *Oeuvres de Guillaume de Machaut,* Paris, Firmin Didot, puis Champion, 1908-1921, 3 vol. (S.A.T.F), t. III, p. 145.

2 Dans un article paru en 1982 (« Les *Douze Dames de Rhétorique* », dans *Du Mot au Texte. Actes du IIIe Colloque international sur le moyen français,* publiés par P. Wunderli, Gunter Narr Verlag, Tübingen, 1982, p. 229-39), Marc-René Jung signalait l'opportunité d'une étude sur les « entrées en rêve » (voir note 19, p. 237). Bien que centrée de façon presque exclusive sur les phases qui précèdent la vision, ma contribution ne suit pas les suggestions de M.-R. Jung, suggestions qui visent surtout

n'est pas question ici de parcourir les multiples liens qui unissent l'humeur atrabilaire aux fantasmes que conçoit la faculté imaginative[1]. Ce qui compte dans l'énonciation du poète c'est avant tout la mise en œuvre d'un rituel dont l'héritage remonte, au delà de Petrarque et Boccace, au « dolce stil novo ». L'absence de l'objet aimé, sous les espèces interchangeables de la mort ou de la rigueur de la dame, provoque, chez celui qui aime, un trouble fondamental, un dérèglement des sens ou, si l'on veut, des humeurs, qui aboutissent au syndrome de la mélancolie.

En fait, même si dans les vers de Machaut on ne trouve aucune allusion à la 'maladie amoureuse', le contexte n'évoque pas tant un vide existentiel qu'une blessure érotique[2]. Guillaume de Machaut s'inscrit par là dans la lignée qui relie Dante au *Roman de la rose* : sa vision est allégorique comme celle de Guillaume de Lorris et, en même temps, elle est provoquée par une inclination liminaire au deuil et à la tristesse comme celles de Troïlus ou Philocole imaginées par Boccace[3]. Néanmoins l'entrée en rêve se fait par des voies peu conformes aux modes courants : le sujet, bien que couché dans son lit, n'arrive pas à

l'appareil allégorique entourant le rêveur. Je tiens surtout à marquer la limite entre deux zones d'influence : celle du sommeil et celle de la dorveille. Voir, à ce sujet, les remarques de C. Marchello-Nizia, « Entre l'Histoire et la Poétique, le *Songe politique* », *Revue des Sciences humaines*, t. 183, 1981-1983, p. 39-53 (en particulier p. 40-41). Sur le songe chez Guillaume de Machaut, voir, de J. Cerquiglini, « *Un engin si soutil* ». *Guillaume de Machaut et l'écriture au XIVe siècle*, Paris, Champion, 1985 (le chapitre « La question de la vérité »).

1 Voir l'ouvrage fondamental de R. Klibansky, E. Panofsky, F. Saxl, *Saturn and Melancholy. Studies in the History of Natural Philosophy, Religion and Art*, Thomas Nelson & Sons, London, 1964 (*Saturne et la mélancolie*, Paris, Gallimard, 1989). Aussi : G. Agamben, *Stanze. Parole e Fantasma nella Cultura occidentale*, Torino, Einaudi, 1977 (*Stanze. Parole et Fantasme dans la Culture occidentale*, Paris, Bourgois, 1981) ; F. Gandolfo, *Il « Dolce Tempo », Mistica, Ermetismo e Sogno nel Cinquecento*, Roma, Bulzoni, 1978.

2 Des remarques et des suggestions très intéressantes à ce sujet se trouvent dans « Les *Douze Dames de Rhétorique* » de Marc-René Jung, (voir en particulier p. 236-37 et la note 19).

3 Je cite Boccace pour la fréquence très élevée de rêves 'mélancoliques' attestée dans ses ouvrages. Voir : *Amorosa Visione*, I, 1-25, *Comedia delle Ninfe fiorentine*, XXXV, 84 sqq., *Filocolo*, IV, 74, *Filostrato*, VII, 23, *Corbaccio*, etc.

s'endormir, il reste suspendu entre le sommeil et la veille. Bref, il occupe cette zone ambiguë et mystérieuse qu'on nommait et qu'il nomme lui-même « dorveille ». L'ajustement et l'assemblage de deux motifs limitrophes est ainsi réalisé. C'est à cheval que trouvères et troubadours traversaient l'univers indescriptible du rêve éveillé[1]. De la formule célèbre de Guillaume d'Aquitaine (« en durmen / sobre chevau ») à l'oubli impénétrable de Perceval ou de Lancelot, se déroule le fil d'un paradoxe qui, au delà de sa dimension rhétorique, se rattache à la notion d'extase an sens littéral du terme. Le chevalier est 'hors de soi'. Ce qui veut dire qu'il n'est nulle part et que nul ne pourra jamais connaître l'objet de sa contemplation. Le type-cadre du songe[2] représente en quelque sorte le pendant physique et rationnel de cette aliénation métaphysique. Les deux expériences ne pouvaient que se rejoindre. Rien d'étonnant si *La Fonteinne amoureuse* représente le lieu où s'enchevêtrent les pièces éparses de deux systèmes contigus : point de rencontre entre la vision explicite et le ravissement mystique. L'histoire des ouvrages en forme de songe coïncidera dorénavant, pour s'y conformer comme pour s'en écarter, avec celle de cette double tradition à laquelle elle se confrontera de multiples façons : jusqu'à éluder toute interférence avec les doctrines orphiques qui, en Italie, avaient donné un nouvel essor aux nuits mélancoliques[3].

---

1 Voir M. Stanesco, « " Entre sommeillant et esveillé " : un jeu d'errance du chevalier médiéval », *Le Moyen Age*, XC, 1984, p. 401-32.

2 Telle est la formule que propose P. Zumthor dans son *Essai de poétique médiévale*, cit., p. 92 et dans *Le Masque et la lumière*, Paris, Seuil, 1978, p. 86. Pour d'autres définitions – « cadre narratif du songe », « forme-cadre », « feinte », etc. – voir les repères bibliographiques que donne P. Tucci, « Tra vera storia e morale amorosa : il *Songe Saint Valentin* di Oton de Grandson », dans *La Letteratura e l'immaginario*, Atti dell'XI° Convegno della Società Universitaria per gli Studi di Lingua e Letteratura francese, Milano, Cisalpino-Goliardica, 1984, p. 213-32 (en particulier, p. 214).

3 C'est comme si la greffe du motif de la dorveille avait détourné, en prenant sa place, l'influence du courant orphique dans le domaine du rêve. Une étude sur ce problème reste encore à faire. Voir, de façon générale, l'article de R. Marcel, « La Fortune d'Hermès Trismégiste à la Renaissance », dans *L'Humanisme français au début de la Renaissance*, Paris, Vrin, 1973, p. 137-54.

2. S'il a bien été remarqué que les rêves allégoriques foisonnent entre la fin du XIVe et le début du XVe siècle et si les raisons en ont été soulignées à maintes reprises – la vision n'est-elle pas la projection d'un regard neutre que réoriente la volonté de quelque autorité divine ? et le dormeur n'est-il pas l'intermédiaire innocent d'une voix prophétique ? – peut-être a-t-on prêté moins d'attention aux phases qui en précèdent la manifestation et qui constituent, à elles seules, un scénario autonome. Du fait que, dans la production poétique du XVe siècle, l'image du poète endormi surgit à tout propos, on a pu croire moins à un processus de transformation qu'à un abus. Et, d'ailleurs, l'utilisation massive et inconditionnelle du *topos* est incontestable. Initiation à un art d'aimer, prémonition politique, avertissement moral : voilà les domaines où s'exerçait le plus souvent la fiction du songe[1]. Au XVe siècle cette aventure assez peu ordinaire n'est plus l'apanage d'une expérience fantastique ou d'un savoir précieux. Mais ce qui tempère l'usage immodéré d'apparitions exceptionnelles c'est parfois le soin extrême avec lequel sont choisies les situations qui enchâssent le rêve : lieu et circonstances de la perte de conscience, attitudes et réactions du sujet – les indications temporelles emblématiques tendant, quant à elles, à disparaître –. L'entrée en songe n'est plus, ou n'est pas seulement, un prélude à la vision : elle est l'empreinte qui marque définitivement la vision même. Il y a lieu de croire, en effet, que le trait distinctif du rêve allégorique s'est déplacé, à une époque qu'il est difficile de bien situer, du contenu de la 'fable' à son cadre.

---

1 Outre les articles déjà cités de Marc-René Jung et de Christiane Marchello-Nizia, on pourra consulter sur le rêve allégorique au XIVe et XVe siècles : P. -Y. Badel, *Le Roman de la Rose au XIVe siècle. Etude sur la réception de l'œuvre*, Genève, Droz, 1980 (voir surtout le chap. VII : « Songes et apparitions » ; J. Rychner, « La flèche et l'anneau », *Revue des sciences humaines*, t. 183, 1981-1983, p. 55-69 (sur les dits narratifs de Guillaume de Machaut) ; M. Zink, « Séduire, endormir. Note sur les premiers vers d'un poème du XVe siècle », *Littérature*, XXIII, 1976, p. 117-21 (il s'agit de *L 'Amant rendu cordelier à l'observance d'Amours*) ; P. Tucci, « Tra vera storia », cit. (c'est à ce dernier travail que je renvoie pour un complément bibliographique).

Les poètes ont de plus en plus tendance à supprimer la distance entre réalité et fiction, à montrer les figures symboliques qui vont jouer sur la scène du rêve comme si elles étaient vraiment le produit d'un esprit perturbé en proie à cette faculté qu'on nomme aussi bien imagination que fantaisie. Il y a certes des ouvrages où l'expédient du sommeil fait figure de simple prétexte. Réduit à l'extrême le schéma en est le suivant : le poète s'endort dans un verger et, dans l'espace de quelques vers, « il lui avient une avision ». C'est ce qui arrive, pour ne citer qu'un exemple parmi tant d'autres, au « triste et pensif » personnage qui est au centre de l'aventure du *Chastel de joyeuse destinée*[1]. Mais dans le domaine qui correspond plus ou moins à la 'grande rhétorique', le songe finit par n'être que le prolongement d'une longue séquence préliminaire dont l'élaboration est extrêmement savante. S'y retrouvent agencées tour à tour de façon imperceptiblement différente les données traditionnelles : sensation de faiblesse, mélancolie motivée ou non, lieu propice au repos, hégémonie de l'imagination et, enfin, 'dorveille'. Car c'est, de toute évidence, à la limite qui sépare la lumière de l'obscurité, l'attention de l'abandon, limbes diaphanes conceptuellement indéfinissables, que s'arrête de préférence l'esprit du rêveur.

Comme pour garantir qu'il a assumé en personne le motif de la 'dorveille', le poète arrive à lexicaliser l'oscillation fondamentale qui le partage et le dédouble. Il est, selon les termes qu'emploie Jacques Milet, « moitié vif, moitié trespassé ». Aussi, la « pensée mortelle » qui l'angoisse, sorte *d'oxymoron* résumant la symbolique dominante du mouvement psychique et physique, ne peut que déboucher sur l'état ambigu du pré-sommeil :

---

1 *Le Jardin de Plaisance et Fleur de Rhétorique*, reproduction en fac-similé de l'édition p. p. A. Vérard vers 1501, Paris, Didot, 1910, t. I, f. XXVI r°. : « M'est advenu vision merveilleuse ». Presque la même formule dans *Le Martyrologue des faulses langues :* « [...] en dormant me vint une fantasie » (*Ouvres poétiques de Guillaume Alexis*, éd. A. Piaget et E. Picot, cit., t. II, p. 316-17).

Lors me trouvay si travaillant
Qu'en ceste pensee mortelle
Commencay songer en veillant
Ce qui n'est chose naturelle [...][1].

Il ne s'agit pas de prolonger avec force détails le passage progressif à l'inertie quasi totale pour donner plus d'ampleur au prologue et raviver ainsi une technique en péril. Autour du moment crucial où le poète glisse dans le sommeil, l'auteur bâtit une architecture nouvelle qui restitue à l'apparition un caractère tant soit peu vraisemblable. Se servant de plusieurs huitains pour dresser le tableau de l'entrée en rêve – un rêve qui dans l'espèce n'en est pas un – Milet rompt avec une tradition qui avait fini par scléroser et mutiler cette partie préliminaire mettant ainsi à jour le lien entre demi-sommeil et vision qui va vite devenir prioritaire.

Avant 1459, date de la *Forest de Tristesse,* ce même lien est traité comme un signal visuel qui annonce la fable allégorique. Deux fois au moins Chartier s'imagine sommeillant à l'aube et ressasse des formules qui semblent tirées d'un scénario poussiéreux. Dans *l'Excusacion envers les dames* l'auteur de *La belle dame sans mercy* condense dans l'espace de quatre octosyllabes presque tous les lieux communs qui étaient d'usage :

Ce jour, m'avint en sommeillant,
Attendant le soleil levant,
Moittié dormant, moittié veillant,
Environ l'aube ou peu avant [...][2]
[v. 9-12]

L'écho de ce début semble se répercuter dans l'introduction du *Quadrilogue invectif* :

1 Il *La Forest de Tristesse,* f. CCVI v° du *Jardin de Plaisance*, cit. Voir, sur Jacques Milet : A. Piaget, « Simon Greban et Jacques Milet », *Romania*, t. LXXXV, 1893, p. 230-43 ; A. Thomas, « Jacques Milet et les humanistes italiens », *Studi Medievali*, 1904-1905, t. 1, p. 236-270.

2 A. Chartier, *La Belle dame sans mercy et les poésies lyriques,* éd. A. Piaget, Lille-Genève, Giard-Droz, 1949, p. 37.

> Environ l'aube du jour, lors que la première clarté du soleil et nature contente du repos de la nuit nous rappellent aux mondains labours [...] un legier sompme me reprint [...][1]

Le « legier sompme » rappelle par ailleurs le *Songe en complainte* de Charles d'Orléans :

> Quant couschié fu, de legier m'endormy,
> Et en dormant, ainsi que je songoye,
> Advis me fu que devant moy je vy [...][2]
> [v. 9-11]

et *Le Livre du cuer d'Amour espris* de René d'Anjou :

> Car moictié lors par fantasie,
> Moictié dormant en resverie
> Ou que fust visïon ou songe,
> Advis m'estoit et sans mensonge [...][3]

Les exemples ne font donc pas défaut entre la fin du XIVe et le début du XVe siècle: outre la *Fonteinne amoureuse* déjà citée, l'« image paradoxale du dormeur éveillé »[4] apparaît dans plusieurs textes dont le *Songe du vergier* et le *Songe du vieil pelerin,* comme on l'a déjà rappelé[5]. Mais ce n'est que vers la moitié du XVe siècle que le succès du motif s'avère moins aléatoire et que son emploi se charge d'une signification plus intense. Du fond de la métaphysique courtoise de nouveaux rêveurs puisent la substance sacrale qui autrefois imprégnait le secret du chevalier 'entroublié' pour attribuer maintenant à quelque émanation divine la révélation d'un secret enfin dévoilé.

Avec les *Lunettes des Princes* de Meschinot, rédigées probablement entre 1461 et 1465, le processus est désormais accompli (d'ailleurs l'« entroubli » si discuté de Villon n'est-il

---

1 A. Chartier, *Le Quadrilogue invectif*, éd. E. Droz, Paris, Champion, 1950, p. 5 et 7.

2 Charles d'Orléans, *Poésies*, éd. P. Champion, Paris, Champion, 1971, 2 vol., t. I, p. 99. [Charles d'Orléans, *Ballades et Rondeaux*, éd. J.-Cl. Mühlethaler, Paris, Le Livre de poche, « Lettres gothiques », 1992].

3 René d'Anjou, *Le Livre du cuer d'amours espris*, éd. S. Wharton, Paris, Union générale d'éditions, 1980, p. 27.

4 Voir C. Marchello-Nizia, « Entre l'Histoire », cit., p. 41.

5 *Ibid.*

pas le témoignage du rayonnement du motif ?). Fatigué, tremblant, le visage en sueur, fiévreux à la suite de réflexions cosmologiques et transcendantales, l'auteur-acteur des *Lunettes* ne parvient pas à s'endormir. L'état de transe s'explique, dans un premier temps, par une charge émotive excédant le sujet, par un désordre intérieur qui fraie le chemin à Fantaisie :

> Mais ma fantaisie, qui encoures ne peult mectre en obly les choses dessus dictes, vint au devant et s'oposa à mon entreprinse, dont me senty tous mes espritz alienez : si me trouvay le corps tresmat, le cueur tressaillant, tremblant et tout alteré ; ainsi entre sommeillant et esveillé, fus en nompareille malaise[1].

Ce n'est qu'après coup qu'on perçoit la deuxième raison de cet arrêt à la frontière entre vie et mort : la matière du songe était tellement bouleversante qu'il a fallu au poète passer par ce stade d'inconscience et d'amnésie totale. Il a dû se vider pour assumer l'apparition dans toute sa portée. Il y a un mot pour exprimer tout cela – « extase » – mais ce mot Meschinot ne le mentionne pas.

Dans les mêmes années Georges Chastellain qui, dans le panorama littéraire du XVe siècle apparaît sans conteste comme le plus fidèle adepte de la doctrine du rêve prophétique et allégorique, franchit le seuil qui séparait encore, d'un point de vue phénoménologique, la révélation proprement divine de la vision profane. De même que l'acte de s'endormir est soigneusement évité au profit de cette suspension emblématique que le moyen âge connaissait sous le nom de dorveille, l'expérience mystique excède et submerge les préoccupations mondaines et donne à l'événement du songe la forme d'une ascèse.

En fait les textes « visionnaires » de Chastellain sont au nombre de huit : la *Chronique* elle-même est atteinte par cette épidémie[2]. Toujours est-il que l'appareil de chaque cérémonie

---

1 *Les Lunettes des Princes de Jean Meschinot*, éd. C. Martineau-Genieys, Genève, Droz, 1972, p. 33.

2 Voir le chapitre CXXII du livre VI de la *Chronique* (« L'acteur raconte icy comment, luy estant au lit pour prendre repos naturel en dormant, il eut une vision

relève sans exception du rituel du demi-sommeil – ou de l'« entroubli », selon les termes du *Temple de Boccace*[1] – et semble recouper celle de l'extase dont il est fait mention explicite une seule fois. A l'occasion de l'entrée du roi Louis en nouveau règne, Chastellain raconte, dans la composition homonyme, la vision qui « lui est apparue » faisant appel aux plus subtils ressorts du dispositif en question:

> Gisant au lit, n'a gaires, sous pavillon ombreux, où, plein de soin, nature luttoit avec l'esprit pour la saisine du corps, et que la victoire n'en estoit encore, ne à l'un, ne à l'autre, ains comme au point d'extasie, sans dormir, ne veillier, me faisoient gésir neutre en celuy estat, se vinrent apparoir à moy [...][2].

L'extase est, comme le disait Saint Augustin, une sortie de l'esprit : « excessus spiritus ». Tertullien emploie des termes semblables – « excessus sensus » – et, dans le *Thesaurus linguae latinae,* nous trouvons la même glose avec de légères variantes lexicales : « Animi alienatio a sensibus corporis »[3]. Ce qui s'accorde bien avec le déploiement de ses effets physiques dans *l'Oultré d'amour,* poème d'ascendance dantesque où Chastellain, après avoir déclaré sa condition de torpeur emblématique (« Je pris un peu à sommeiller, Droit entre dormir et veiller »), énonce :

> Sy n'estoient mes yeux à peine
> De tous poins bien fermés encore,
> Quant une advision soubdaine,

spirituelle, où il vit une dame noblement habillée qui hurtoit à l'huys de la chambre du roy ») dans le t. V de l'édition, par Kervin de Lettenhove, des *Œuvres* de Georges Chastellain, Genève, Slatkine, 1971 (Ière éd. 1863-1866). Toujours pour la fiction du rêve, cf. : *L'Oultré d'amour,* l'*Entrée du roy Loys en nouveau règne,* la *Déprécation pour Messire Pierre de Brezé, Le Temple de Boccace,* l'*Advertissement au duc Charles soubs fiction de son propre Entendement parlant à luy-mesme, Le Livre de Paix* et, éventuellement, l'*Exposition sur vérité mal prise.*

1 G. Chastellain, *Œuvres,* t. VII, pp. 76-77 : « Gisant doncques par nuit en ce soing, et fantasiant de quoy furniroye ceste oeuvre promise, ne comment j'approprieroie langage à la matière et nature du cas qui m'estoit révélé, non couché encores en lit, mais vestu sur un banc, me trouvay entre-oublié un peu envers l'aube du jour ».

2 *Ibid,* t. VII, p. 4.

3 Voir *Thesaurus Linguae Latinae,* t. V, II.

La plus de grant mistère pleine
Que je vis oncques jusques ore,
Me vint l'entendement desclore
Et susciter mon esperit,
Sans que le corps bougeast du lit[1].

Le long débat autour de 'l'entroubli de Villon' nous a familiarisés avec les conceptions médicales et philosophiques qui, au moyen âge, présidaient aux songes. On sait, entre autres, que les images du sommeil étaient censées provenir d'une suprématie de l'imagination sur les autres facultés[2]. De là un embarras évident devant cet éveil imprévu d'activités qui auraient dû au contraire s'assoupir. En réalité, outre qu'elle renoue avec une tradition dont Villon même serait l'un des tenants[3], cette éclosion d'entendement et d'esprit prend à son compte l'instance mystique: « ravi en extase », l'esprit se détache du corps et se laisse conduire vers un ailleurs, là où la vision aura lieu: il se met en état de saisir dans toute sa portée la signification d'un événement tant soit peu exceptionnel.

Vers 1465 Pierre Michault esquisse la même démarche extatique. *La Complainte sur la mort d'Ysabeau de Bourbon* nous montre le poète terriblement affligé. Il est en proie à cette douleur diffuse et persistante qui est l'un des signes prémonitoires de la vision :

Mais le soucy qui tant me tormentoit
N'eslongnoit point moy ne ma fantasie,

1 G. Chastellain, *Oeuvres*, cit., t. VI, p. 71.

2 Voir surtout : W. G. C. Bijvanck, *Spécimen d'un essai critique sur les œuvres de François Villon. « Le petit Testament »*, Leyden, De Breuck & Smits, 1882 (l'auteur cite pour la première fois le *Traité de l'Espérance* d'Alain Chartier) ; L. Foulet, « Villon et la scolastique », *Romania*, t. LXV, 1939, p. 457-77 ; A. Burger, « L'Entroubli de Villon », *Romania*, LXXIX, 1958, p. 485-95 ; S. Sasaki, « Le Rêve dans le *Lais* de François Villon », *Revue des Sciences humaines*, t. 183, 1981-1983, p. 227-41 ; J.-R. Smeets et P. Verhuyck, « François Villon, les dernières strophes du *Lais* : lyrique et science », *Revue des langues romanes*, LXXXVI, 1982, p. 221-38.

3 Je n'ai pu consulter la thèse de Shigemi Sasaki qui, dans « Le Rêve », en fournit pourtant quelques détails extrêmement intéressants. Marc-René Jung (« Les *Douze Dames de Rhétorique* ») fait aussi de subtiles remarques à propos de l'alternance « puissance intellective » – « fantaisie » dans le *corpus* de Georges Chastellain (p. 236-37).

Ainçois tousjours plus a plus l'augmentoit
Et cop à cop a mes yeulx presentoit
De ceste Mort la dure frenesye ;
Si fuz alors ainsy qu'en estasie
Par trop penser et par ymaginer,
Qui font souvent les sens decheminer[1].

En pleine extase, sans passer par le stade du sommeil – ce qui par ailleurs nous suggère qu'on est dans le domaine de l'entroubli –, Michault aborde directement aux rives du songe. Au *Procès d'honneur féminin,* cet attentif lecteur de Chartier et de Boccace attribue par contre un cadre fictif qui tient ostensiblement de la dorveille évoquant ainsi l'image du « trespassé d'amour » qui oscille entre sommeil et veille:

> Par trop epraindre en mon ame les dolloreux plains et regrets qui lors me venoient au devant, combien toutevoyes que la cause en fust raisonnable, je fuz debilité de mon sens tellement que je songoye sans dormir et, comme tout fantastique, oultre l'ordre et condicion de nature, en dormant je veilloye et dormoye en veillant[2].

En fait le seul texte où l'orthodoxie de l'entrée en songe soit respectée reste la *Dance aux aveugles* dont le prologue énonce les étapes successives du sujet mélancolique prêt à être l'objet d'une révélation : dans les profondeurs d'une nuit claire, troublé par des spéculations transcendantales, le poète finit par s'endormir et par voir la forme personnifiée de son Entendement. Encore une fois l'éveil de l'esprit nous surprend – « Senty l'esprit qui jamais ne sommeille, Estre ententif a faire veille et guet, Et se tenir pour ce corps en aguet »[3] – bien que cet esprit soit rapproché d'Entendement jouant le rôle allégorique de guide en une sorte de réduplication synonymique. Mais est-ce un hasard si un jeu subtil se développe entre les

---

1 P. Michault, *Œuvres Poétiques,* éd. B. Folkart, Union générale d'éditions, Paris 1980, p. 155.
2 *Ibid,* p. 26.
3 *Ibid,* p. 83.

images contradictoires des lumières nocturnes et des danseurs aveugles, qui n'est pas sans rapport avec les doctrines hermétiques qui commençaient à se répandre en Italie ?

Dans la décennie suivante Georges Chastellain meurt et Jean Robertet, qui était un admirateur fervent de celui-ci, rédige en son honneur un éloge funèbre. La *Complaincte de la mort de maistre George Chastellain,* seul témoignage de songe que Robertet nous ait laissé, réintègre les éléments traditionnels concernant les facultés (priorité de la fantaisie sur les autres sens, etc.). Toutefois Robertet improvise des variations sur le thème onirique: le songe avec son cortège habituel où défilent tristesse, douleur immodérée et surtout fantaisie chassant esprit et entendement, n'engendre aucune vision. Il n'est qu'un signe avant-coureur de la manifestation extraordinaire qui a lieu effectivement après le réveil du poète. Sans doute la façon dont les trois dames en deuil surgissent aux yeux du poète n'a-t-elle rien de nouveau puisqu'il était déjà arrivé que le passage de l'état mélancolique à l'apparition se fasse sans rêve. Mais ici il s'agit de deux phases qui s'enchaînent dans une succession logique et chronologique provoquant un effet de *climax.* C'est comme si Robertet voulait offrir à son maître un morceau de bravoure, un exercice rhétorique de *variatio* digne du « treselegant et tressingulier orateur »[1] qui venait de mourir.

A cet égard les incursions de Molinet dans le domaine du rêve sont tout à fait décevantes : quelques formules stéréotypées se pressent avant de déboucher sur un paysage allégorique qui importe seul au poète. Tout au plus pourrait-on invoquer à sa décharge le fait que les trois ouvrages reposant sur l'artifice de la vision suffisent à l'historiographe de Charles le Téméraire pour déployer tout l'éventail des entrées en songe. Le *Miroir de vie* met en scène un amoureux transi et extatique qu'un demi-sommeil immobilise :

1 Voir J. Robertet, *Œuvres,* éd. M. Zsuppàn, Genève-Paris, Droz- Minard, 1970, p. 176.

Pesant de corps, mais legier d'esperit,
L'oeul perturbé par angoiseuse veille,
Le vis estaint, comme cil qui perit,
Le sang foitiet que la char me pourrit,
Le cœur navré d'amour qui le traveille,
Le chief enclin et la main sus l'oreille,
Demy veillant, sus le point d'extasie,
Je m'endormis en dure fantasie[1].

En revanche le *Trosne d'honneur* fait appel à la version, on ne peut plus canonique, de l'acteur qui s'endort et, en dormant, se met à rêver :

> [...] voeullant recreer et esjoïr mes espris et oÿr les melodieux chantz des oisellés, je m'en allay au joly bois, ou je m'endormis assés souefvement soubz ung beau chesne foeullu et, en dormant, me sembloit que je me trouvay en ung gratieux vergier [...][2]

Quant à la *Ressource du petit peuple,* Molinet, qui donne de soi l'image d'un écrivain en mal d'imagination pour satisfaire aux exigences du scénario, est entraîné dans un abîme infernal par un accès de mélancolie :

> Pour ce que naguaires vent failli aux volans de mon molinet, qui multitude de nouvelles histoires debvoit tourner entre ses meules, pour en tirer fleur et farine, pensant oublier merancolie, je me tiray aux champs et [...] soubdainement s'ouvri la terre, se vis ung tres parfond abisme [...][3]

Peut-être faudrait-il ajouter, pour que le tableau de la compétence onirique du poète soit complet, l'emploi d'éléments lexicaux 'marqués', presque techniques, dans des contextes qui n'ont rien à voir avec le rêve. Ainsi dans le *Petit traictié soubz obscure poetrie,* farcissure parodique de quelques psaumes, nous lisons que les sens du poète blessé par mélancolie sont perturbés et que toutes ses facultés sont endormies :

1 *Les Faictz et Dictz de Jean Molinet,* éd. cit., t. II, p. 670.
2 *Ibid,* t. I, p. 36.
3 *Ibid,* t. I, p. 136.

> Ou lit de pleurs, ou doloreuses complaintes ont tendu leurs tenebreuses courtines, m'est venu entreferir de son arc sagittaire tres dure et aspre melancolye, et m'a sy perturbé le sens que je n'ay imaginative, memoire ne fantasie, qui a riens se puist emploier, ne organe exteriore qui puist exercer ses operations[1].

Ces résidus d'une conception aristotélicienne vue à travers la scolastique sont lents à mourir. Guillaume Crétin parle encore le même langage dans *l'Apparition du Mareschal sans reproche, feu messire Jacques de Chabannes* qui est, à plusieurs points de vue, la plus élaborée mise en songe des rhétoriqueurs.

Crétin avait déjà une expérience considérable en la matière, même si cette expérience trahissait une manipulation maladroite de formules éculées. Entre 1496 et 1498, quelques années seulement après le *Séjour d'honneur* d'Octovien de Saint Gelays et le *Parement et triumphe des dames* d'Olivier de La Marche qui relevaient aussi d'une pratique banalisée du songe, la mort du compositeur Jan van Okeghem lui avait inspiré une *Déploration* dont le cadre visionnaire était dépourvu de tout intérêt. Ce rêveur éminemment funèbre avait ensuite rendu hommage à Guillaume de Byssipat qui venait de mourir (1512), en faisant appel de nouveau à une vision de circonstance dont la séquence d'ouverture dénonçait un découpage hâtif et bâclé. Dans la *Plainte sur le trespas de feu maistre Jehan Braconnier, dit Lourdaut, chantre* qui date de la même année, le processus du rêve et de la vision n'occupe que trois dizains, le reste de la composition étant consacré au véritable éloge du défunt. Si bien que Crétin en est réduit à négliger des personnages clef tels que Tristesse, Mélancolie, Ennui etc., et, une fois endormi, à faire résonner la rime, trop facile, *songe* : *mensonge*[2].

---

1 Je ne suis pas d'accord avec Paul Zumthor qui voit dans le *Petit Traictié soubz obscure poetrie* une « lamentation amoureuse de Phaéton » (*Le Masque*, cit., p. 173). L'obscurité dont il est question dans le titre cache une allégorie de la Cour (cf. l'épilogue en octosyllabes), de sorte que l'on peut à mon avis interpréter le personnage de Phaéton comme un véritable « abuzé en court ».

2 Voir Guillaume Crétin, *Oeuvres poétiques*, éd. K. Chesney, Slatkine, Genève, 1977 (Ière éd. 1932), p. 211 : « Au lict me tins actendant ce mon songe Rapporteroit verité ou mensonge ».

L'Apparition du Mareschal sans reproche, feu messire Jacques de Chabannes, rédigée en 1525, donne au contraire à son auteur le moyen de développer presque toute la thématique du rêve. Ainsi, après avoir savamment disserté sur la nuit, le soleil et la lune, les conjonctions des astres, le bouleversement des trois facultés – « sensitive, intellective, ymaginative »[1] – et l'extase correspondant à l'état de 'dorveille' – « Que demouray ainsi qu'en extasie, Moytié dormant, et a demy veillant »[2] –, Crétin choisit de s'endormir deux fois afin de pouvoir gloser à son aise le commentaire de Macrobe au *Somnium Scipionis* et Platon lui-même. Du moins c'est ce qu'il croit car ni Macrobe ni Platon n'avaient jamais formulé avec autant de précision une théorie physiologique des étapes différentes qui scandent le sommeil nocturne[3].

En réalité on retrouve, les unes à coté des autres, des versions disparates de l'entrée en songe : l'entroubli et puis l'oubli, le premier et le deuxième songe. Le tout étant placé sous la double égide de Macrobe dont la citation n'était plus de mise depuis le *Roman de la Rose* et de Platon qui, dans le sillage de l'hermétisme florentin, jouissait quant à lui d'un regain d'intérêt. Cette profusion thématique pourrait servir d'épilogue à la carrière poétique de Crétin qui meurt en 1525 et, à la limite, à l'histoire du songe allégorique. Clause testamentaire, cette apparition serait alors une clausule virtuelle du long chapitre que Guillaume de Lorris avait ouvert trois siècles plus tôt.

---

1 *Ibid,* p. 145 : « Lors que pensoye a l'aise reposer, Force me fut sur l'affaire poser Discension vers la part sensitive, Intellective et Ymaginative [...] ».

2 *Ibid,* p. 146.

3 Le *Commentaire* de Macrobe au *Somnium Scipionis* est la source de la distinction entre cinq types de songes, dont deux seraient 'faux' et trois 'véridiques' (*insomnium* ou ενύπνιον et *visus* ou φάντασμα désignent les songes mensongers ; *somnium* ou ὄνειρος, *visio,* ou ὅραμα et *oraculum* ou χρησματισμός désignent au contraire les songes oraculaires). Quant à la remarque sur la faussetè des rêves que l'on fait dans la première partie de la nuit, elle n'appartient ni à Macrobe ni à Platon. L'idée que les rêves véridiques n'apparaissent qu'à l'aube était en tout cas très répandue : voir Ovide (*Her.*, XIX, 195-96), Horace (*Sat.*, I, x, 32-33) et ensuite Dante (*Inf.*, XXVI, 7, *Purg.*, IX, 16-18, XIX, 1-7). Peut-être n'est-ce pas un hasard si Crétin parle du poumon comme d'un organe qui pourrait favoriser la divination. Platon, analysant dans le *Timée* les fonctions du cœur, du poumon et du foie, situe dans ce dernier le siège des rêves et des divinations (XXXI-XXXII). Quant au poumon, sa fonction est celle de 'rafraîchir' et de soulager le cœur. Faut il penser à une méprise de Crétin ?

III

LE VIEUX ET LE NOUVEAU MONDE D'ANDRÉ DE LA VIGNE

1. Comme pour compenser le désaccord sur la « sottie » en tant que genre ayant droit à un statut[1], une remarquable convergence d'opinions rend superflu tout nouveau débat sur ses origines. Celles-ci coïncident avec la mort de la fête des fous, supprimée brutalement par l'Église et ressuscitée sous de nouvelles formes[2]. Ce qui avait été un théâtre spontané accepte donc, par la force des choses, de se transformer en spectacle « réfléchi », représenté sur de véritables scènes, et interprété par des jongleurs et des acteurs regroupés dans des corporations spécialisées. Cela, traduit dans les termes socio-politiques qui caractérisent les causes de la métamorphose, correspond à une évolution diversement rachetée par le nouvel amalgame scénico-linguistique. Autrement dit, la fameuse liberté carnavalesque meurt dans la substance pour ressusciter dans la forme, et s'empresse de combler l'irréparable perte par une armée de pantins substitutifs. Sur la scène de la « sottie » se pressent les « sots », en jargon « suppotz », d'une Mère Sotte à deux visages (sage ou folle ?) que concurrencent d'autres « meneurs de jeu » : Le Prince des Sotz, Folle Bobance, Folie, Haulte Folie, Plaisant Folie. Le signe de la « folie » est en somme dévalué et presque méconnaissable. Voué à l'origine à une satire jouissant

1 L'apport le plus valable à la thèse de la discrimination des genres est fourni par la troisième section de : *Le Monologue, Le Dialogue et la Sottie*, Paris, Champion, 1976, de Jean-Claude Aubailly, auquel nous renvoyons aussi pour une histoire de cette question séculaire (p. 280-85). Du même auteur, on peut aussi consulter avec profit : *Le Théâtre médiéval profane et comique*, Paris, Larousse, 1975.

2 La filiation n'est certes pas aussi directe que semble le croire B. Swain (*Fools and Folly during the Middle Ages and the Renaissance*, New-York, Columbia University Press, 1932, p. 75-6). Dans le phénomène de la naissance de corporations théâtrales, il est essentiel de ne pas oublier le rôle joué par les collèges et par les ' basoches' correspondant à l'intensification des activités juridiques. Voir à ce sujet, J.-C. Aubailly, *Le Théâtre médiéval*, cit., p. 54-8. [O. A. Duhl, *Folie et rhétorique dans la sottie*, Genève, Droz, 1994].

du privilège d'immunité, il en arrive à contresigner sans la moindre gêne la cible exécrée, le pouvoir, le désordre néfaste. Le Chaos, comme vie et expansion, n'est qu'un comparse au milieu des protagonistes rentrés dans le rang.

Conformément à cette dénaturation qui frappe, entre le XVe et le XVIe siècle, tout mouvement littéraire dissident, la voix de la « sottie » s'identifie dangereusement à celle des institutions et du Seigneur ; et l'audace varie du degré zéro d'un moralisme insipide à un « juste milieu » autorisé, sinon légalisé, par la politique royale. On dit que sous Louis XII, la « sottie » jouissait d'un champ d'action extrêmement vaste. Pourtant, un auteur comme Gringore, à la scène Mère Sotte, écrivit et interpréta deux « sotties » d'un pro-monarchisme éhonté, déversant toute la charge subversive dont il était capable sur l'ennemi numéro un d'une France désastreusement engagée dans les guerres d'Italie (le *Jeu du Prince des Sotz* et la *Sotie nouvelle des Chroniqueurs*). On ne peut lui reconnaître qu'une seule audace : avoir joué lui-même le rôle de Jules II, affublé d'un double costume « à surprise » (*Jeu du Prince des Sotz*). À moins d'un siècle de distance se brouillent, devenues bien floues désormais, les professions de foi de Toussains dans ce que l'on considère, en dépit de son titre, comme la première « sottie » (*Moralité de 1427*) :

Or pourroit aucun demander
Dont vient cela qu'aucuns folz scevent
Ainsi parler, cuidant qu'ils resvent.
Mais la cause y est bonne et belle,
Toute nottoire et naturelle.
Vous savés que telz foulz ne chaut
Quel temps il face, froit ou chaut,
Et sont sovent en grans perils,
Mais il ont toux leurs esperis
Tant destoubrez et despeschez
Qu'il ne sont de rien enpeschez
Par faintasiez n'autrement.

Por ce voient il clerement
Les chousez et puis lez recitent
Tout au vray [...][1]
[v. 945-59]

Le fait que les représentations les plus risquées se situent à l'origine du genre (de 1440 est la *Moralité de Mestier, Marchandise, Pou-d'Acquest, le Temps-qui-court et Grosse Despence* où une critique irrévérencieuse est dirigée contre Charles VIII encore vivant) est révélateur. Comme si, contenu par les brides de plus en plus serrées d'une censure plus ou moins latente, le besoin de dénoncer en venait peu à peu à des compromis, offrant au public divers palliatifs[2]. On en veut pour preuve la monocorde et pessimiste complainte qui occupe une bonne partie du *corpus* des « sotties ». Les attaques sont réparties entre les classes, *in primis* l'Église, puis les avocats et les marchands, mais sur le banc des accusés brillent singulièrement par leur absence les véritables intouchables. En 1516, François Ier donna le classique tour de vis par une célèbre ordonnance et en décembre de la même année, le très populaire acteur Jehan Du Pont Alais fut arrêté et conduit à Amboise avec deux autres membres de la compagnie. Chef d'accusation : avoir mis en scène une « pièce » où l'on se moquait de la reine mère, Marie-Louise de Savoie, bien mal dissimulée sous le nom et l'apparence de Mère Sotte. Il n'est pas exclu d'ailleurs que le rôle brûlant ait été joué par Gringore, ce qui pourrait expliquer la disparition soudaine des scènes parisiennes de l'auteur polyvalent.

En tout cas, on mentionnait rarement dans les « sotties », à des fins outrageantes, de hauts fonctionnaires ou d'influents

---

1 *Deux moralités inédites composées et représentées en 1426 et 1427 au Collège de Navarre*, éd. A. et R. Bossuat, Paris, Librairie d'Argences, 1955.

2 La violence du tardif *Trialogue entre l'ambassadeur du Roy François, le portier d'Enfer et le Prince des diables* (1544) est réduite à ses justes proportions par le cadre des luttes religieuses où il s'insère. Il s'agit en effet d'une pièce de propagande du protestantisme.

représentants du clergé encore vivants. Il est vrai que les noms de Georges et Louis d'Amboise transparaissent dans les Jumeaux de l'*Astrologue*, et que le même Georges est associé à Jacques d'Amboise dans la *Sotise à huit personnaiges* ; de la même façon, le nom de Germain de Bonneval se détache en toutes lettres dans la *Sotie des Chroniqueurs*. Mais les pointes sont émoussées, moins par de louables invitations à la rectitude que par le relief qu'auteurs et acteurs entendent donner à l'innocence de Louis XII et Charles VIII, tous deux fourvoyés par de mauvais conseillers.

Ce n'est sûrement pas un hasard si les raisons de cet amollissement des manifestations les plus franchement libres et libératoires coïncident avec celles qui sont ordinairement avancées pour justifier la vacuité, la courtisanerie et le formalisme outré de la production littéraire contemporaine. Dominé par la présence encombrante des « Grands Rhétoriqueurs », le siècle pré-renaissant apparaît encore à beaucoup comme le lieu d'un délire aberrant, coupable d'enfantements monstrueux ou, dans les meilleurs des cas, de vile soumission au dieu de la langue et au roi du moment. Dans l'optique traditionnelle, la génération de ces « facteurs » grandiloquents, sacrifiée et contrainte au silence pour de réelles raisons de survie, aurait dévié le flot ininterrompu des énergies en l'entraînant dans des expérimentations verbales toujours plus laborieuses[1]. Quelque chose d'analogue, en admettant que

1 Du silence ou d'une optique déformée (Sainte-Beuve, G. Paris, H. Guy), l'historiographie et la critique littéraire sont pourtant passées à une réévaluation plus ou moins enthousiaste. Citons, pour cette dernière phase, les travaux de H. Chamard (*Les origines de la poésie française de la Renaissance*, Paris, De Boccard, 1920), F. Simone (*La scuola dei « Rhétoriqueurs »*, in « Belfagor », IV, 1949, et aussi in *Umanesimo, Rinascimento, Barocco*, cit.), A.-M. Schmidt (« L'Age des Rhétoriqueurs », in *Encyclopédie de la Pléiade. Histoire des Littératures*, III, Paris, Gallimard, 1963), P. Guiraud (« La rime et les sources médiévales de la poésie formelle » in *Essais de stylistique*, Paris, Klincksieck, 1969, p. 245-63), P. Jodogne (« Les Rhétoriqueurs et l'Humanisme. Problème d'histoire littéraire » in *Humanism in France*, cit) et P. Zumthor (surtout *Le Masque et la Lumière. La poétique des grands rhétoriqueurs*, cit.). [F. Cornilliat, *« Or ne mens » : couleurs de l'éloge et du blasme ches les Grands Rhétoriqueurs*, Paris, Champion, 1994 ; *La Grande Rhétorique. Hommage à la mémoire*

l'explication soit la bonne, advient pour la « sottie ». Loin de « dire clairement les choses », selon la très optimiste affirmation de Toussains, les sots gaspillent en plaisanteries édulcorées et en exhibitions athlétiques la vigueur de la protestation. Et, à bien considérer les édits et les censures, on ne peut pas leur donner tort. De plus, le canevas qu'ils ont en main est rédigé, à quelques exceptions près, par les pompeux « Grands Rhétoriqueurs », et le comique qui rejaillit sur le public est de facture artificieusement verbale. Quelques sonorités de base se répètent, réitérant les mêmes motifs et jouant sur l'équivoque et la paronomase : sur ce qui est semblable et pourtant différent et sur ce qui est différent mais paraît semblable.

Dans la *Sottie des Sots triumphans qui trompent Chascun* (de 1475 environ), l'intrigue est fournie par une trompe qui est un instrument mais aussi une « farce », puisque, selon la logique propre à la sottie, le sens du verbe « tromper » conférera de façon tout à fait plausible à « trompe » celui de « tromperie ». D'où un feu d'artifice de répliques sur la « trompe », le « trompeur » et « tromper », un peu comme dans la *Sottie à cinq personnages des coppieurs et lardeurs qui sont copiez et farcez* (antérieure à 1448) où « coppie-coppier » ('copie'-'jeu' et 'copier'-'se jouer') et « lardons-larder » ('lardon'-'poisson d'avril' et 'larder'-'berner') rebondissent d'un rôle à l'autre dans une joute d'échos sonores et de réfractions de sens. Mais la liste des jeux sur l'étymologie et les allitérations qui entrent dans la constitution de la farce, outre que des « sotties », serait interminable. De ce jugement fondamentalement réducteur, qui définit aussi mal les fonds que les premiers plans, on peut cependant récupérer l'idée de l'exercice rhétorique au sens large, comme soupape de sûreté, puisqu'il est vrai que dans l'administration maquillée de la manufacture des « sots », ce

---

de Paul Zumthor, p. p. G. Di Stefano et R.-M. Bidler, Montréal, Ceres, 1994 ; C. Brown, *Poets, patrons and printers*, Ithaca, New York, London, Cornell University Press, 1995 ; *Rhetoric – Rhétoriqueurs – Rederijkers*, cit. ; *Grands Rhétoriqueurs*, p. p. Centre V. -L. Saulnier, Université Paris-Sorbonne, Paris, éd. Ecole Normale Supérieure, 1997].

sont ces « jongleries » qui équilibrent les bilans, qui résolvent la contradiction entre les « institutions d'origine carnavalesque et la pratique des rhétoriqueurs »[1]. En somme, la transgression typique de la « fête » chassée du terrain des *res* fait retour sur le plan des *verba* et s'exprime, selon les mots de P. Zumthor, dans la tendance à l'« affaiblissement des éléments rationnels et 'monistes' du discours », au « dialogisme qui transgresse une loi tout en en maintenant les formes »[2]. Techniques et modes de pensée traditionnels sont assimilés et remaniés par une pratique ludique, de sorte que le conformisme de l'exhibition est traversé et comme renversé par des virtuosités spectaculaires, fruit d'une étude préméditée.

2. Reste le soupçon que cette revanche que le plan formel, par des exubérances et des incursions effrénées, prend sur le plan des messages ne soit le seul signe qui aide à délimiter un espace créatif vraiment autonome. Entre la fin du XVe siècle et le début du XVIe, quand se multiplient les sotties où les sots dirigés par un meneur de jeu ne personnifient désormais que les vices et la folie négative, il semble difficile de reconnaître les symptômes d'une rébellion qui ne soit pas orchestrée selon les préceptes abstraits valables à toutes les époques. Plaisant Folie dans la *Pipée* (1500 environ), Folle Bobance dans la pièce du même nom (1500) et Folie dans la *Moralité de Chascun, Plusieurs, le Temps, le Monde* (fin du XVe siècle) font la loi, pleines d'arrogance, en semant disputes, intrigues, corruption et habitudes dépravées. De 1511 est la *Sottie des Sotz ecclesiastiques qui jouent leur bénéfice au content* dont s'inspira sûrement Rabelais pour la « revue » des Sots (*Tiers livre*, chap. XXXVIII). Les ecclésiastiques en question, réunis sous le plus petit commun dénominateur de la simonie, s'adressent à Haulte Follie pour obtenir des conseils sur la façon de « passer le

1 P. Zumthor, *Le masque et la lumière* cit., p. 133.
2 *Ibid.*

temps ». Haulte Follie propose une partie de cartes qui dégénérera, après de furieux échanges de prébendes et d'évêchés, en une bagarre collective.

Mais déjà trois ans plus tôt, André de La Vigne mettait en scène des sots corrompus et intempérants pour démontrer les effets nocifs des abus et des folies. La *Sotise à huit personnaiges* est le produit de la maturité d'un poète qui est la synthèse exemplaire des caractéristiques du « grand rhétoriqueur ». Passé sous diverses bannières, du duc de Savoie à Charles VIII et à Louis XII, André de La Vigne a, en 1508, une trilogie théâtrale à son actif (le *Mystère de Saint Martin*, la *Moralité de l'aveugle et du boiteux*, la *Farce du munyer*) et un ensemble important de proses et de vers de circonstance marqués par des raffinements et des traits expressifs que seul peut-être Molinet égala. Et, comme dans le cas du maître bourguignon, la veine de l'éloquence alterne avec celle de la parodie, faisant planer l'ombre d'un doute sur le sens à donner aux discordances mal cachées, à l'abondante fabrication de néologismes hésitant entre l'effort humaniste et la contrefaçon volontaire[1]. Que certains soupçons ne soient pas infondés, cela est démontré par les *Complaintes et Epitaphes du roy de la Bazoche* (1501), espèce de pluraliste « lamentation pour la mort de » qui, pour ses élucubrations prétentieuses, prend place parmi les antécédents de l'*écolier limousin* :

> Au point perfis que spondille et musculle,
> Sens vernacule, cartillage, auriculle
> D'Isis aculle Dyana crepusculle
> Et l'heure aculle pour son lustre assopir,
> Aurora vient, qui la cicatricule
> Du diliculle, dyamettre obstaculle,

1 Pour des informations sur André de La Vigne, nous renvoyons aux travaux de E. L. Kerdaniel (*Un rhétoriqueur : André de La Vigne*, Paris, Champion, 1919 et *Un auteur dramatique du XVe siècle : André de La Vigne*, Paris, Champion, 1923) et Ph. A. Becker, *Andry de la Vigne*, in « Berichte über die Verhandlungen der sächsischen Akademie der Wissenschaften zu Leipzig », phil. -hist. Klasse, 1928, Bd. 80, 2 Heft.

Emmatricule et la neigre maculle
Adminiculle [...][1].
[v. 1-8]

Sur le versant opposé, d'incohérentes tautophonies font un clin d'œil aux onomatopées endiablées déjà présentes dans le *Mystère de Saint Martin*[2]:

Tric, trac, troc, trop trousselant triquetroque,
Trainc très terreux, trepe de triquenoque,
Traistre trousson, triquenique tribraque,
Truye troussine [...].
[v. 129-32]

De telles épitaphes sont étroitement liées à la *Sotise* de 1508. En même temps que la matrice comique commune, on y trouve la relation avec l'activité de la Basoche dont André de La Vigne fit certainement partie. En 1501, c'est pour la mort de Pierre de Baugé, roi de la Basoche parisienne[3], que le poète prend sa plume, et la *Sotise à huit personnaiges* fut commandée et représentée par les basochiens de Toulouse[4]. L'action de la pièce – si on s'en tient aux schémas de J.-C. Aubailly[5], il s'agit précisément d'une « sottie-action » – consiste en une intrigue organisée par Abuz et par les sots de ses fidèles contre le Monde qui, vieux et fatigué, s'endort en laissant le champ libre aux conjurés. Fébrilement, les six sots, la fine fleur du vice, se

1 André de La Vigne, *Les Complaintes et Epitaphes du roy de la Bazoche*, in A. de Montaiglon, *Recueil de poésies françaises des XVe et XVIe siècles*, Paris, Jannet, 1855-1878, t. XIII, p. 383-413 (le t. XIII, comme les trois précédents, est présenté aussi par J. de Rotschild). [J. -P. Chambon, « *Les Complaintes et Epitaphes du roy de la Bazoche* de La Vigne, un songe après boire ? », *Le Moyen Français*, 38, 1996, p. 139-44].

2 Voir, par exemple, la première diablerie : « Tu va hurlant, cryant : patic, patac ! Que malle bosse, malle poisons, maultac Et malle grayne te puisse prandre au bric, Ort, villain, puant croquodillac, Loup ravissant pour lequel je dys : gnac ! » (André de la Vigne, *Le Mystère de saint Martin*, éd. A. Duplat, Genève, Droz, 1979, v. 61-5).

3 Cf. A. Fabre, *Les Clercs du Palais*, Vienne-en-Dauphiné, 1882, p. 70 sqq.

4 Cf. l'introduction à l'édition de la *Sotise* dans le *Recueil général des Sotties* par E. Picot, cit., t. II, 1904, p. 3.

5 Sur la base de coïncidences structurelles et aussi thématiques, J.-C. Aubailly distingue trois types principaux de sotties : « sotties-parade, sottie-jugement et sottie-action ». Un chapitre entier est consacré à ce problème (*Les structures internes de la sottie*) in *Le Monologue*, cit., p. 286-349.

mettent à construire le Nouveau Monde en assemblant des piliers qui obéissent à une exigence : tous sont l'inverse d'une qualité positive. Mais, à peine achevé, le Nouveau Monde s'écroule sous les bonds des sots qui, fous d'amour pour Sotte folle (représentée ici comme une femme-dragon inabordable), ont perdu toute mesure et toute retenue. Le vieux Monde peut donc revenir et admonester les rebelles en condamnant leurs intempérances avec des formules rebattues et archi-connues dont nous donnons ici un échantillon :

> O cueurs haultains, farsés d'iniquités,
> Vitieux, parvers, qu'avés tout bien quicté,
> Voyent tieulx faictz prandrez vous cognoissance ?
> Hélas, pancez que jamaiz Vérité
> Ne peult faillir : ayez donc cherité,
> De voz meffaictz saississant repentance [...][1].
> [v. 1554-59]

À part quelques attaques précises insérées dans la séquence des piliers, le thème général de la sottie semble l'illustration fidèle d'une *laudatio temporis acti* dont dire qu'elle est conventionnelle est un euphémisme. Pourtant, grâce à la savante articulation d'artifices rythmiques et métriques dont dérive un comique qui franchit les limites de l'intellectualisme, la pièce est considérée, et pas à tort, comme un authentique chef-d'œuvre[2]. Dans l'espace qui sépare la ballade initiale de la ballade finale, prennent place « lais, triolets, rondeaux », chansons, petites strophes et répétitions de vers qui se pressent en se jouant continuellement du rythme facile, « mnémonique » (le type ab/bc/cd... etc.). La sottie d'André de La Vigne se place, en

1 Nous citons le texte à partir du *Recueil général des Sotties*, cit., t. II, p. 21-104 (*Sotise à huit personnaiges, c'est à savoir le Monde, Abuz, Sot dissolu, Sot glorieux, Sot corrompu, Sot trompeur, Sot ignorant et Sotte folle*). Signalons que la numérotation des vers, maintenue par commodité, devrait être modifiée en deux endroits (v. 74-75 et 540-41). [C. Blum, *La représentation de la mort dans la littérature française de la Renaissance*, Paris, Champion, 1989, 2 vol. : cf. t. I, p. 121-25].

2 Telle était déjà l'opinion de C. Lenient, *La Satire en France au Moyen-âge*, Paris, Hachette, 1883, p. 369. Opinion partagée par J.-C. Aubailly, *Le Monologue*, cit., p. 332.

somme, sous le signe de la redondance qui devient le ressort de l'action théâtrale dans la mesure où elle stabilise, fait avancer et porte à leur terme des moments clé précis de la pièce, récupérant entre autres des techniques propres au genre comique. L'effet dû à l'inertie[1], typique de la succession des « bee » de Pathelin, revient au moment de la conclusion, alors que les sots font appel au meneur de jeu (Abuz) pour faire face au cataclysme que leurs propres sauts ont provoqué. Abuz répond chaque fois de la même manière et comme hors de propos, c'est-à-dire en les mettant devant leurs responsabilités. Il y a six sots et six fois le refrain 'dissonant' notifie une sentence sans appel :

> Regardez quel fust vostre enraige !
> [v. 1440, 1444, 1448, 1454, 1456, 1460]

À la dernière réplique, le Sot dissolu (= l'Église) fait écho avec le vers-formule de la « fausse compréhension du langage »[2] :

> Nous n'entendons point ton langaige.
> [v. 1461]

L'*iter* suivi n'est donc pas identique à celui de Pathelin. Dans la farce, l'inertie conduit à une réponse mécanique, qui devient astucieuse au moment où la question s'écarte de la série habituelle. Ici, les deux séries, questions et réponses, sont homologues et il n'y a pas de surprise finale (le « trompeur trompé ») mais un croisement, d'ailleurs non fonctionnel, avec le procédé comique de la « méprise lexicale ». Il existe en somme une tendance à investir le rendement scénique dans le phénomène répétitif pur et simple, soutenu seulement par des auxiliaires occasionnels. Dans la répétition de la « devise » des sots, il y a une exploitation évidente d'un type littéraire qui eut

1 Voir de L. Olbrechts-Tyteca, *Le comique du discours*, Bruxelles, éditions de l'Université de Bruxelles, 1974, p. 105-108.

2 Cette formule revient à l'article de H. Lewicka « Un procédé comique : la fausse compréhension du langage », in *Études sur l'ancienne farce française*, cit., p. 67-72. L'identification du procédé appartient toutefois à B. C. Bowen, *Les caractéristiques essentielles de la farce française et leur survivance dans les années 1550-1620*, Urbana, University of Illinois Press, 1964, p. 28 et 47.

un grand succès dans le théâtre comique des XVe et XVIe siècles : le bonimenteur (celui de Rutebeuf est très célèbre). Dans la *Sotise* d'André de la Vigne, l'épicier lance un « cri » authentique :

> Fuseaulx à vendre ! Bons fuseaulx !
> Gaigne petit, qui dort, qui groigne.
> [v. 201-202 et 205-206]

C'est sur ce modèle que les représentants des autres classes fabriquent leurs fanfaronnades et scandent des cris qui brillent d'un comique réfléchi, renforcé par la différence entre un professionnalisme – tout à fait présumé – et sa dégradation dans un charlatanisme vulgaire. À gorge déployée, dans une séquence qui fleure 'le marché', des prêtres, des avocats, des soldats et des commerçants hurlent en offrant sans interruption, avec une insolence canaille, escroqueries et vantardises :

> Sot glorieux
>
> A l'assaut, a l'assaut, a l'assaut, a l'assaut !
> A cheval ! Sus ! En point ! En armes !
> [v. 146-147 et 150-151]
>
> Sot corrompu
>
> Procureurs, advocatz, Procureurs, advocatz !
> Veu le procès et veu le cas,
> Tout produict en darniere instance [...].
> [v. 168, 170-172, 175-177 et 180]

C'est toujours sur un mécanisme répétitif qu'est fondée la scène centrale du choix des piliers sur lesquels édifier le Nouveau Monde. Abuz demande à chaque sot sur quelle base il voudrait faire reposer la construction, et il formule à chaque fois une proposition, en forme d'oxymoron, c'est-à-dire basée sur une vertu et son contraire. Quand arrive le tour du Sot ignorant (= le Peuple), se déclenche aussi dans la réponse le fonctionnement automatique propre à la question, en vertu duquel à l'offre de Bien et Mal, six fois répétée, succèdent six refus et six acquiescements exprimés dans les mêmes termes :

Hostés, point n'est a ma plaisance.
[v. 1112, 1120, 1128, 1136, 1144, 1152]
Mectez, car c'est mon asseurance.
[v. 1116, 1124, 1132, 1140, 1148, 1156]

Ce bref échantillonnage montre à l'évidence que la répétition évite volontairement le procédé de la surprise en tant qu'interruption de l'inertie : procédé où l'on doit reconnaître au contraire la caractéristique essentielle du comique de la farce. On touche ici le point sensible de la question des genres théâtraux profanes que d'innombrables interférences rendent difficiles à distinguer. Un des nombreux critères qu'on peut utiliser pour mieux délimiter les frontières entre farces, sotties et moralités réside dans la détermination du degré et de la qualité du comique utilisé dans les différents « scénarios », étant bien entendu qu'il faut garder à l'esprit « les structures sémantiques d'ensemble »[1] à l'intérieur desquelles les expédients sont insérés. En forçant un peu la main aux conclusions de H. Lewicka,

> On a beaucoup parlé du comique purement verbal de l'ancienne farce. Nous avons même abondé en ce sens. Cependant, à y regarder de plus près, l'amusement formel considéré comme une fin en soi est moins fréquent qu'il ne semble au premier abord [...]. Ils [*scil.* énumérations, litanies d'injures, jargons, « patois »] s'intègrent dans une structure supérieure et corroborent le comique de caractère ou de situation. Ainsi les jargons de Pathelin « mourant » ne sont pas uniquement des « touches dialectales » comiques : elles font rire le public qui comprend le bon tour joué au drapier désorienté : ailleurs elles servent de caractéristique sociale [...][2]

on pourrait affirmer que la farce comporte des jeux verbaux complexes, c'est-à-dire orchestrés avec un maximum de préméditation comparé au minimum qu'on relève dans les sotties. C'est du reste une opinion courante que celles-ci fondent leur manifestation ludique sur de simples éclats verbaux frappés

1 H. Lewicka, *Études*, cit., p. 17.
2 *Ibid.* p. 15-16.

au coin du non-sens ou de la polysémie : « Par contre, les " traces de fatrasie " dont parle Picot dans sa définition de la sottie [...] c'est-à-dire, les contrepèteries et autres amusements verbaux, comme la " décomposition secondaire " – personnaige : par sonnage, par son aige, etc –, les " cris " ou énumérations abasourdissantes sont un trait inhérent à la sottie »[1].

Ce qu'on a remarqué à propos des incessantes répétitions de la sottie d'André de La Vigne trouve en fait une confirmation dans les pesantes conjonctions allitératives et paronomastiques qui, ajoutées aux rimes équivoques, y compris internes, superposent à la lettre du texte un dense tracé de récurrences obsédantes. Il s'agit d'un niveau « distinct des autres niveaux du langage (y compris le niveau phonématique comme tel), mais non intégrable à l'un quelconque de ceux-ci »[2]. Pour prouver à quel point l'organisation ' sonore ' est solidaire de celle de l'action théâtrale, il suffira de citer quelques échanges de répliques dans la scène des « fondations » :

Sotte folle

Pour n'esfondrer, faisons lui le fond d'air
Ou habunder d'eau pour le faire honder
Et desbonder, quand le voudrons donder,
Bien fault ronder, qui peult, son fondement.

Abuz

Qui dit ton mot bien fondé ment :
Tu parles selon ta nature.

Sot dissolu

Fames tousjours a l'avanture
Sont fundees sur l'air ou l'eau.

[v. 522-29]

Étant admis que le thème dominant est ici celui de la construction et du choix d'un « fundement », un déploiement

1 *Ibid.* p. 16.

2 P. Zumthor, *Le Masque et la Lumière*, cit., p. 247.

stratégique du mot-clé couvre les variations bien plus significatives sur le thème syllabique (on > honder, donder, desbonder) et renverse l'objectif par de savoureuses opérations qui renvoient à l'inconsistance, à la facétie et à l'obscénité. Pour ce dernier point, au cas où la présence du terme « fons » ne semblerait pas suffisamment éloquente, nous faisons appel à une correspondance interne, tirée de la *Farce du Munyer*. Au moment culminant de la pièce, André de La Vigne met en scène une querelle entre les diables à propos du relâchement de la chasse aux âmes. Lucifer excite à l'action le négligent Berith et lui enseigne comment s'emparer du butin :

Lucifer

Qu'on te puisse au gibet deffaire,
Fils de putain, ord et immunde !
Doncques, pour ton estat reffaire,
Il te fault aller par le monde,
A celle fin que tu confonde
Bauldement ou à l'aventure,
Dedans nostre habisme parfonde,
L'ame d'aulcune creature.

Berith

Puis qu'il fault que ce mal procure,
Dy moy doncques legierement
Par où l'ame faict ouverture,
Quant elle sort premierement.

Lucifer

Elle sort par le fondement :
Ne faiz le guet qu'au trou du cu[1].
[v. 346-59]

Avec de tels présupposés, l'entreprise de Berith aura les effets escomptés, sur la nature desquels il est superflu de s'attarder. Quelque chose du même ordre, bien que dans un

1 André de La Vigne, *Le Meunier de qui le diable emporte l'âme en enfer*, in A. Tissier, *Recueil de farces françaises. 1450-1550*, Genève, Droz, t. IV, 1989.

domaine non scatologique, se produit pour le thème plusieurs fois exploité de l'instrument de musique. Le Monde se présente muni d'un « cor » et Abuz lui oppose une « trompe » dont émane une mélodie enchanteresse. Par ce procédé de transfert définissable comme « projection du langage figuré » et qui nous semble être caractéristique de la sottie, dans le son conflue la tromperie, et dans le sommeil la destitution :

Abuz

Monde, il te fault endormir
Et reposer ta fantaisie.
Couche toy cy, et melodie
Ouyras, te donnant salut.
Tromper, trompant, trompe, trompé !
[v. 104-108]

À la différence de la *Sottie des sots triumphans*, où des fragments de « tromperies » étaient répartis entre différents rôles, nous trouvons ici le paradigme entier concentré dans un vers. Cela donne aussi la mesure d'une différence essentielle, qui nous permet de distinguer des sotties basées sur la dramatisation du langage figuré et des sotties qui ont une intrigue plus complexe, même si elles exploitent occasionnellement le double niveau d'une pseudo-étymologisation. Du reste, une étiquette analogue isole le schéma comique du « proverbe en action » où l'« expression proverbiale est prise littéralement et mise en action », selon la définition de B. C. Bowen[1]. L'écart entre les deux types est, fondamentalement, infime. Pour donner la mesure de la différence entre les noyaux possibles de farces et de sotties, rappelons la *Farce de Mahuet badin*. Prémisse : la mère recommande à Mahuet de vendre les œufs « au prix du marché ». Épilogue : Mahuet remet les œufs à un roublard qui prétend s'appeler « prix du marché », et, bien entendu, sans rien demander en échange.

---

1 B. C. Bowen, *Les caractéristiques essentielles*, cit., p. 28.

Le mécanisme de ces jeux verbaux mis en acte n'est pas, en fin de compte, très différent de la « décomposition secondaire » des rimes équivoques qui ont une place tellement importante dans le fonctionnement ludique de la sottie. Il s'agit, dans les deux cas, d'obtenir un effet particulier en animant l'écart entre homophonie et allographie, ou entre sens littéral et sens figuré.

3. L'habileté d'André de La Vigne ne se borne pas à relier étroitement artifices rythmico-verbaux et message burlesque (et rappelons-nous que les premiers tendent, dans le panorama général des « Grands Rhétoriqueurs » à une existence autonome) ; à travers l'invention de la farce aux dépens du Monde transparaissent en effet des restes, dépouillés et savamment réduits à l'usage du public, d'un *topos* remontant à l'Ancien Testament, et sur lequel le Moyen Âge avait déjà beaucoup brodé. L'allégorie de la Tour de Babel, comme Maria Corti l'a fait clairement remarquer, a une « vie compliquée »[1]. Ce qui nous intéresse ici, c'est moins de reparcourir l'histoire de ses avatars, suivant les canons éthico-politiques en vigueur, que d'analyser la transformation du modèle et d'examiner ses objectifs. En ce qui concerne les changements, il est clair que la folle entreprise des sots insère dans le thème transmis par la *Genèse* de nombreux éléments tirés de la phase de la création. Il s'ensuit un mélange de sacré et de profane, de *civitas Dei* et *civitas diaboli* qu'on pourrait difficilement tenir pour innocent. Abuz, en tant que maître d'œuvre et « meneur de jeu », incarne le satanique Nemrod (non biblique, mais désormais lié par une habitude ancienne à Babel) qui dirige les siens dans la construction, et le choix de « Confusion » comme plan de base renvoie à la même matrice. « Confusion » est en effet le signe caractéristique, depuis l'Ancien Testament, de la perdition : « *Venite igitur, descendamus et confundamus ibi linguam*

1 Libre synthèse de l'affirmation de M. Corti, *Il viaggio testuale*, Torino, Einaudi, 1978, p. 247.

eorum » dit le texte de la *Genèse* (11, 7). Dans la *Sotise*, toutefois, la *confusio linguarum*, déjà probable métaphore politique et citadine dans d'autres relectures, celle de Dante par exemple, devient dégénérescence des mœurs, décadence des groupes sociaux (*status*) représentés par les masques des sots. Par un glissement d'objectif analogue, la cause de l'écroulement passe de l'impossible communication entre les artisans à la folie d'amour, expression suprême de la sottise humaine :

Sotte Folle

Celluy qui fera plus beau sault,
Sans faillir, mon amy, j'en foiz

Abuz

Hault le bois, compaingz, hault le bois !
Qui la gainera sans esmay ?

Omnes

C'est moy, c'est moy, c'est moy, c'est moy.
[v. 1398-1402]

Abuz

Ors sus, sus, villains, a l'assault !
Qui gainera doncques l'honneur !

Dicant omnes pugnando vehementer,
Intantumque Mundus cadat super eis :

Hay avant !

Abuz, *dum videt cadere Mundum dicit* :

A Dieu, mon labeur !

Omnes

Hé, Dieu, tout s'en va par abysme.
[v. 1432-35]

Sur le versant édénique se disposent au contraire les décors stylisés où se reflète l'image renversée du Jardin de biblique mémoire. En rassemblant les maigres indications d'André de La Vigne, J.-C. Aubailly dessine l'appareil scénique de la pièce avec des éléments qui recomposent la symbolique bien connue :

> Quant à la *Sotise* d'André de La Vigne, elle se déroule vraisemblablement devant un décor de fond symbolisant un jardin planté d'arbres verts (v. 38 et 44) et portant chacun un écriteau puisque Abuz, lorsqu'il va les secouer pour en faire tomber les suppôts, les appelle « arbre de Dissolution » (v. 120), « arbre de Corruption » (v. 163), « arbre de Tromperie » (v. 196), « arbre d'Ignorance » (v. 216), « arbre de Folye ». C'est sans doute devant ce décor que les sots construisent pierre à pierre les colonnes du nouveau monde[1].

L'autre coïncidence flagrante concerne les allégories numériques : il y a six sots et un Créateur, comme il a fallu six jours à Dieu pour créer le monde. Puisque l'édifice doit refléter l'harmonie même de l'archétype, Abuz se lance avec une habileté diabolique dans le tourbillon des calculs : à chaque sot est confiée la construction d'un pilier, ce qui fait que le Nouveau Monde reposera sur six supports. À leur tour, les colonnes auront un soubassement composé de six pierres ou, en termes clairs, de six vices sélectionnés avec un soin particulier. Résultat : trente-six perversions de l'âme humaine. Une telle virtuosité mise au service de Satan, la morale de toutes les fables en fait foi, sombrera dans le néant. Qu'elle soit Babel, Sodome ou Gomorrhe, la ville d'Abuz a été érigée pour se désintégrer, c'est-à-dire pour démontrer que l'œuvre du méchant est de toute façon vouée à une triste fin.

Mais, en seconde instance, l'acte de rébellion de la « race de Caïn » est le lieu où se déploie une accusation précise qui se réfère à une situation réelle. Comme dans d'autres sotties et moralités, la véhémence satirique se greffe au moment de la propagande du vice, quand les vantardises de Simonie, Lubricité, Tromperie, etc. se transforment en tir à la cible et frappent une association de commerçants ou quelque autre

1 J.-C. Aubailly, *Le Monologue*, cit., p. 374.

sinistre individu dans lequel on reconnaît l'accapareur de bénéfices (Jacques d'Amboise), le mauvais conseiller (Georges d'Amboise) ou l'hypocrite tonsuré (René de Prie). Par ces allusions mordantes, la *Sotise à huit personnaiges* rachète en grande partie l'insipide convenance de l'allégorie générale et rend plus dialectiques que jamais tant le rôle des sots que celui de la Folie.

De nouvelles fouilles mettent au jour des fragments inquiétants grâce auxquels les liens de parenté avec les licences carnavalesques qui avaient disparu semblent ressusciter. L'interprétation tout excrémentielle que Ida Nelson propose du refrain qui scande la ballade de clôture prononcée par le Monde mérite qu'on lui accorde quelque crédit :

> Ce n'est pas jeu que se fier au Monde :
> Bien est deceu qui se fie en ce Monde.

Si on entend « fier » dans l'acception la plus courante, les vers sonnent comme admonition et incitation à observer les valeurs canoniques. Mais, puisque « *fier* en argot, veut dire " chier " [...] »[1], cela signifie qu'entre la *littera* et la *sententia* s'ouvre un abîme. Comme si à la première allégorie (construction et destruction du Nouveau Monde en tant que preuve de la qualité du Vieux) se superposait la seconde, de nature ironique (le Vieux Monde raillé). Certes, si c'était l'unique symptôme d'un comportement parodique, cela n'irait pas très loin. Il est donc intéressant d'avancer aussi une hypothèse de double lecture pour la ballade qui se situe à l'extrême opposé de la *Sotise*. En entrant en scène, Monde se lamente de la déchéance de l'homme et, en trois étapes, il explique son déclin depuis la perfection originelle. D'abord, sur le fil d'une métaphore aux multiples ramifications, il montre comment la musique harmonieuse de l'univers est malheureu-

1 L'interprétation est rapportée par P. Zumthor, *Le masque et la Lumière*, cit., p. 135. Mais I. Nelson (*La sotie sans souci*, Paris, Champion, 1977, p. 205) entend plutôt « fier » comme sodomiser.

sement devenue discordante (le « cor » et les « tuyeaulx » donnés par Dieu) ; l'objectif passe ensuite à la phase de la création – soleil, ciel, planètes, mer, terre, animaux et fruits – pour arriver à cadrer cet être, hélas, immonde, qu'est l'homme. Enfin, Monde s'attarde dans le souvenir du péché, en employant des termes et des rapports pas vraiment transparents :

> Mon Createur, quand il me aparsonna,
> Appart sonna chacun effect ; dez lors
> Pour l'homme humain, duquel la parsonne a,
> Le parc sonne a, maiz il s'en fuyt d'este hors,
> Donnant a sortz par bien divers assortz,
> Ses champs, ses ortz a nourrir vices ortz,
> En ses consors se mectant hors de bonde :
> C'est grand pitié que de ce povre Monde.
> [v. 17-24]

Il s'agit, grosso modo, de la fuite de l'homme, de l'abandon de terres et de champs qui se transforment en réceptacles de vices. Suit l'envoi, riche d'allusions prophétiques et de menaces (« Quand arrivera la mort, alors ils s'apercevront de la gravité des infamies commises… »). Jusque-là, c'est le sens littéral. Cependant, il est probable que le lexique utilisé au moment culminant de la lamentation (la strophe III citée) recèle des termes techniques propres à la mise en scène théâtrale. Nous savons que « parc » était la scène des Mystères et que les deux synonymes, « camp » et « hourt », désignaient les « eschaffauts », c'est-à-dire les constructions réservées aux acteurs et occasionnellement aux spectateurs[1]. L'acte des *laboratores* qui désertent les terres camoufle, dans cette perspective, une transgression particulière, relative au genre dramatique. C'est-à-dire que le sacré est abandonné pour le profane, la sagesse chassée par la folie.

---

1 Cf. G. Cohen, *Histoire de la mise en scène dans le théâtre religieux français du moyen âge*, Paris, Champion, 1906, p. 70 sqq. ; H. Rey-Flaud, *Le cercle magique. Essai sur le théâtre en rond à la fin du Moyen Âge*, Paris, Gallimard, 1973, p. 61-86 ; E. Konigson, *L'espace théâtral médiéval*, Paris, CNRS, 1975.

Si on admet le bien-fondé de l'hypothèse, on en déduit une thèse fortement contextualisée, une espèce de projection interne dans la formule-sottie. Le Monde, se rappelant avec regret des actions scéniques plus en harmonie avec son état, accuserait le type de représentation où, raillé tant comme victime que comme héros, il est contraint de tenir un rôle grotesque. Pour conclure : si l'hypothèse exposée plus haut est juste, la *Sotise* neutralise l'enseignement explicite par des infiltrations souterraines parodiques. En somme, il n'y a pas une vérité renversée (du type : « le Nouveau Monde est meilleur que le Vieux »), mais une renonciation à formuler quelque doctrine que ce soit. Dans la « querelle » entre Ancien et Moderne, André de La Vigne n'attribue aucune palme et, avec un joyeux cynisme, il rejette également les justes plaintes du premier et les mauvais agissements du second.

4. Pour André de La Vigne, l'opposition entre le vieux et le nouveau monde fait partie d'une symbolique personnelle. En 1508, l'éditeur Guillaume Eustace publia deux œuvres théâtrales du même auteur : l'une est la *Sotise à huit personnaiges* dont nous venons de parler et l'autre est une moralité qui s'intitule, précisément, *Le Nouveau Monde*[1].

Pour mesurer la portée exacte de cette coïncidence, il faut se rappeler l'important facteur de la simultanéité qui manifeste l'intention de réaliser un diptyque solidement homogène. Les deux tableaux – les deux textes – sont en effet complémentaires et, pour prouver l'impossibilité de les séparer, il suffira de s'arrêter sur une observation élémentaire. Si, parmi les douze personnages de la moralité – Benefice grant, Benefice petit, Pragmatique, Election, Nomination, L'Ambitieulx, Legat,

1 Le nombre étonnamment élevé de correspondances stylistiques et lexicales avec la *Sotise* ne laisse aucun doute sur l'identité de l'auteur qui, vraisemblablement, se dévoile par une espèce de signature au vers 1252 : « C'est la vigne, c'est l'olivet [...] ». Nous citons le texte à partir de l'édition de Guillaume Eustace dont il existe deux exemplaires à la B. N. de Paris.

Quelcun, Vouloir extraordinaire, Pere Saint, Provision Apostolique, Université – il n'y a pas trace du Nouveau Monde, et si de Monde Nouveau on ne dit mot dans tout le texte, comment se justifie le choix du titre ? La réponse nous est en quelque sorte donnée par l'histoire, ou « préhistoire », que la *Sotise* renferme. Édifié *pour* être détruit, car l'épisode a valeur d'*exemplum*, le Temple d'Abuz a le tort de reposer sur des colonnes inadéquates et d'abriter corruption et mœurs dépravées. Le fait qu'André de La Vigne emploie, au lieu de teintes sombres et de tons foncés, des couleurs voyantes et contrastantes qui respirent l'allégresse a une importance toute relative : quand les sots sont de la partie, ces légèretés sont prévisibles. Ce qui compte c'est que, de quelque façon qu'on le considère, ce chef-d'œuvre « noir » n'est certainement pas proposé comme modèle. En 1508, André de La Vigne a plus de cinquante ans et sa situation sociale et matérielle est plutôt précaire. Avec la mort de Charles VIII, ses rapports avec la couronne se sont relâchés ; le « Rhétoriqueur » n'accompagne pas Louis XII dans sa campagne contre Gênes et il s'évertue, de loin, à encenser le monarque avec des vers dithyrambiques. Aux premiers signes du conflit avec le Pape, il compose un libelle en faveur de l'église gallicane et, précédant le plus explicite *Jeu du Prince des Sotz* de son collègue Gringore (1512), il rédige une défense de la Pragmatique Sanction qui constitue le thème central de la moralité.

Dans la pièce, le groupe et la thèse à combattre sont animés par un grotesque Pere Saint, dans le siècle Jules II, qui lance des imprécations dignes d'un portefaix :

> Fougito putana scanfarda
> ou te matharò altramento [...].
> Endare villana ou paoure
> Te farò yo et semper may.
>
> [v. 801-2, 807-8]

De l'autre côté de la barricade, la Pragmatique n'est pas en reste. Des paroles, elle passe aux actes, empoigne le Saint Père et lui lie les mains :

> Or, puis que ainsi il s'en despite
> Sus tost qu'on luy lye le mains,
> Hores demourerés au moings !
> Vela la corde de la malle [...].
>
> Pere Sainct
>
> Domine dé, quantos doloures
> Pode lo myo coro portare !
> [v. 817-20, 823-24]

À force d'offensives et de contre-offensives, l'échauffourée devient générale, le Pape sort un bâton noueux et se met à frapper la Pragmatique qui s'affale par terre. On a l'impression qu'en dépit de l'épilogue solennel où Université décrète pompeusement la victoire du gallicanisme, la moralité tombe délibérément dans la plaisanterie et transforme le débat en une rixe de grossiers gargotiers.

Idéalement et dans les faits, cette querelle de gougnafiers se rattache au plan qu'Abuz conçoit dans la *Sotise* :

> Sot glorieulx
>
> Abuz, serois tu pas bon maistre
> Pour abbattre ce Monde vieux
> Et en reffere ung aultre mieulx
> Cent mille foys que cestui cy ?
>
> *Ostendit Mondum rotondum*
>
> Abuz
>
> Voire dea, n'en ayés souci,
> Car j'en feray ung tout nouveau,
> Plus gentil, gay, plaisant et beau
> Que cestui cy cent mille foys.
> [v. 435-42]

Il est clair que, si on fait momentanément abstraction du contexte, l'ébauche correspond au projet accompli ailleurs, et le titre de la moralité, pris dans son intégralité, le confirme : *Le Nouveau Monde, avec l'estrif du Pourveu et de l'Ellectif, de l'Ordinaire et du Nommé, c'est ung livre bien renommé, ensuivant la forme auctentique, ordonné par la Pragmatique.*

Le monde tout neuf que, par une antiphrase typique, Abuz définit « gentil, gay, plaisant et beau », rebondit depuis l'écran naturel où l'auteur-opérateur le projette (la tromperie perpétrée par Abuz aux dépens de Monde) au plan du texte sur commande, de la satire politique orientée et flatteusement favorable (la querelle sur la Pragmatique Sanction) ; il meurt en somme dans la *Sotise* mais ressuscite dans la moralité qui incarne l'univers de tromperies et de contradictions désastreuses où l'humanité est bien obligée de se débrouiller.

Dans ce tableau, comment faut-il comprendre l'intervention finale et décisive d'Université dans le Nouveau Monde ? Tout permet de supposer qu'il s'agit d'un projet d'assainissement confié à une force laïque supérieure, dans la fiction, tant au pouvoir de l'État qu'à celui de l'Église. Favorable à la thèse conciliaire et soumise récemment à des taxations papales – un recours eut lieu, en 1502 et 1503, pour la sauvegarde des privilèges et contre l'exaction de la « dîme »[1] –, l'Université voit dans la défense du principe gallican un moyen sûr de défendre sa propre autonomie. Il y a, en somme, quelque chose de vrai dans le portrait caricatural de C. Lenient : « L'Université, gardienne des libertés gallicanes, grondeuse, hargneuse et querelleuse de profession, d'autant plus jalouse des privilèges du pape que les siens venaient d'être restreints, jetait de hauts cris à chaque nouvel empiètement »[2]. André de La Vigne qui, en 1504, s'était déclaré « escolier estudiant en l'Université de Paris »[3], rendrait alors hommage à l'institution

1 Bulaeus, *Historia Universitatis Parisiensis*, Frankfurt am Main, Minerva GMBH, 1966 (Parisiis 1665-1673), t. VI, p. 6 sqq.

2 C. Lenient, *La satire en France*, cit., p. 374.

3 L. de Laborde, *Le Parlement de Paris*, Paris, Plon, 1863, p. XLIII, et E. Fournier, *Le Théâtre français avant la Renaissance*, Paris, Laplace, 1872, p. 157.

en renversant la hiérarchie : notoirement considérée comme « fille du roy » ou descendante du pape, Université devient toute puissante dans la moralité et menace d'envoyer en enfer Pere sainct (Jules II) et Quelcun (Louis XII). Ayant pris définitivement les pouvoirs de Dieu, elle finit par absoudre le premier :

Université

L'absolution clere et plaisante
Vous bailleray, escoutés moy [...]
[v. 1241-42]

et tancer le second en lui rappelant l'exemple de ses aïeux :

O vous, Quelcun, qui sur tout autre passe,
Vous grans ayeulx firent qu'on remontasse
Et soubstint Pragmatique qu'on casse
Par faulx vouloir ;
Vous en debvriés plourer, gemyr, douloir, [...].
[v. 1257-61]

Mais il est assez peu probable que l'auteur de la *Sotise à huit personnaiges* veuille ici revaloriser le « troisième pouvoir », corporation de plus en plus sclérosée, dirigée par une oligarchie de professeurs et ouverte désormais aux seuls étudiants fortunés[1]. La querelle entre roi, pape et Université, au-delà de l'épilogue de la pièce, est tout au plus l'illustration d'un ordre perpétuellement troublé par des brigues et des intrigues néfastes qui ont pour moteur la soif de pouvoir. Comme les autres protagonistes, Université entre dans le jeu du Nouveau Monde, ou plus exactement dans le champ de bataille de la corruption.

Ce n'est pas ici le lieu de discuter sur l'efficacité, au sens large, de la pièce. La considérant comme une sottie, et qui plus

1 Cf. J. Le Goff, *Les intellectuels au Moyen âge*, Paris, Seuil, 1976 (1957) p. 139-48 et 170-77. En outre, toujours de Le Goff, « La conception française de l'Université à l'époque de la Renaissance », in *Les Universités européennes du XIVe au XVIIIe siècle*, Genève, Droz, 1967, p. 98-99 et, de S. Stelling-Michaud, « Quelques remarques sur l'histoire des Universités à l'époque de la Renaissance », in *Les Universités européennes*, cit., p. 78-79.

est, « médiocre », Lenient lui cherchait en vain des qualités comiques à son avis inexistantes. Ce qui l'agaçait surtout, c'était l'*explicit* (« L'unzieme de juin en Attique, / Mil cinq cens huit sous la tente / De l'Université plaisante ») : « Plaisante ! C'est elle du moins qui l'affirme ; car la pièce permet d'en douter »[1]. La *plaisanterie* est, au contraire, double. Université passe en effet d'une charge subalterne à la dignité suprême et, en second lieu, elle dénoue les imbroglios, ô combien inextricables, du pouvoir, en rétablissant une paix parfaitement conventionnelle. Par une solution chimérique et artificielle, le duel entre ancien et nouveau monde est bien loin de prendre fin ; en somme, il n'y a pas d'issue possible.

Le jeu sur les épithètes (vieux-nouveau) est du reste légitimé par tout un filon thématique de la sottie où l'action a pour but de rétablir Bon Temps, c'est-à-dire les époques passées et regrettées, ou à condamner Temps-qui-court, le présent responsable de tous les maux, et les Gens Nouveaux, symbole non équivoque de l'« équipe régnante »[2]. Si, comme nous le croyons, le Nouveau Monde est un parent proche du groupe, la dénonciation d'André de La Vigne, « suppôt » coincé dans le rôle étriqué de courtisan, est d'autant plus habile qu'elle est voilée par des allégories superficielles et trompeuses : une espèce de vengeance en forme de rébus. Et l'on connaît bien le faible des Rhétoriqueurs pour l'anamorphose et les énigmes. Mais le jumelage Sotise-Moralité contrevient à cette règle du jeu qui consiste à mettre l'usager sur ses gardes par des signaux bien définis. Les strophes à lectures multiples, rétrogrades ou liées à la décomposition du vers, les reviviscences des *carmina figurata*, les rébus picards, portent bien en évidence la marque qui les désigne par des espacements et des didascalies en hommage, précisément, aux canons esthétiques en vigueur. Les

1 C. Lenient, *La Satire en France*, cit., p. 375.
2 J. -C. Aubailly, *Le Monologue*, cit., p. 363.

« Arts de seconde Rhétorique » sont, du reste, un statut partiel de ce triomphe de l'exhibition.

Dans une harmonie parfaite avec ces principes, les écrits d'André de La Vigne sont pourtant moins imperméables qu'il ne paraît aux pressions d'une conscience qui ne s'identifie pas totalement à la cour. Nous ne voulons pas postuler par là une conscience politique, pour le moins anachronique. La précision sert tout au plus à mettre en relief la possibilité d'une alternative au dilemme des « Grands Rhétoriqueurs » : grands parce qu'inventeurs d'un art fait de mots et de rythmes, mais facilement exposés, pour les mêmes raisons, à l'accusation de logorrhée et d'idéologie rétrograde. Le stratagème imaginé par André de La Vigne pour manifester son opposition à la satire ‘ de régime ’ avance une nouvelle force magnétique dans le champ du problème, avec un redressement consécutif des données : la « vacuité partielle de sens » rachetée par une profonde « cohérence signifiante »[1] n'est qu'une première étape vers des résultats inattendus et pas encore totalement explorés. À certains niveaux, on peut découvrir, au contraire, une « plénitude de sens » qui se fait un bouclier de ce langage différent et, par le biais du rite, satisfait ses penchants.

1 P. Zumthor, *Le Masque et la Lumière*, cit., p. 256.

TROISIÈME PARTIE

LE THÉÂTRE

I

« MUNDUS INVERSUS » ET « PERVERSUS » DE LA FATRASIE A LA SOTTIE

1. Les quelques pages où Curtius rassemble de nombreux exemples se rapportant au *topos* du monde renversé restent toujours un passage obligé pour qui choisit ce champ d'investigation[1]. Il s'agit pourtant, bien plus que d'un *topos*, comme l'a suggéré J. Rousset lors d'un colloque organisé à Tours, d'une catégorie fondamentale de l'esprit, d'une constante de l'imaginaire[2]. En témoignent d'ailleurs les récurrences à des époques et à des endroits différents, comme si la conceptualisation d'un monde renversé répondait à un besoin psychologique sujet à des oscillations variables selon le statut socio-culturel en vigueur.

Cette distinction entre le domaine rhétorique et le domaine psychologique en cache une autre, beaucoup plus inquiétante dans la mesure où elle masque le processus d'identification entre renversement et transgression. Il y a, à proprement parler, une transparence de surface dont font partie des manifestations lointaines mais conjointes et dont il est nécessaire de citer des spécimens.

A la fin du XIXe siècle, *l'Histoire de la caricature et du grotesque* de Thomas Wright signalait et reproduisait partiellement des carreaux découverts dans la confrérie de Derby, vraisemblablement du XIIIe siècle. Les dessins représentaient des renversements de l'espèce animale, par exemple un lièvre chevauchant un chien, tout à fait semblables aux enluminures marginales de manuscrits contemporains : des

1 E. R. Curtius, *La Littérature européenne et le Moyen Age latin*, Paris, PUF, 1956, p. 117-122.

2 Cf. *L'Image du Monde renversé et ses représentations littéraires et para-littéraires de la fin du XVIe siècle au milieu du XVIIe*, Études réunies et présentées par J. Lafond et A. Redondo, Paris, Vrin, 1979, p. 179.

lièvres conduisant au supplice un chien, des oies faisant justice du renard, le rat poursuivant le chat, le cheval traîné par l'homme, etc. Wright relie cette série de vengeances au monde « bestourné » on « turned upside down », où règne un rapport de forces opposé à la réalité[1]. Par conséquent le *topos* fait figure de formule d'exorcisme étroitement liée aux folies carnavalesques où le roi devenait clown et le clown roi. C'est d'ailleurs cette forme de « contrappasso » que met en œuvre Rabelais dans l'épisode des Chicanous dont la principale exigence était d'être battus quotidiennement : ce bizarre moyen de subsistance va de pair avec la suite bariolée de renversements que déverse Epistémon ressuscité. Dans le deuxième cas, le *topos* relève du domaine de l'expression, dans le premier *l'adunaton* poursuit un but incontestablement satirique.

Nous touchons là, à vrai dire, au point crucial de l'association des choses incompatibles, principe formel dont la substance reste souvent obscure. Ces performances spéculaires échelonnées dans l'espace et dans le temps, toujours claires, lisibles, n'en cachent pas moins une étiologie ambiguë, illisible. Si on veut atteindre les structures profondes, on s'aperçoit que l'unité dont faisaient preuve les manifestations de surface n'était qu'apparente. Les genèses du phénomène sont à tour de rôle opposées, différentes ou semblables. Essayons toutefois de réduire cette complexité à sa plus simple expression et d'isoler à l'intérieur de ce mouvement confus, un rythme binaire.

2. Pour ce *topos* du monde renversé il existe une interprétation négative, celle qui, pour citer Gracián, identifie le *mundus inversus* avec le *mundus perversus* et une positive, liée au contraire à une conception carnavalesque et profanatrice. Il y a clairement une valence opposée des mêmes facteurs à la base

1 T. Wright, *A History of Caricature and Grotesque in Literature and Art*, London, Chatto & Windus, 1875, p. 88.

des deux acceptions contradictoires : à savoir, dans le premier cas, la loi comme vérité et bon ordre et, dans le second, comme tyrannie. Et, de manière analogue, le désordre comme résultat d'une intrigue diabolique ou, au contraire, d'un acte libératoire.

Cette duplicité, loin d'être purement théorique, se retrouve à des époques et dans des milieux différents avec des coïncidences entre expression littéraire et arts figuratifs. Ainsi, au XVIe siècle, l'image du monde renversé peut s'adapter sans problème aux idées progressistes issues des découvertes scientifiques ; au XVIIe siècle elle devient par contre l'emblème revendicateur des valeurs traditionnelles en Espagne et, entre le XVIIIe et le XIXe siècle, elle sert en Angleterre de mise en garde réactionnaire[1]. Il en résulte une réversibilité caractéristique du signe qui rend la lecture problématique. C'est le cas du type particulier de renversement qui a trouvé une configuration littéraire très précise dans le Nord de la France à la fin du XIIIe siècle. Il s'agit plus exactement de brèves compositions étérométriques appelées fatrasies, caractérisées par une vaste gamme d'*impossibilia*. Parmi les thèmes, par la suite extrêmement exploités par l'iconographie post-Renaissance, citons l'échange homme-animal dans l'acte de chevaucher ou de tirer la charrette, animal-femme dans des rôles éminemment féminins – filer, tenir la quenouille, etc. –. Il faut remarquer tout de même que le moyen âge offre une *reductio ad absurdum* du *topos* alors que, à des époques plus récentes, l'inversion semble contrôlée et comme destinée à une protestation ou simplement à une représentation ludique du statut social. En d'autres termes, face à des escargots guerriers, des pets travestis, des chats qui s'apprêtent à la cuisine, nous trouvons par exemple dans les estampes du *Mondo alla riversa* (XVIe siècle) le diptyque femme qui porte l'épée et

1 Voir J. A. Maravall, *La Cultura del Barroco*, Barcelona, Ariel, 1975, et D. Kunzle, *The World upside down*, dans *The Reversible World*, Cornell, éd. Barbara Babcock-Abrahams, 1977.

homme qui tient la quenouille pour souligner le jeu des contraires, le *de oppositis,* très éloigné des effets surréels recherchés au XIIIe siècle[1].

On sait bien peu de choses sur le contexte socio-littéraire dans lequel naquirent les Fatrasies. Leur patrie est certainement la Picardie, zone spécifique de la satire, mais les attestations relatives à la fonction de ce genre font totalement défaut. Déjà au début du XIVe siècle, les petites strophes à forme fixe et dépourvues de sens sont encadrées par un distique doué d'une pleine signification et se transforment en divertissement poétique dans les cours. Si on admet qu'elles possèdent une force initiale de transgression, on assiste donc à une perte d'intensité qui conduira aux formes maniérées du XVe siècle. Quoique Porter, éditeur moderne et spécialiste du groupe Fatrasie-Fatras, ait tendance à considérer la première partie du diptyque comme une production exceptionnelle, fruit d'une imagination solitaire, d'un « esprit double » miné par des velléités métaphysiques[2], il existe peut-être une preuve de l'ancrage du genre dans un contexte socio-culturel et de son opposition évidente à des modèles canoniques. Traditionnellement on situe le moment de passage entre fatrasie et fatras au cours de la décennie 1319-1329, période durant laquelle Watriquet rédigea ses strophes. Mais je crois avoir démontré que l'inventeur de la greffe – c'est-à-dire distique + composition insensée – est en fait Chaillou de Pesstain dans l'interpolation du manuscrit E de Fauvel qui remonte à 1316. Dans la rubrique on lit : « Ci s'ensuivent sotes chançons que ceus qui font le chalivali chantent parmy les rues ». Dans

1 H. F. Grant, « Images et gravures du monde à l'envers dans leurs relations avec la pensée et la littérature espagnoles », dans *L'Image du Monde renversé*, cit., p. 17-33. [M. Camille, *Image on the edge. The margins of medieval art,* Cambridge, Mass., Harvard University Press, 1992 ; G. Angeli, « Un monde à part : la fatrasie et les images dans les marges », in *L'Allusion dans la littérature,* Paris, Presses de l'Université de Paris-Sorbonne, 2000, p. 25-40.]

2 L. C. Porter, *La Fatrasie et le Fatras,* Genève-Paris, Droz, 1960, p. 66.

l'histoire du cheval emblématique, la fête nuptiale sert de prétexte à un *excursus* semicarnavalesque où est mis en scène un authentique charivari :

De la maniere et de la guise
De ce chalivali devise
Un petitet iceste estoire
Qui ci est faite pour memoire.
Desguisez sont de grant maniere. [...][1]

L'interpolation nous intéresse pour les informations qu'elle donne à plusieurs niveaux : d'abord au niveau de la représentation et, ensuite, à celui de la manifestation orale. Le spectacle décrit est celui d'un véritable univers renversé : il y a celui qui met ses vêtements à l'envers (« Li uns ont ce devant darriere / Vestuz [...] »), celui qui endosse des sacs et des tuniques de moine, celui qui improvise de la musique avec des ustensiles de cuisine, qui casse des portes et des fenêtres, qui jette du sel dans les puits et des excréments à la figure des autres ou s'exhibe au dessous de la ceinture. En ce qui concerne la partie orale, parmi les *sotes-chansons* auxquelles fait allusion l'auteur de la rubrique, on remarque des fatras authentiques. Le premier est renfermé dans le distique « Au Diex, ou pourrai je trouver / Confort, secours n'alegement » :

Au Diex, ou pourrai je trouver
L'ame qui offri a prouver
Que Dieu n'a riens eu firmament,
Ainz dit qu'il le fist estorer
Pour ses oës mettre couver,
Si le tient Diex mavesement;
Sur ce jure s'il ne li rent

1 F. 34 v° du ms. E de *Fauvel.* Voir G. Angeli, *Il Mondo rovesciato,* Roma, Bulzoni, 1977, p. 20-23, et aussi : E. Dhank *L'Hérésie de Fauvel,* Leipzig, 1935, p. 185, P. Zumthor, *Langue et technique poétique à l'époque romane,* Paris, Klincksieck, 1963, p. 167. [J.-C. Mühlethaler, *Fauvel au pouvoir : lire la satire médiévale,* Paris, Champion, 1994].

Qu'il le fera tel atourner
A un coq qui a non Climent
Que nus ne li pourra donner
Confort, secours, n'alegement.

Le deuxième, accompagné lui aussi d'une notation musicale, présente un modèle logique analogue (« En non Dieu, agace, agace, / Vous n'y ferez plus vo ni ») séparé et déstructuré par la fatrasie :

En non Dieu, agace, agace,
Il n'est nul qui ne vous hace
Pour ce qu'uns balais coussi
Quant on li dit sanz foace
Pour ce qu'il mit en sa nace
La granche Rumegni;
Mes, pour ce qu'il s'endormi
A l'issir d'une crevace,
Li dist le fours de Gaigni
« Se n'ai III. cops de hache
Vous n'i ferez plus vo ni ».[1]

De cette interpolation, décidément précieuse, on tire au moins deux informations qui modifient et élargissent le panorama suggéré par Porter et accepté tel quel dans les analyses successives : le fatras avait un accompagnement musical et son contexte originel était la fête, charivari ou carnaval, même si, avec une extraordinaire rapidité, se produit une transformation irréversible.

Tout d'abord c'est la cour qui absorbe le non-sens des compositions, puis, progressivement, le non sens disparaît et l'ossature restante se fixe dans les *Arts de seconde Rhétorique* et trouve sa place dans les textes, surtout dramatiques, du XVe siècle. Il est donc probable que le moment carnavalesque, si bref

1 F. 34 v° du ms. E de *Fauvel*. La traduction du fatras n'est pas facile à cause aussi des termes à double sens (obscène, comme 'nace', 'crevace', 'fours'). [P. Uhl, *La constellation poétique du non-sens au moyen âge*, Paris, L'Harmattan, 1999].

en apparence dans cet historique, ne soit que le prolongement d'un état précédent, celui qui précisément se rapporte à la fatrasie.

L'exemple de Chaillou permet aussi une analyse des contenus : l'image qui émerge est celle d'un monde chaotique, c'est-à-dire renversé, mais pas de manière symétrique. En d'autres termes, c'est le type de l'*adunaton* qui prévaut dans sa forme « relative ». Ce qui nous permet de suggérer une distinction importante à l'intérieur du *topos* même, en ce qui concerne l'exploitation d'impossibilités relatives et absolues. Ces dernières correspondent à des renversements diamétralement opposés et prévisibles, dont les reflets littéraires sont les pièces *de oppositis*. Les premières, au contraire, dérivent d'inventions imprévisibles, de situations absurdes où l'absurdité sans limites brise le jeu spéculaire des pôles. Sur le plan de l'histoire des genres, la conséquence s'avère être la suivante : s'il est vrai, pour généraliser au maximum, qu'au moyen âge les formes de transgression se réalisent à force de contrepoints, d'assertions renversées, de citations éloignées, de distorsions stylistiques minimales ou visant des corps textuels entiers, les manifestations de non-sens – comme par exemple les non-sens de Carrol et les *limericks* de Lear – constituent un mode nettement anormal de bouleversement autant par rapport aux réalisations du genre comique qu'aux conceptualisations du monde renversé. En somme, à côté du paradoxe des antipodes qui apparaît de manière différente dans la *sotte-chanson* – qui est une chanson tournée en dérision – et dans le *topos* de l'inversion, se situe l'expression la plus pure de la folie. L'excès d'éléments de référence crée un vide ; la poésie épique, lyrique, le roman d'aventure se croisent et disparaissent en révélant une absence de modèles même si, de façon confuse, le schéma synthétique de la *geste* prévaut et génère un climat d'allusions vagues. En somme, c'est le véritable antagoniste qui est absent.

« Le monde à l'envers ne peut se penser qu'à partir d'un monde à l'endroit », dit Jean Lafond[1]. Cette réflexion, aussi juste que limitative, ne s'applique pas au groupe *fatrasie-fatras* dans lequel dominent des créations libres, des images chaotiques. Le jeu des symétries s'altère, les impossibles sont illimités par rapport aux possibles, l'endroit n'a plus un envers unique mais d'infinis versants opposés qu'une imagination effrénée s'ingénie a produire mettant en cause l'ordre des antithèses. A titre d'exemple on peut citer les fréquences d'opposition que j'ai appelées absolues (du type « uns muiaus dit », « un sage sot ») : 17 cas dans les fatrasies d'Arras et souvent sous une forme synthétique, c'est-à-dire oxymorique, et 5 cas dans les fatrasies de Beaumanoir. Le reste aboutit à l'absurde le plus absurde ; actions et événements extrêmement variés et d'autant plus comiques qu'ils reposent sur la « non-prévisibilité ».

Les catégories fondamentales sont donc au nombre de deux : l'une si manifestement représentée qu'elle constitue la figure dominante, l'autre tellement plus modeste qu'elle pourrait être considérée comme l'irradiation ultime de la précédente ; de l'originalité de l'invention on arrive, par l'intermédiaire d'un processus de réduction, à un impossible obligatoire et donc moins étonnant[2].

3. Selon une coupe diachronique, la poésie du non-sens se transforme graduellement en une rectification[3] qui entraîne une plénitude totale de sens. Les étapes donnent une mesure exacte de cet affadissement : d'abord Philippe de Remy, sire de

---

1 *L'image du Monde renversé*, cit., p. 183. [M. Rus, « 'Mais je ne sai que je pens' », *Poétique*, 123, 2000, p. 259-280.]

2 G. Angeli, *Il Mondo rovesciato*, cit., p. 70-73.

3 Cf. H. R. Jauss, « Littérature médiévale et théorie des genres », *Poétique*, I, 1970, p. 87

Beaumanoir, puis l'auteur anonyme des fatrasies d'Arras, Chaillou de Pesstain, Watriquet et Raimmondin et enfin Herenc, Greban, Molinet, Flamang, à savoir les Rhétoriqueurs, qui ont pourtant été auteurs de pièces scatologiques et ont exhumé la tradition goliardique-cléricale des anti-prières, etc.

Cette évolution ou involution, si l'on préfère, met au premier plan un gros problème déjà soulevé par Hans Robert Jauss : quelles sont les situations historiques concrètes qui ont permis ou facilité le passage d'un genre « insensé » à un « sensé ». Il ne reste du premier, en plein XVe siècle, que le nom et un souvenir flou de la structure. La case occupée par la fatrasie est en fait vide. Jauss affirme : « L'exemple de la poésie du non-sens nous a révélé le processus d'évolution interne d'un genre, mais non les situations historiques et concrètes – difficiles à observer dans cette poésie – qui ont pu, à travers les relations entre auteur et société, entre l'attente du public et l'événement littéraire, conditionner ce processus »[1].

En réalité, il n'est pas si difficile de contrôler le rapport entre texte et contexte. Nous connaissons très probablement la destination initiale de la fatrasie et sûrement des premiers fatras : le carnaval. En l'espace de quelques années, le genre subit l'influence de la cour. Quand le copiste du manuscrit où se trouvent les trente strophes de Watriquet et Raimmondin parle de récitation publique devant le roi le jour de Pâques, il emploie le verbe « desputer »[2]. Le cadre est donc celui du débat courtois, du jeu subtil qui consiste à remplir le distique choisi, souvent d'origine amoureuse, avec de petites strophes « fatrasiques ». La toile de fond (Pâques), loin d'être ludique – au sens de *ludus pascalis* – s'avère être celle de la fête officielle ordonnée par le roi lui-même et centrée sur la récitation de poésies. Cette transformation s'accompagne d'un plus grand succès, d'une

1 *Ibid.*

2 Bib. Nat. de Paris, f. fr. 14968, rubrique au f. 162 r°.

popularité qui aboutira à une dénaturation totale comme en témoignent d'abord Herenc, puis les Rhétoriqueurs. Porter, qui confronte l'esprit restreint dont s'inspirait la fatrasie avec la plus grande diffusion et la longue vie de son successeur, le fatras, affirme que « le fatras a vu le jour en réponse à un appel populaire »[1]. En même temps, le succès relatif du nouveau genre se double d'un affaiblissement des contenus : toujours « impossibles » au début, mais moins originaux et métaphysiques, et puis, d'un seul coup, tout à fait possibles avec une exclusion totale des renversements qui étaient l'apanage du prototype. De sorte que Porter a pu parler de solution de continuité et scission par rapport au modèle, s'il s'agissait vraiment de modèle.

Que devient donc le monde renversé à partir de Baudet Herenc, le premier à introduire le « possible » et le dernier à fréquenter l'« impossible » ? Un vide fait suite aux manifestations bien maigres des deux siècles précédents et le genre, après beaucoup de rectifications et d'appauvrissements, s'épuise. Historiquement se pose alors, au XVe siècle, le problème d'une substitution. Enumérés tout bonnement dans les *Arts de seconde Rhétorique* d'Herenc, Molinet, l'Infortuné, etc., les fatras impossibles, possibles et doubles (appelés aussi « épilogues ») perdent leur fonction. Pour Molinet, ils sont adaptés à l'illustration de « matières joyeuses »; d'après le témoignage de L. Du Gardin, ils trouvent place parmi les exercices de versification habile prévus par des concours proclamés par les Puys[2]. Greban et Michel arrivent même à en faire un large usage dans les *Mystères*. D'ailleurs une des caractéristiques des Rhétoriqueurs consiste à neutraliser la charge parodique des formes héritées des siècles précédents :

1 L. C. Porter, *cit.*, p. 91.

2 Voir E. Langlois, *Recueil d'Arts de seconde Rhétorique*, Genève, Slatkine, 1974 (1ère éd. 1902), p. 234, 192 et 179.

dans les nombreuses anti-prières, prières farcies, grammaires déformées, chansons obscènes qui constituent l'abondante production facétieuse de Jean Molinet, on reconnaît la marque d'un long et minutieux exercice étudié et étendu jusqu'aux limites extrêmes. La véritable innovation et, en même temps, la véritable rupture, gît dans la recherche linguistique comprise dans son sens littéral : dans le creuset des Rhétoriqueurs, on crée à partir du déjà-fait, on invente, on manipule de manière risquée et souvent originale les matériaux du lexique. Mais, extérieurement, le produit facétieux demeure sur le même plan que le produit officiel : ce dernier atteint le summum de la magnificence courtisanesque et le premier sombre dans la scatologie la plus profonde. Le monde renversé rétrograde avec Molinet au stade de *topos*, c'est-à-dire de lieu commun purement décoratif. Dans *Les Graces sans villonie*, une bande de rebelles et de maudits par Dieu récite *l'Agimus tibi gratias* en débitant des renversements à mi-chemin entre le rite diabolique et le rite libératoire. On reconnaît, parmi les *adunata* cités, les prototypes des églogues de Virgile et, en partie, de l'épître 16 d'Horace :

Dieu, le temps sera merveilleux
Les brebis mengeront les leups,
Les soris les chas occiront,
Les folz les saiges conduiront,
Le filz engendrera le pere,
La fille enfantera la mere;
Lyons nagant en mer sallee,
Poissons es bois prenront allee [...][1]

Mais, pour reprendre la métaphore de Curtius, c'est le grand magasin de la rhétorique qui fournit le modèle, ce n'est pas l'utopie riche de fantaisie de la fête.

1 J. Molinet, *Faictz et Dictz*, cit., t. II, p. 546, v. 41 sqq. Cf. aussi *supra*, p. 90

4. A la poésie du non-sens, au jeu de la pure folie succède un genre qui connaît une ascension rapide, mais qui est promis à un déclin non moins rapide, récupéré qu'il est par la culture officielle. Il s'agit de la 'sottie', née probablement de la fête des fous. Les nombreuses opinions convergentes rendent désormais inutile un débat sur ses origines. Ce qui était déjà théâtre spontané se laisse d'autant plus facilement transformer en spectacle « réfléchi », représenté sur de vraies scènes et récité par des jongleurs et des acteurs appartenant à des corporations spécialisées. Sur la scène se pressent les sots, en jargon « suppostz » d'une Mère sotte à deux fronts (sage ou démente) à laquelle font concurrence d'autres meneurs de jeu : le Prince des Sotz, Folle Bobance, Folie, Haulte Follie, Plaisant Folie. Dans l'apologie de la Fête des fous de 1444[1], la défense du rite libératoire se base sur la définition qui est donnée de la sottise, seconde nature de l'homme et de ce fait autorisée à s'exprimer sans ambages et sans retenue. La 'sottie', comme genre théâtral, vise des objectifs plus précis, qu'on peut justement apparenter aux types du monde renversé. Les vrais sages sont les fous. La lignée a ses souches en Jésus-Christ et saint Paul et c'est donc de leur bouche que peut sortir la vérité. En témoigne d'ailleurs la profession de foi de Toussains dans ce qui est considéré, malgré le titre (*Moralité de 1427*), comme le premier spécimen du genre :

> Or pourroit aucun demander
> Dont vient cela qu'aucuns folz scevent
> Ainsi parler, cuidant qu'ils resvent.
> Mais la cause y est bonne et belle,
> Toute nottoire et naturelle.
> Vous savés que telz foulz ne chaut,
> Quel tenps il face, froit ou chaut,

1 Citée par M. Bakhtine, *L'Œuvre de François Rabelais et la culture populaire au Moyen Age et sous la Renaissance*, cit., p. 83-84.

Et sont sovent en grans perils,
Mais il ont toux esperis
Tant destoubrez et despechez
Qu'il ne sont de riens enpeschez
Par fantasiez n'autrement.
Por ce voient il clerement
Les chouses et puis lez recitent
Tout au vray [...][1]

De là, la conviction que l'appareil burlesque propre à la forme primitive aide à tolérer un message satirique : « Fols et cornards sont permis de tout dire »[2]. Et cela a simplifié la vie de la sottie malgré les pointes plus ou moins évidentes contre les institutions. Voir à ce propos les allusions irrévérencieuses à Charles VIII, encore vivant, dans la *Farce nouvelle de Mestier, Marchandise, Pou d'acquest, le Temps qui court et Grosse Despence* et les dénonciations, quoique générales, des abus des différentes classes : ecclésiastiques, avocats, ministres, etc. Sous Louis XII, patron complaisant des Sots, l'objectif se déplace de manière évidente : les vrais intouchables sont absents du banc des accusés et le blâme atteint les hiérarchies soit inférieures soit directement antagonistes de la monarchie comme l'Eglise de Rome ou l'aristocratie dans son rôle de collaboratrice perfide, de mauvaise conseillère et d'« éminence grise » du régime.

A la fin du XVe siècle, la vérité des fous s'accorde à celle des sages, le programme de Toussains n'est qu'un souvenir flou et, du répertoire de la confraternité, sortent de plus en plus souvent des sotties plaintives : on met en scène, à proprement parler, des *planctus*. Le personnage qui synthétise le mieux cette phase descendante est, sans aucun doute, le Monde, reflet déformé d'un éden premier qui a perdu son éclat. Dans la série naissante,

1 V. 945 sqq. de l'éd. A. et R. Bossuat, *Deux Moralités inédites composées et représentées en 1426 et 1427 an Collège de Navarre*, cit. Cf. *supra*, p. 116-117.

2 Voir aussi, à ce sujet, la préface de D. Poirion à *La Sottie sans souci* de Ida Nelson, cit..

le contenu est monocorde : *laudatio temporis acti,* regret pour la mort de justice et vertu, liste des vices qui exercent leurs ravages, tentative de rétablir le fameux âge d'or. On se demande alors quelle est, dans ce contexte, la place des sots traditionnellement chargés du rôle oxymorique de clown-roi. De vengeurs bouffons qu'ils étaient, ils se mettent à personnifier les instruments diaboliques du pouvoir, le monde qu'ils renversent devient non seulement *inversus* mais *perversus* et la topique du discours revient aux modèles classiques de la nostalgie et de l'équilibre à restaurer. Plaisant Folie dans la *Pipée* (vers 1500), Folle Bobance dans la pièce homonyme (1500) et Folie dans la *Moralité de Chascun, Plusieurs, le Temps-qui-court, le Monde* (fin XVe siècle.) sèment les litiges et la corruption. Plus ambiguë mais de la même veine, Haulte Follie dans la *Sottie des Sotz ecclesiastiques* (1511) incite cyniquement les ecclésiastiques en question à prendre les cartes en main et à jouer leurs prébendes et leurs évêchés. En somme, la folie est vraiment folie et la sagesse vraiment sagesse à en juger par l'évidence du message.

Pour contester une telle affirmation, nous devrions nous poser au moins une question. Est-il possible que, dans le mélange d'éléments rationnels et irrationnels – jeux de mots, *lazzi*, non-sens – le public du XVIe siècle ait perçu surtout le vide apparent des derniers ? Comme l'affirme Poirion, dans un but par ailleurs différent du mien, « l'auteur peut avoir une intention politique mais l'attente du public est d'une psychologie rudimentaire sinon plus simple »[1]. Il faudrait explorer ce que Zumthor, qui se réfère aux Rhétoriqueurs, appelle « dialogisme transgressif »[2], c'est-à-dire le pouvoir régénérateur de la parole engagée dans des « jongleries hasardeuses » et créatrices de sens.

1 *Ibid.*, p. ii-iii.

2 P. Zumthor, *Le Masque et la lumière*, cit., p. 133.

C'est dans cette direction que se situe la thèse fantaisiste d'Ida Nelson, d'où il résulte que la langue des sotties est en réalité un jargon homosexuel. Tout – onomastique, interjections, onomatopées, les propositions les plus innocentes – renvoie à l'univers de gais sodomites qui perpétuent l'apologie du bas, la dénaturation triomphante typique du carnaval : « La compréhension du calembour est le zénith de l'accomplissement de l'acte sodomique sublimé en jeu linguistique : c'est le substitut de l'orgasme, le choc expressif dans l'écriture qui, après sa destruction, fait éclater le mot et l'éparpille au delà des sens officiels du langage quotidien »[1].

Il aurait été souhaitable que la lecture suggestive de Ida Nelson se basât sur des preuves inattaquables, ce qui n'est pas systématiquement le cas. Demeure valable l'effort de dépasser le signifié apparent pour arriver au sens caché et de dévoiler une homologie nouvelle entre contexte social et univers des sotties. Aubailly nous avertit ainsi : « C'est au second degré qu'est signifiante la sottie et elle ne l'est que pour le spectateur qui sait lire, comprendre et interpréter au-delà du spectacle immédiat. Tout dans ce théâtre engagé qu'est la sottie, témoigne d'un contexte de lutte, attaque et défense, jusqu'au rire qu'elle fait naître et qui, plutôt qu'un rire franc exprimant la plénitude, est un rire grimaçant et caustique »[2].

Il n'existe pas, à mon avis, une seule clé pour tout le corpus et celui qui voudrait illuminer les obscurités verbales du genre devrait examiner les pièces une par une. Un terrain particulièrement fertile de ce point de vue est la contribution apportée au genre par André de La Vigne, rhétoriqueur versatile et raffiné qui travaille à la cour de Charles VIII et de Louis XII. *La Sotise a huit personnaiges,* représentée à Toulouse probablement en 1507, nous intéresse surtout par la reprise de

1 I. Nelson, *La Sottie sans souci*, cit., p. 245.
2 J.-C. Aubailly, *Le Monologue, le dialogue et la sottie*, cit., p. 442.

notre *topos*. En voici brièvement l'action: le vieux monde, fatigué et plein d'ennuis de santé, est littéralement renversé par une bande de sots. Nous assistons ainsi à la mise en forme théâtrale de l'impossible. Les conjurés se mettent fébrilement à construire un monde nouveau, aussi négatif que l'autre était positif, un monde aux antipodes, point par point opposé à l'ancien. Telle était la vertu, tel sera le vice, etc. Seulement à la fin, sous les bonds des sots fous d'amour pour Sotte Folle, le Nouveau Monde s'écroule misérablement et le vieux peut revenir et condamner les excès des rebelles par des formules usées et archiconnues dont je propose ici un échantillon :

> O cueurs haultains, farsés d'iniquités,
> Vitieux, parvers, qu'avés tout bien quicté,
> Voyent tieulx faictz prendrez vous cognoissance ?
> Helas, pancez que jamaiz Verité
> Ne peult faillir : ayez donc cherité,
> De vos meffaictz saisissant repentance.[1]

A première lecture, le texte semble être « un cahier de doléances traditionnelles »[2]. Mais, comme pour n'importe quelle autre sottie, le registre à chercher et à faire émerger est celui de l'organisation verbale et rythmique qui se réalise, ici, au moyen des redondances stratégiques d'un lexique brisé et de répétitions sonores obsédantes. Les jeux étymologiques, les décompositions secondaires des rimes, les projections du langage figuré déséquilibrent le niveau des signifiés, révélant ainsi une structure polyvalente : on dirait, pour utiliser un terme par trop exploité, « polyphonique ». Dans les moments-clés de la pièce, transparaissent des doubles sens peut-être pas homosexuels, mais sûrement obscènes ou qui font allusion à une condition restrictive mise en accusation. Dès la première ballade prononcée par le Monde, le lexique se désagrège et montre des

1 V. 1554 sqq. de la *Sotise* dans E. Picot, *Recueil général des sotties*, cit., t. II, p. 103.
2 J.-C. Aubailly, cit., p. 435.

traces manifestes d'une assertion renversée, un éloge pur et simple de la folie proféré avec des accents nostalgiques. Une fois, semblent dire les paroles du monde, l'harmonieuse musique divine régnait en souveraine ; puis l'homme a créé le chaos en semant des vices et en quittant le droit chemin :

> Mon createur, quant il me aparsonna,
> Appart sonna chacun effect ; dez lors
> Pour l'homme humain, duquel la parsonne a,
> Le parc sonne a, maiz il s'en fuyt d'este hors,
> Donnant a sortz par bien divers assortz,
> Ses champs, ses ortz a nourrir vices ortz,
> En ses consors se mectant hors de bonde
> C'est grand pitié que de ce povre Monde.[1]

La strophe, observée attentivement, révèle un enchevêtrement de termes techniques propres à la mise en scène théâtrale. *Parc* était la scène des *Mystères*, les deux synonymes *champ* et *hourt* servaient à indiquer les « eschaffauts » à savoir les constructions destinées aux acteurs et, à l'occasion, aussi aux spectateurs[2]. L'acte des *laboratores* qui désertent les terres camoufle une transgression particulière, relative au genre dramatique. Comme si André de La Vigne, par la bouche du protagoniste, se plaignait de la dénaturation de la sottie même, passée de sa liberté originaire à la condition grotesque de censeur de mœurs. Le début correspondrait de manière équivoque au cri ou revue des Sots qui précède souvent la représentation et fait appel à l'excentricité des acteurs. Avant de commencer, le metteur en scène avertit le public par des signes appropriés et l'introduit dans son statut, dans le jeu de fausse apparence ou univers de folie où, de façon transitoire, comme si

1 V. 17 sqq. de la *Sotise* dans E. Picot, *Recueil général des sotties,* cit., p. 22.

2 Voir G. Cohen, *Histoire de la mise en scène dans le théâtre religieux français du moyen âge*, cit., p. 70 et passim ; H. Rey-Flaud, *Le Cercle magique. Essai sur le théâtre en rond à la fin du Moyen Age,* cit., p. 61-86 ; E. Konigson, *L'Espace théâtral médiéval,* cit. Cf. *supra*, p. 134.

le temps était suspendu, tout est permis. Probablement incité à rédiger un diptyque d'inspiration morale et politique – rappelons que la *Sotise* est presque contemporaine de la *Moralité du Nouveau Monde* – André de La Vigne s'éloigne du thème initial et récupère subrepticement le chaos primitif, le théâtre comme lieu des renversements interdits. D'autres indices concourent encore à compliquer le réseau du double sens. Au moment de la construction du Nouveau Monde, abondent les calembours et transparaissent les connexions scatologiques chères au rhétoriqueur (« fond », « fonder », « fondement ») qui se moque gaiement du sujet à développer : à savoir le rétablissement de la sagesse, de la vertu, de la morale, de la justice. Cependant, ce monde renversé que les dernières sotties mettent en scène d'une manière pour nous cachée, est vraiment une utopie, une vengeance confinée dans les limites de la satire de régime : limites qui, en définitive, porteront à la disparition de l'enfant sans souci en costume bicolore, au capuchon à oreilles d'âne, au visage barbouillé, une marotte à la main.

5. Il est d'ailleurs significatif que les manifestations les plus transparentes du *mundus inversus* apparaissent dans les pièces-pronostication, là où l'impossible ordre des choses est exprimé dans les termes des citations classiques. La *Sottie des Rapporteurs* (vers 1480) est la seule, à ma connaissance, à tirer parti du topique de *l'adunaton* jusqu'à effacer toute trace d'action au profit d'une suite incongrue – mais par là même significative – de témoignages chimériques. Dans les visions respectives que relatent les trois sots, défilent des chevreaux qui font paître les chèvres, de lièvres qui poursuivent les chiens, de gens qui volent sans ailes :

Le Premier:

Premier, nous avons veu chevreaulx
Qui voulloient mener paistre chievres.

Le Second:

Nous avons veu chiens a monceaulx
Qui s'enfuyoient devant les lievres.
[v. 130-33]

Le Premier:

Il fault rapporter sans nul bruit
Quelques choses de merveilles :
J'ai veu voller sans avoir elles.[1]
[v. 283-85]

Les renversements continuent tout au long de la pièce, toujours suivis du commentaire sceptique de Propter quos. Il ne s'agit que de purs mensonges, de conditions fausses mais souhaitables qui ne pourront jamais se réaliser. Les Gens nouveaulx dans la *Farce moralisée* homonyme reflètent, au niveau de l'intention, le même procédé de conceptualisation de l'imaginaire. Eux aussi voudraient renverser les rythmes en vigueur au nom d'une perfection rêvée et absolument pas naturelle:

Le Premier

Faisons oyseaulx voler sans elles,
Faisons gens d'armes sans chevaulx,
Ainsi serons-nous gens nouveaulx.

Le Tiers

Faisons advocatz ausmoniers,
Et qu'ilz ne prennent nulz deniers,
Et sur la peine d'estre faulx :
Ainsi serons-nous gens nouveaulx.[2]
[v. 41-47]

1 E. Droz, *Le Recueil Trepperel. Les Sotties*, Paris, Droz, 1935, p. 62 et 68.
2 E. Picot, *Recueil général des sotties*, cit., t. I, p. 121.

La détermination des réformateurs velléitaires – ou mieux encore des révolutionnaires – mime l'absurdité impérieuse du miracle mais s'effrite misérablement face au premier contact avec la réalité. Comme le répète le *leit-motiv* de la pièce, le Monde est « logé de mal en pire » : les points de repère mythiques du bon temps passé et de l'âge d'or lui font défaut, de même que l'espoir d'un bouleversement prodigieux et salutaire. Il est donc évident que, si le récit des « rapporteurs » était en quelque sorte une apologie de l'impossible, dans les bons propos des « gens nouveaulx » on ne peut lire que les signes d'une idéologie négative.

Les fous, médiateurs par excellence entre l'humain et le « non humain », ont perdu, même dans la fiction du théâtre, le pouvoir de détruire et de régénérer. La citation de la fontaine de Jouvence et les absurdités que débitent les *Sots Nouveaulx farcez, couvez* (vers 1513) font pourtant exception et nous permettent de dresser un premier bilan. Totalement dépourvue d'action, cette sottie doit s'inscrire dans la catégorie des parades, tout comme les *Menus Propos* dont l'incohérence était aussi le trait dominant. Dans un mélange de plaisanteries verbales et de comique gestuel, trois sots racontent leur prodigieuse naissance (c'est-à-dire comment ils ont été 'pondus') et en rajoutent par une chronique encore plus incroyable d'événements étranges. La pièce rejoint par là le type du journal ou de la pronostication qui, nous l'avons déjà dit, est le cadre par excellence du monde renversé. Même si quelques détails du récit évoquent surtout certains motifs qui sont propres au Pays de Cocagne – thème lié d'ailleurs étroitement au précédent –, comme les hyperboles concernant la nourriture, la fontaine de Jouvence, etc., la désorganisation de cette sottie trace la limite d'un espace idéal où folie et renversement dominent la scène. Lorsqu'une attitude édifiante ou critique intervient, l'acception du monde renversé est toujours négative (voir la *Morale de Tout le Monde* et aussi la *Sottie des Trompeurs)* et provoque soit des réactions passéistes – le *regressus ad uterum* – soit le désir d'un changement. Sur le chemin d'un bonheur ainsi récupéré on aboutit alors à l'autre face du *topos* que rien d'autre que les paroles d'Isaïe ne sauraient mieux illustrer:

> « Malheur à ceux qui appellent le mal bien et le bien mal – qui changent les ténèbres en lumière et la lumière en ténèbres. »
>
> (Isaïe, 5, 20).

II

UN EXEMPLE DE BILINGUISME DANS LE THÉÂTRE FRANÇAIS DU XVe SIÈCLE

1. Le manuscrit n. a. fr. 462 de la B. N. de Paris contient deux longs fragments d'une Passion qui devait avoir la même structure cyclique que celles du XVe siècle. Elle est déjà signalée au XIXe siècle, mais il faut attendre les années 1910 pour en trouver une analyse détaillée. Émile Roy nous offre un aperçu du texte en reproduisant certains passages sans négliger, naturellement, les informations d'usage sur la morphologie du manuscrit : une copie riche de remaniements dans la première partie et intacte dans la seconde. Il distingue deux mains principales, en identifiant dans le second scribe le responsable des premières interpolations et d'une espèce de signature : « Le second fragment, au contraire, n'offre aucune séparation ; il est écrit tout entier, très serré, avec une encre beaucoup plus pâle, par la main qui a tracé les premières interpolations et qui a signé (13 v) M. Phanuer ou M. Pharuier »[1]. C'est au contraire la même main qui a écrit le premier fragment ; l'inexactitude doit être imputée à une lecture hâtive qui peut seule justifier les nombreuses imprécisions dans les citations des passages. En ce qui concerne la structure originaire du *Mystère*, on ne va pas au-delà de la simple hypothèse d'un procédé devenu désormais

1 É. Roy, in *Le Mystère de la Passion en France du XIVe siècle au XVIe siècle*, Genève, Slatkine 1974 (Ière édit. Dijon, 1903-1904), p. 359-77, est le premier à publier quelques extraits de la *Passion d'Auvergne*, si on exclut la farcissure comique, copiée par Dulaure au début de 1800, que nous trouvons reproduite par A. Michel (*L'Ancienne Auvergne et le Velay*, Moulins, Desrosiers, 1845-1847, t. III p. 52 sqq.) et par H. Doniol, *Les Patois de la Basse Auvergne*, Paris, Maisonneuve, 1887, p. 73-78. Plus satisfaisante est l'édition du passage insérée par Dauzat dans les *Études linguistiques sur la Basse Auvergne. Morphologie du patois de Vinzelles*, Paris, Bouillon, 1900, p. 246-55 ; elle ne diverge que par quelques détails de celle proposée en appendice. Par rapport à celle-ci, on ne trouve que d'infimes différences d'interprétation dans l'édition préparée par G. A. Runnals, *La Passion d'Auvergne*, Genève, Droz, 1982.

traditionnel : « Cette *Passion* était-elle précédée d'une *Création*, d'une *Nativité*, d'un *Jeu des trois rois*, et suivie d'une *Résurrection* ? impossible de le savoir. Ce qui est certain, c'est que la journée dont nous avons conservé le premier fragment commençait à peu près comme la seconde journée de Greban et comme la première de Jean Michel »[1]. Après l'intervention de Bossuat, on a de toute façon acquis la certitude d'une ampleur suffisante pour inclure au moins un *Mystère de la Résurrection* qui prévoyait le rôle de la Mort. Les archives du Puy de Dôme signalent en effet les comptes relatifs aux costumes de l'interprète[2]. C'est une découverte qui permet en outre de détecter plus sûrement les sources du texte, dans la mesure où elle implique une filiation avec la *Passion de Semur* qui comprend, précisément dans la partie de la Résurrection, une intervention de la Mors Inferni. Malgré son aspect fragmentaire, le Mystère auvergnat semble suivre les traces du filon septentrional (la Passion narrative des Jongleurs) avec ses nombreux emprunts à l'Évangile de Nicodème et aux Apostilles de Nicolas de Lire ; il s'en distingue cependant par sa parenté avec la traduction française en prose de l'*Évangile de Nicodème en vers provençaux*, nommée plus simplement par Roy La *Passion selon Gamaliel* (voir en particulier l'épisode de l'« Emorroïsse guarie »). Les éléments graphiques désignent des copistes méridionaux et il reste à voir quelle est l'origine effective du texte. Émile Roy suppose laconiquement un « auteur auvergnat », tandis que Bossuat n'exclut pas une provenance septentrionale : « Mais le texte primitif a pu être rédigé dans une région de langue d'oïl et nous avons déjà vu que la présence du personnage de la Mort le rapprocherait de *la*

1 É. Roy, *Le Mystère*, cit., t. II p. 360.

2 A. Bossuat, « Une représentation du Mystère de la Passion à Montferrand en 1477 », in *Bibliothèque d'Humanisme et de Renaissance*, V, 1943, p. 331. Dans la *Passion de Semur*, c'est pendant la première journée que la *Mors Inferni* a son rôle le plus important (v. 839 sqq.).

Passion de Semur »[1]. Il n'existe effectivement pas de liens directs avec le théâtre religieux provençal : ni la *Passion* du manuscrit Didot, ni le recueil cyclique des *Mystères rouergats* n'offrent de prise à d'éventuels rapprochements si on exclut, pour ce dernier, la source commune et singulière de la *Passion selon Gamaliel.* L'auteur travaillait donc dans le sillage des grands exemples précédents en langue d'oïl, Marcadé, peut-être Greban, tout en puisant dans un répertoire qui sera essentiel dans le théâtre religieux en langue d'oc. Il semble relativement sobre au niveau des amplifications (il réduit, certainement dans l'intérêt de ce reste d'unité scénique des *Mystères* contemporains, quelques adjonctions désormais obligées, comme le partage des vêtements du Christ et le jeu de dés) préférant développer sur le plan rythmique l'aspiration à la variatio. Les échappées hors du distique d'octosyllabes sont plus nombreuses que dans la *Passion de Semur*, comparables peut-être à celles de Greban et de Michel : outre le regroupement de strophes de mètres différents (on trouve fréquemment des tercets d'octosyllabes alternés avec des vers de trois ou quatre syllabes et des tirades d'hémistiches reliés par une rime batelée), le tissu dramatique s'accompagne de rondeaux, triolets et ballades, si nombreux qu'ils induisent Roy à affirmer que l'auteur connut « des pièces françaises actuellement perdues ou inconnues »[2].

Le premier fragment comprend la décollation du Baptiste avec les aventures corrélatives du trio Hérode-Hérodiade-Salomé (d'ailleurs désignée anonymement dans le texte comme « la filhe »), quelques miracles de Jésus, le souper de Simon et la visite de Jésus à Marie (f. 3-38). Le second fragment commence par le rêve de Percula, femme de Pilate, se poursuit avec la condamnation du Christ et des larrons et s'achève sur une prière de la Vierge (f. 40-83). Avec la main du copiste – que

1 A. Bossuat, *Une représentation*, cit., p. 333
2 É. Roy, *Le Mystère*, cit., t. II p. 377

nous appellerons A, et que remplace parfois celle du scribe responsable de nombreuses didascalies et adjonctions en marge – alternent au moins celles de deux interpolateurs. Le premier (main B) intercale au feuillet 9 un dialogue entre Nason et Samuel lors de l'ensevelissement de Jean-Baptiste et, de plus, une petite scène comique à trois personnages aux f. 26-30. Le second (main C) ajoute, aux feuillets 16-18, une longue tirade prononcée par Simon sur les habitudes scélérates des jeunes gens et, en général, sur la répréhensible propagation des vices : sermon moralisateur où Bossuat a voulu voir des allusions locales enflammées. Le second fragment est entièrement rédigé par la main A à l'exception, aux f. 47 v et 48 r, de l'intervention d'une graphie qui ne semble correspondre à aucune de celles qu'on connaît : la transcription est ici pratiquement continue et les didascalies ne sont absolument pas retouchées. Des deux parties, qui appartenaient pourtant matériellement à un unique objet, seule la première a donc été remaniée et développée en vue d'une représentation. Le problème d'un intervalle chronologique entre les différentes mains a été posé sommairement par Dauzat, par ailleurs partisan de l'origine auvergnate du texte qui offrirait, par sa stratification, un exemple de l'évolution du français fortement occitanisé dans la zone du Puy de Dôme[1].

2. L'intérêt de la Passion auvergnate, que Roy précise en affirmant « qu'elle permet de relier le théâtre du Nord à celui du Midi et qu'elle est la véritable transition si longtemps recherchée des mystères français aux mystères rouergats »[2], réside en grande partie dans un bref intermède en 'patois' (f. 26-30) qui constitue une petite nouveauté dans la tradition du théâtre religieux médiéval en France. Mais ce n'est pas dans le sens

1 A. Dauzat, *Morphologie*, cit., p. 245 et 255.

2 É. Roy, *Le Mystère*, cit., t. II p. 377.

indiqué par Doniol, auteur d'une tentative d'identification du dialecte auvergnat et éditeur, aussi enthousiaste que pressé, du passage en question. L'enthousiasme ne justifie pas, en tout cas, les comparaisons flatteuses avec Folengo et les macaroniques italiens : « Le nom de leur auteur aurait son rang entre Merlin Cocaie [sic] et Rabelais. On sent un poète macaronique et peut-être plus d'une autre pièce analogue est sortie de sa plume »[1]. À dire vrai, on ne trouve pas le plus petit signe de ce latin brocardé qui, aux dires de Folengo, « nil nisi grassedinem, ruditatem et vocabulazzos debet in se contineri ». On n'y voit que l'apparition, banale en comparaison, d'un mélange franco-occitan qui tire sa valeur du contexte : pendant l'épisode du souper chez Simon, deux serviteurs, chargés de fournir la nourriture, vont à la chasse équipés de pied en cap pour remplir cette mission. Mais les pièges, les chiens et les filets sont parfaitement inutiles puisque la proie s'offre spontanément. Sa physionomie est apparemment terrifiante, à en juger par les commentaires de Mallegorge (« Adonay ! quelle teste ! Onc ne vis beste si saulvaige », f. 27 v), et appartient à l'imaginaire race auvergnate. En d'autres termes, elle ressemble à un bouc et Malbec, l'expert dans ce domaine, se rappelle en avoir vu plusieurs spécimens: « [...] elles estoient cornues Et barbues comme vieulx boucz », et « Presque toutes portent veloux Et sur leurs cornes grans orelhes » (f. 27 r). Mais le détail le plus significatif fuse avec une précision macabre et culinaire: « Tu ne vis onc bestes parelles Quar toutes vives on les mange » (ibid.). C'est le premier indice d'une empreinte satirique qui se développe lentement et se clarifie: deux petits mots magiques suffisent pour les capturer (*betor ay*, facilement recomposable en *be t'oray*: solution plus économique que l'anagramme *t'oray be* proposée par Doniol), et ensuite, on les mange vivantes parce

1 H. Doniol, *Les patois*, cit., p. 79.

que, décrète Malbec, « elles ne se peuvent amer ». Cette allusion aux discordes internes met en garde contre une lecture banalisée de ce qui pourrait être un intermède comique sur le type des 'passées de sots', ou des farces, qui surgissent de plus en plus fréquemment dans le théâtre religieux. L'auteur interpelle ici le public par une caricature d'une grande actualité: les auvergnats, peureux et chicaneurs à la fois, se laissent dominer et détruire lentement par les étrangers sans opposer de résistance. L'écho de la désastreuse guerre de cent ans, la persistance d'un morcellement régional politico-administratif et de vexations fiscales onéreuses sont facilement reconnaissables. Mais la touche finale est donnée par les premières répliques de la bête qui, capturée au cri de « Be t'oray, Bertrand, be t'oray » (les variantes de Bertrand seront Giraud et, par la suite Michiau), s'exprime dans un langage incompréhensible :

Hay ! hay ! hay ! etc.
Ou poueray yo fugir, meichante ?

Mallegorge

Elle a le langage estrange,
Malbec [...]

[v. 1398-1401, f. 27 v]

Dans son provençal coloré, la bête se lance dans un déballage à mi-chemin entre l'autobiographie et l'autocensure : elle se déclare tout à fait sans cervelle, comme du reste tous ceux de sa race et, pour illustrer son propos, elle recourt à des métaphores chevalines (« [...] *noustres payres et noustres filz Se leysson farrar par menassas, Quant lous comissaris portont massas* ») en ridiculisant ensuite certains traits de caractère opposés comme l'avarice et le goût ruineux pour la chicane (« *Doux blans plaignhent quant fault despendre, Et par pleydyar voulen tout vendre : Prou creden et ne fasan re* »). Une fois la glace rompue, la bête et les chasseurs échangent les politesses d'usage et déclinent leur identité ; nous apprenons ainsi que le nom choisi par l'auteur pour son auvergnat type est Mallegueype (écrit ailleurs Mallegeype). En ce qui concerne cette onomastique apparemment symétrique, il faut tout de même observer que, par rapport à Malbec et Mallegorge qui expriment des propriétés négatives par la mention d'une partie du corps, la proie se singularise dans la mesure où elle comporte le nom d'un animal. En d'autres termes, en face d'un « méchant bec » et d'une « méchante gorge » (ou, plus généralement, des médisants) on trouve une « méchante guêpe » (avec peut-être le sens d' 'asticoteuse', de 'mauvaise langue'). 'Malbec' pourrait venir du méridional Artimalec (ou Naturmalec) dont parle Marcabru dans la tenson avec n'Audric :

De lenguejar
Contra joglar
Etz plus afilatz que milans ;
Del vostre *bec*
N'Artimalec
No· is jauzira ja crestians.

[A force de vous servir de votre langue contre les jongleurs, vous l'avez plus affilée que celle d'un milan ; de votre bec, sire Artimalec, jamais chrétien ne pourra se réjouir]

Le bec d'Artimalec revient aussi dans un passage de Lanfranco Cigala (« E· l dec del bec aia d'Artimalec e'n si descrezenza ») à propos duquel Bertoni affirmait : « Cette appellation de Nartimalec ou Naturmalec – selon les manuscrits – pour désigner un médisant a connu un grand succès. Je pense qu'on la trouve chez *Turc Malec*, jongleur qui fut en rapport avec Arnaud Daniel »[1]. Le nom de Mallegueype, bien que comportant le même signe distinctif, s'écarte des autres à cause de l'être qualifié et brouille les plans analogiques. Pour une bête avec de grandes cornes et un épais pelage, grosse, sauvage et

1 G. Bertoni, « Due note provenzali », in *Studi Medievali*, III, 1908-1911, p. 650 (« Questa designazione di Nartimalec o Naturmalec – secondo i manoscritti – per indicare un maledico, fece fortuna. Io penso che la si abbia in *Turc Malec*, giullare che fu in rapporti con Arnaldo Daniello »)

stupide, on pourrait s'attendre à tout, sauf à l'appellation « méchante guêpe ». La confusion augmente avec le compte-rendu qu'elle fait de ses aventures. Elle rappelle qu'elle a voyagé un peu partout : elle est allée à Rome, en France, en Bourgogne, en Savoie, en Provence et, enfin, dans les villages auvergnats où, sans être vue, elle a rencontré ses nouveaux maîtres. La toponomastique mise dans la bouche de Mallegueype localise le texte avec une certaine précision puisque presque tous les villages cités (cf. « *A Gersat, Seyrat, Romanhat, A Seint Sadourny et Panhat, A Royat, Beaulmont et a Vic* », f. 28 v) sont dans le Puy de Dôme. Après nous avoir fourni des informations si précieuses, l'auvergnate offre ses services à Malbec et à Mallegorge et se dispose à les suivre « à la cour ». La lecture, cette fois, n'est plus très claire : on ne comprend pas quelle peut être la portée 'révolutionnaire' du discours de Mallegueype, où finit, en somme, la servilité polémique et où commence la polémique désormais libérée d'inutiles déguisements.

La simple paraphrase donne ce résultat : le nouveau courtisan fera chauffer le four pour cuire le pain (symbole peut-être de l'autorité acquise : la cuisson du pain était réservée au seigneur) et fournira toutes sortes d'oiseaux (le texte énumère pourtant les espèces suivantes : coucous, fort goûtés à l'époque, grives mauvis, griffons, faucons et tiercelets. Il faut noter que les faucons et autres rapaces, tout en étant utilisés prioritairement pour la chasse au vol, étaient parfaitement comestibles). Les facultés de Mallegueype sont imprévisibles : elle réussit à capturer à la main toutes sortes de volatiles et attrape des lièvres et des lapins sans chiens. La preuve tangible de ces dons est une petite cage qu'elle ramène de l''étranger' (« *Vesés vous aqueste galoie ? Yo l'ay pourtada de Savoye, De Lonbardye et d'Ytalhe* ») pour ne pas payer l'impôt prévu. La référence aux institutions locales est ici double : d'un côté, on raille la défense

– encore que sporadique – d'utiliser les techniques habituelles pour la chasse, comme les pièges, les filets, etc. (d'où la méthode expéditive des 'mains'), de l'autre, on veut combattre la *talha*, qui est sans doute moins la taille normale (la « taille aux quatre cas », illégale pourtant, était toujours perçue par les seigneurs) que le droit de « garenne » qui concernait précisément le droit de chasse et de pêche dans des lieux déterminés[1]. Les destinataires de l'abondant butin sont ensuite énumérés avec une scrupuleuse précision, au point qu'on ne peut s'empêcher de proposer une double lecture. Pour les procureurs, il apporte des dorades (« bramas » : Mistral traduit d'une façon un peu rapide « poisson d'eau douce ». Le jeu de mot s'articule sur la concurrence des deux radicaux, le germanique BRAMMON, « crier, hurler » et le francique BRAHSIMA), pour les avocats, des carpes (avec le souvenir du latin CARPERE), pour les seigneurs, des petits poissons mal identifiés : « gendarmes » n'apparaît qu'en français moderne et régional avec le sens de « hareng saur » ou de « vairon », ou encore de « glouton ». Le sens le plus courant est celui d'« argus » – une variété de papillon, mais Mistral précise que, justement en Auvergne, il s'agit d'une espèce de poisson. Dans tous les cas, déjà au XVe siècle, dans cette région « gendarmo » pouvait donner lieu à un jeu de mots entre le gendarme normal et un vertébré aquatique. La liste continue avec des truites et des perches destinées aux gentilshommes : « perchas » peut faire allusion, d'une façon générale, à la chasse au faucon ou à la violence en s'unissant à la voracité de l'étymon de « troictas » pour qui, du reste, il ne faut pas négliger le sens figuré, déjà en usage à l'époque dans le lyonnais, de « tarif élevé ». « Troytes » est attesté précisément avec ce sens à cause du lourd droit d'entrée qu'on devait payer

1 Fondamental pour la connaissance juridique et sociale de l'Auvergne est le texte de H. F. Rivière, *Histoire des Institutions de l'Auvergne*, Paris, A. Maresca aîné, 1874, 2 vol.

pour les truites[1]. Aux courtisans Mallegueype destine les scombridés – les « maquarels » se passent de commentaires –, réservant à l'église les saumons (allusion à la couleur ou peut-être à psaumes, phonétiquement proches). La dernière catégorie, celle des pauvres, n'aura que des raves (ou des grenouilles : *ranas* au lieu de *ravas*, selon la correction de Dauzat qui normalise la liste). L'auteur évoque, de toute évidence, une sorte de 'lutte des classes' : d'un côté les seigneurs, les exécuteurs de la loi, l'Église, les courtisans, et de l'autre une couche anonyme qui aura ce qu'elle mérite. L'acteur principal de cette satire est un individu aux tendances ambiguës. Il paraissait faible, mais, soudainement, il s'aligne sur la race des chasseurs, la préférant à celle des 'chassés' ; il se déclare prêt à servir selon les règles, comme si la leçon, à peine reçue, l'avait définitivement dégourdi. C'est sous cet éclairage qu'il faut voir l'assez peu intelligible « *Quant par trahir las gens flactas* » de la première réplique de Mallegueype. Il s'agit sans doute de la fonction principale du courtisan, c'est-à-dire de l'adulation hypocrite (trahir les adulés, les puissants) explicitée ensuite dans la capture illicite d'animaux et de l''évasion fiscale'. À propos de la trahison en tant que qualité nécessaire à une vie de cour, il ne sera pas déplacé de revenir à notre texte, quand l'auteur profite de la mort du Baptiste pour produire un long sermon sur

1 « Troytes » dans ce sens est considéré comme point de départ du franco-provençal truite = « rouleau de foin » par P. Gardette, « Franco-provençal truite ou « rouleau de foin » » in *Travaux de linguistique et de littérature* (*Mélanges de linguistique, de philologie et de littérature offerts à A. Henry*), VIII, 2, Strasbourg 1970, p. 57-60. La zone de diffusion de truite (= « rouleau de foin ») est assez étendue autour de Lyon. Avec un peu d'audace on pourrait relier le sens agricole de « troictas » et « perchas » (pour 'perche' dans la vallée de l'Allier, voir les cartes 128 et 303 du vol. I de P. Dubuisson, *Atlas linguistique et ethnographique du Centre*, Paris, CNRS, 1971) pour étendre la métaphore à un plan antinomique (quelque chose comme « aux gentilshommes les travaux des champs »). Quant à la provenance du sens agricole de 'truite', la question est plutôt ambiguë. On peut signaler l'hypothèse de P. Nauton (*Atlas linguistique et ethnographique du Massif Central*) qui penche pour *TROCTA avec le sens de 'sentier'.

l'accroissement de la méchanceté humaine. Le vice qu'on veut combattre est justement la trahison :

> LE DUC
> L'ung veult faire l'aultre trahyr
> Et morir.
> Du monde la nature est telle :
> Traÿson y est et cautelle
> Qui sans celle
> Vont a cheval par tout paÿs [...]
> Helas, qui porroit cloire l'uys
> Et le trelhis
> A traÿson et a malice ?
> [v. 604-9, 613-15, f. 13 *r*]

Les méchants, en somme, trouvent toujours le moyen d'accomplir leurs méfaits en recourant à des subterfuges et en se montrant ensuite apparemment serviables. C'est pourquoi ils sont toujours bien vus par les puissants :

> Malicieux sont pis que les dyables ;
> De malicieux viennent tous maulx.
> Toutesfoix ilz sont fort agreables
> Es princeps et a leurs vassaulx.
> [v. 625-28]

La métaphore culinaire, qui nous rapproche encore davantage de l'intermède comique en impliquant le caractère « vénéneux » de semblables services, n'est pas sans intérêt :

> Chivaliers, sce sont les gasteaulx
> Qu'on fait en court pour en taster.
>
> LE PREMIER CHEVALIER
>
> Je n'en voulroye pas manger,
> Mon seigneur, s'il estoit possible.
> Tieulx pains font les gens estranglier.
> [v. 631-36, f. 13 *r*.]

Dans la « trahison » de Mallegueype, on trouve aussi, implicite, l'idée de faire tomber les masques, complétée par la série allégorique de volatiles qui caractérisent les différents types humains : du coucou[1] aux oiseaux de proie, le sens est clair. Il n'est même pas exclu que dans le choix du terme « trahir » l'interpolateur ait eu à l'esprit la forme concurrente en provençal : *traïr* (ou *trazir*, *tragir*, du latin TRAICERE) au sens de « mastiquer », « dévorer ». L'opération mentale serait parallèle à celle qui est exprimée dans le « *Be vous voulia donnar d'ung pic* » de la réplique précédente : du don d'un pic (et Mallegueype est un chasseur expert), on passe facilement à l'action offensive, à la piqûre, en somme, de la « méchante guêpe ».

Il reste encore à voir jusqu'à quel point le 'patois' de notre Mystère est digne de foi, c'est-à-dire si on peut reconstruire la situation du dialecte auvergnat au XVe siècle en confrontant ce témoignage à d'autres qui lui sont chronologiquement proches[2]. La première recherche dans ce sens remonte à Dauzat qui s'est occupé maintes fois de la langue de la basse Auvergne et qui, dans son commentaire à l'édition du passage, mettait déjà en relief les limites principales d'une éventuelle analyse : la « trop courte étendue du morceau » et la « fantaisie orthographique »[3]. À la brièveté, on ne peut remédier ; quant à la « fantaisie orthographique », l'expression est fort bien trouvée. Le 'patois' en question appartient d'une manière générale à la Limagne, mais il est irrémédiablement contaminé par des formes

1 Outre qu'il symbolise le mari trompé, le coucou peut figurer une personne orgueilleuse, ou violente, ou enfin extrêmement vorace (il arrive à manger les œufs des autres oiseaux). On pourrait, à la limite, le ranger parmi les oiseaux de proie car on le rapprochait souvent d'eux (voir E. Rolland, *Faune populaire de la France*, Paris, Maisonneuve, 1877-1909, t. II, 1879, p. 91 sqq.).

2 Une bibliographie exhaustive, bien que déjà ancienne, est celle de A. Dauzat, « Les parlers auvergnats anciens et modernes » in *Revue de linguistique romane*, IV, 1928, p. 62-117.

3 A. Dauzat, *Morphologie*, cit., p. 257. Voir aussi les *Études linguistiques sur la Basse Auvergne. Phonétique du patois de Vinzelles*, Paris, Alcan, 1897.

françaises comme *cognoistre*, *mectre*, *mesme*, *deulx*, *despendre*, *reaulme*, *batheaux*, *four*, *trestout*, *tropt*, *advés*, *fault*, etc. L'unique signe véritablement distinctif est celui qui caractérise des mots comme « beytias », « meichante » et « Mallegueype » : il s'agit de l'affaiblissement du *s* devant une consonne sourde, phénomène qui persiste encore dans la zone nord du Puy de Dôme et pour lequel Dauzat suppose une évolution du type *s* > *x* > *y*. La concurrence des formes normales « aquest, aiquestas, trestout, estat, chasteaux », induit à penser que le processus est lié à la présence de « e larc » (« meichante » est probablement une extension due à l'influence de la consonne palatale). L'aire, plutôt vaste, comprend Clermont, aire à laquelle renvoie aussi le passage de -d- à *z* (« vesés, vesias ») : en somme, au nord de Clermont sont attestées des formes comme « suer » (SUDARE) et « ver » (VEDERE) et au sud le type « Bestia » (Dauzat).

Le reste appartient grosso modo au domaine provençal : un doute subsiste pour l'étrange futur « poueray » (*Oy poueray yo fugir* [...]) et pour les graphies « choufar, ouseaulx » (indice probablement du passage de *au* protonique au son *ou* ; il faut noter la co-présence des « maulvys, saulmons, faulcons » et « oray »). Il n'est pas utile de s'arrêter longuement sur la perplexité de Dauzat au sujet de « galoye » et de « le ligse » : il doit s'agir de métathèses pour « gaiole » et « eligse ». Quant au sens de « galoye », il ressort clairement des coïncidences internes au passage puisque, dans la partie en francien, il est fait allusion à une « cage » portée par Mallegueype. On ne sait même pas s'il est légitime de penser à un jeu de mots entre « galoi/galoio » (= sot) et « galoye/gaiole » (= cage). Mistral cite au mot « galoio », après les sens normaux (« belle humeur », « imbécile »), deux vers de l'interpolation curieusement altérés (« Vesés-vous aquesto galoio Léu pourtado de Savoio », v. 1455-56) tirant de là le sens de « cage ».

Quelques nuances dialectales, beaucoup de formes franciennes, tel est l'auvergnat de Mallegueype, témoignage probablement fidèle d'un état linguistique déjà corrompu par presque un siècle de coexistence.

3. Après avoir déchiffré, même de façon non exhaustive, la lettre et l'allégorie, que nous qualifierons d''hésitante'[1], de la farcissure, il convient de clarifier les rapports qui donnent au texte son histoire, en somme la « légende » dont parle Zumthor[2]. Il va de soi que le sens premier, loin d'être occulté par l'auteur, passe au premier plan, justement à cause du contexte anormal et du lien qui, plus ou moins vraisemblablement, s'établit avec ce contexte : Simon envoie des valets pour chercher ce qu'il faut pour le souper – celui au cours duquel Madeleine lavera les pieds du Christ – et Mallegueype sera logé chez Annas, un des « tyrans ». C'est une scène à enchâssements, structurellement proche des digressions extra-liturgiques désormais constantes en plein XVe siècle : « le diableries », les vantardises des juges et des tortionnaires, les représentations 'flamandes' des préparatifs de la Passion provenant en droite ligne de cette tradition évangélique devenue plus savoureuse, mais aussi plus corrompue, au cours des siècles. Tout un répertoire, mi-macabre, mi-grotesque, qui inclut aussi le domaine hagiographique. De la *Vie de Saint Léger* au *Geu Saint Denis* et au provençal *Jeu de Sainte Agnès*, il n'y a pas de solution de continuité. Le martyre par excellence reste de toute façon celui du Christ, et notre texte lui-même témoigne de l'imprécision de la frontière entre le tragique (même sous forme de facétie) et la caricature obscène quand les « tyrans » se

1 La multiplicité des interprétations possibles conduit bien à ce dernier stade de l'allégorie que Todorov définit justement « hésitante » (voir le chapitre « La poésie et l'allégorie » de T. Todorov, *Introduction à la littérature fantastique*, Paris, Seuil, 1970).

2 P. Zumthor, *Essai de poétique médiévale*, cit., p. 143 sqq.

moquent de Jésus désormais agonisant (les fameux « gas »). Que la dégénérescence expressive, pas inférieure à celle de Mystères contemporains, nous dispense de fournir des citations qui n'iraient pas au-delà de la curiosité anecdotique. Quant aux amplifications comiques, elles prolongent des situations particulières déjà présentes dans le drame liturgique : les « pastores » sont évidemment des personnages de l'office de l'Épiphanie, les « rustici » calquent les « pastores », le « mercator » appartient à l'office pascal (il deviendra ensuite un type isolé dans le charlatanesque *Dit de l'Herberie* de Rutebeuf), Balaam et l'ânesse proviennent de la procession des prophètes, les scènes de taverne, de l'apparition de Jésus aux pèlerins d'Emmaüs, le type comique de l'aveugle maltraité et raillé, de l'aveugle des Évangiles de Marc et de Luc[1].

Le discours est différent pour ce qui est de l'authentique mélange des genres dans la représentation : un exemple typique de la proximité entre le théâtre religieux et le théâtre profane est le *Mystère de Saint Martin* donné à Seurre en 1496, accompagné d'une moralité (*L'aveugle et le boiteux*) et d'une farce – la *Farce du Meunier* – que Cohen n'hésite pas à qualifier d'« ordurière ». La *Vie de Saint Fiacre* prévoyait au contraire une véritable interruption, la « farce » au sens premier du terme, en se prêtant à une partition qu'on retrouve dans la moralité du *Mirouer et Exemple moralle des Enfans ingratz*. Dans le *Mystère* auvergnat, l'interpolation a fondamentalement un caractère hybride : elle s'insère de force dans la représentation avec une apparence de continuité thématique, mais en fait elle provoque une rupture violente, tant sur le plan textuel (même avec la meilleure volonté du monde, on n'arrive pas à reconnaître le lointain modèle du *rusticus*) que sur le plan

1 Pour les origines des éléments comiques, outre M. Wilmotte, *La naissance de l'élément comique dans le théâtre religieux*, Mâcon, Protat frères, 1901, voir les différentes interventions de G. Cohen, réunies dans les *Études d'histoire du théâtre*, Paris, Gallimard, 1956.

scénique. De surcroît, la situation provoquée par l'interpolateur s'organise autour d'un ensemble de mouvements qui portent une empreinte différente de celle du répertoire de la farce et qu'on pourrait résumer de la façon suivante : 1) La capture d'une bête avec l'aide d'une formule magique. 2) Coup de théâtre anthropomorphique : la bête parle et raconte sa vie. 3) En échange de sa vie, elle offre des prestations particulières. 4) Énumération des prestations. 5) Heureux dénouement. Il s'agit de l'imitation évidente d'une structure propre au conte : des éléments comme la formule magique, la nature extraordinaire de l'animal, la grâce de la vie, l'offre de services acceptée sans réserve sont typiques du récit fabuleux. Cependant, la séquence ne s'insère pas logiquement dans l'ensemble : en d'autres termes, le spectateur restera dans l'ignorance de l'avenir des personnages. Une lacune que justifient des raisons internes ; le point d'arrivée est tout entier contenu dans l'énoncé, dans l'attaque contre certaines hiérarchies ; il est représenté par ce personnage stimulant qu'est l'animal-homme.

Il ne sera pas incongru d'établir une relation avec les litanies de l'*Homme qui sait tout faire* (et ses successeurs, de Maistre Aliborum à Watelet) et, surtout, avec le modèle des *estats du monde* (les puissants, l'église et les paysans ne sont-ils pas les éléments centralisateurs de la liste bigarrée de Mallegueype ?) dans une de ses variantes. Le protagoniste choisit un « état » intermédiaire – celui du courtisan – en se mettant d'une certaine manière hors de cause et en faisant bloc avec les interlocuteurs. Un rapport de complicité s'établit avec le public en dépit de la complexité du circuit (le trio Malbec-Mallegorge-Mallegueype), et l'assistance devient le destinataire du message. On revient en somme à la communication immédiate, peu éloignée des vantardises du *Dit des deux bordeors ribauz* ou du *Dit de l'Herberie.* On en veut pour preuve ce « langage estrange » choisi comme véhicule expressif, et qui ne trouve sa fonction que dans la capacité réceptive des spectateurs.

Nous sommes décidément aux antipodes de ce procédé particulier de bilinguisme, cher au théâtre médiéval, qui voit l'invention de langues bizarres et incompréhensibles : les « jargons absolus ». En tant que pure recherche d'effets sonores, inséparable du jeu scénique, de la mimique[1], le langage de Tervagan dans le *Jeu de Saint Nicolas* (« Palas aron ozinomas Baske bano tudan donas, Geheamel cla orlaÿ Berec he pantaras taÿ ») et l'appel de Salatin au diable dans le *Miracle de Théophile* (« Bagahi laca bachahé Lamac cabí achabahé, Karrelyos [...] ») font, à la limite, partie du corps extra-textuel[2]. Recherche expressive « dramatique » qui trouve son pendant sur le plan poétique dans le pseudo-arabe « bat but babariol babarian » de Guillaume d'Aquitaine. Les attestations les plus tardives, nous les trouvons dans le chant des hébreux et de Godibert dans la *Passion de Semur*[3], dans les répliques de l'infidèle du *Miracle de Robert le Dyable* (« Sabaudo bahe fuzaille Draquitone baraquita Arabium malaquita »), de Aymo,

1 P. Zumthor fait des observations très pointues sur la fonction ambiguë du 'parlé' dans la communication théâtrale (*Essai*). En ce qui concerne le bilinguisme, les travaux de P. Zumthor sont fondamentaux, d'« Un problème d'esthétique médiévale: l'utilisation poétique du bilinguisme », in *Le Moyen Age*, LXVI, 1960, p. 301-36 et 561-94, à *Langue et technique à l'époque romane*, cit., et enfin à l'*Essai de poétique médiévale*, cit. Purement descriptifs mais d'une indéniable utilité, les textes de K. Bardenwerper, *Die Anwendung fremder Sprachen und Mundarten in den französischen Mysterien des Mittelalters*, Halle, Buchdruckerei Hohmann, 1910, et de R. Garapon, *La fantaisie verbale et le comique dans le théâtre français*, Paris, Colin, 1957. Un plus large panorama est fourni par R. Hess, in *Das romanische geistliche Schauspiel als profane und religiöse Komödie*, München, W. Fink, 1965, à compléter par les articles de W. T. Elwert, « L'emploi des langues étrangères comme procédé stylistique », in *Revue de littérature comparée*, XXXIV, 1960, p. 409-37, et de M. Brahmer, « La comédie polyglotte (XVIe-XVIIe siècles) », in *Actes du Xe Congrès international de linguistique et philologie romanes de Strasbourg (1962)*, Paris, Klincksieck, 1965, p. 373-83. Pour une bibliographie plus complète et non limitée au théâtre, nous renvoyons à celle de P. Zumthor dans l'*Essai*.

2 J. Bodel, *Le Jeu de Saint Nicolas*, éd. A. Henry, Bruxelles, Palais des Académies, 1980 (3e édit.), v. 1512-15, et Rutebeuf, *Le Miracle de Théophile* in *Œuvres complètes*, éd. E. Faral et J. Bastin, Paris, Picard, 1976, t. II, v. 160 sqq.

3 E. Roy, *Le Mystère*, cit., p. 48 et 66.

Lamec et Habiatar dans le *Mystère de l'Ascension* provençal[1]. Dans ce cas, le « jargon absolu » est pourtant corrompu par un espagnol reconnaissable malgré sa déformation (le phrygien Lamec qui s'exclame : « Tau tot aut moy bien Tornar lo cavelero. Ayssy moy plus no arestar : Endar, endar en nostra tiera »), par un provençal arabisé (« Zodich, zodich » et « sath e chyn ») et par un grec plus qu'élémentaire (« Alpha bita dama omegua Tau ypsilon delta ») : repérages – pas très difficiles du reste – établis par A. Thomas et que nous suggérons de compléter en suivant la voie de l'anagramme (« Lamy rabayoth » transformé par exemple en « l'amy Habiatar »). Une fois encore (Wilmotte) le prototype serait liturgique et, plus précisément, un office de l'Épiphanie où les Mages se présentent devant Hérode dans leur langue maternelle présumée (« A se ai ase elo allo abakac erazai nubera » et « O some tholica lama ha osome tholica lama ») en mettant au grand jour « un procédé qui a été, en quelque sorte, comme le jaillissement nécessaire et direct du génie dramatique, déjà inclus dans les bégaiements de la liturgie »[2].

Mais l'emploi du « jargon absolu », dégénérant d'ailleurs en abus pendant la pré-Renaissance, est un aspect limite du bilinguisme dans la dramaturgie, le symbole par excellence de ce vertige du signifiant[3] qui, avec Rabelais, passera au tissu narratif en dilatant des possibilités expressives éminemment scéniques. L'inintelligibilité d'une lettre très dense, presque

1 *L'Ascension (Mystère provençal du XVe siècle)*, éd. A. Jeanroy et H. Teulié Toulouse, Privat, 1895, v. 823-48. Pour le *Miracle de Robert le Dyable*, je renvoie au t. VI des *Miracles de Notre Dame par personnages*, éd. G. Paris et U. Robert, Paris, Didot, 1876-1893 (S.A.T.F.).

2 M. Wilmotte, *La naissance de l'élément comique*, cit., p. 12. De l'*Officium Stellae* nous parle A. Gasté dans *Les Drames liturgiques de la cathédrale de Rouen*, Évreux, Imprimerie de l'Eure, 1893, p. 54-55.

3 L'axiome de l'intertextualité permet à J. Kristeva d'inclure, dans l'analyse de *Jehan de Saintré* un examen, bref mais efficace, des « figures du discours carnavalesque », visant à illustrer la volatilisation du signifiant sous la pression des jeux verbaux (cf. *Le texte du roman*, cit., p. 169-76).

magiquement redondante, garantit, par le jeu de pleins et de vides, un rendement raréfié de la formule : quand aux séquences fantaisistes se substituent des inserts en langues étrangères, on atteint un niveau différent, peut-être qualitativement supérieur, de la même expressivité. C'est le cas de la raillerie qui vise l'anglais dans le *Mystère de Saint Louis* :

LE ROY D'ENGLETERRE

Aiquet bin futy-vous venu !
Je croy bin vous futy harau ;
Vous porté de l'arm qui fut beau :
Ce fut, je croy, l'arm de mon mer.

LE MESSAGER DE LA MARCHE

Sire, el m'a fait passer la mer
Et atroter en Engleterre
Pour vous denu[n]cer ugne guerre
Que le roy leur fait par dela.

LE ROY D'ENGLETERRE

Jo yrai. Moy n'entent point cela :
J'ous en pry, dit-moy que dit ly[1].

[LE ROI D'ANGLETERRE : Que vous soyez le bienvenu ! Je crois bien que vous êtes le héraut ; vous portez des armes qui furent belles : ce furent, je crois, les armes de ma mère. LE MESSAGER DE LA MARCHE : Sire, elle m'a fait traverser la mer et courir en Angleterre pour vous avertir d'une guerre que le roi leur fait là-bas. LE ROI : J'irai. Je ne comprends point cela : je vous en prie, dites-moi ce qu'il dit.]

ou du flamand dans le *Jeu de Saint Nicolas* :

CLIKES

Or cha, Pinchedé, willecomme !
Aussi estoie ge tous seus.

PINCEDES

Certes, Cliquet, entre nous deus
Avons mainte fois but ensanle.

1 *Mystère de Saint Louis (XVe siècle)*, éd. Fr. Michel, Westminster, Nichols, 1871 (Première journée, p. 55-56). Voir, pour les anglicismes dans les textes français médiévaux, J. E. Matzke, « Old French as Spoken by Englishmen », in *Modern Philology*, III, 1905, p. 47-60.

CLIKES

Pinchedé, du vin que te sanle ?
G'i ai ja descarquiet me ware[1].

[CLIQUET : Que vous soyez le bienvenu, Pincedé. ! J'étais tout seul. PINCEDE : A vrai dire, Cliquet, nous deux nous avons plusieurs fois bu ensemble. CLIQUET : Du vin, qu'en dis tu ? J'ai déjà fait halte ici.]

Dans la *Vie et Passion de Monseigneur Sainct Didier* (1482), par ailleurs étonnamment truffée d'éléments comiques (le « fol » qui scande régulièrement l'action) et grotesques (les « diableries » où Lucifer exhibe un pseudo-latin curial d'une indéniable valeur expressive : « Tormentez luy teste et cerebre, Corps, face et palpebre, Boultez ou latebre, De nostre delubre, Puis-qu'on le terebre Par force illecebre Turbide et lucubre [...] »), deux soldats italiens parlent, si on peut dire, dans leur langue :

I

O my fudel, non te curare,
J voille Wandelle mactare,
Cary sont venouto certe.

II

En deame toti jugulaire
Qu'este gente maledicto.

I

Il besoigne faire presto,
Pille la toue grande espade [...][2].

[I Oh, mon brave (fidèle ?), ne t'en fais pas, je veux tuer les Vandales car ils sont sûrement là. II Allons les égorger tous car ils sont maudits. I Il faut faire vite, prends ta grande épée]

---

1 J. Bodel, *Le jeu de Saint Nicolas*, v. 661 sqq. (édit. cit.). Un exemple d'alternance analogue est cité par Bardenweper qui fait référence à un *Mystère de Saint Crespin et Crespinien* (p. 66 sqq. de K. Bardenwerper, *Die Anwendung fremder Sprachen und Mundarten*, cit.).

2 G. Flamang, *La Vie et Passion de Monseigneur Sainct Didier*, éd. J. Carnandet, Paris, Téchener, 1855, p. 288.

Certes, l'échantillonnage le plus varié se trouve dans le mélange de dialectalismes et de latinismes des farces. Qu'on pense à la *Farce de M.ᵉ Mimin l'estudiant* et à la *Farce de la Résurrection de Jenin a Paulme*[1]. L'écart entre le langage grotesque, truffé de réminiscences savantes, de Mimin et Jenin, et le tout aussi grotesque parler paysan (normand-picard) de parents d'un côté et d'amis de l'autre, tend vers une théâtralisation absolue du dialogue en utilisant ce contraste qui, par des stades intermédiaires – l'italien de Messire Domine De dans la *Farce du Pont aux Asnes* et du « fol » dans la *Condamnacion de Bancquet*[2]- atteint son apogée dans le délire de *Maistre Pathelin* et dans les 'feux d'artifice' plurilingues qui oscillent entre le morceau de bravoure mimétique et la plaisanterie.

L'opposition déterminée par des badigeonnages bilingues ou polyglottes, pour lesquels on suppose à tort une origine spontanée, aboutit à un véritable anéantissement du naturel qui prend les formes de la convention, bien que multicolore, de la sonorité verbale. Ce dérapage de l'insertion divertissante fondée sur l'articulation d'une langue étrangère (ou d'un dialecte) est attesté également par la tendance paysanne qui provoque la constitution de parlers artificiels, comme le *sayagués* ibérique ou certains dialectes italiens stylisés[3].

---

1 Respectivement in E. Philipot, *Trois farces du recueil de Londres*, Rennes, Plihon, 1931, et G. Cohen, *Recueil de farces inédites du XVᵉ siècle*, Cambridge, The Medieval Academy of America, 1949 (Genève, Slatkine reprints, 1947). Pour les dialectalismes dans le théâtre comique, voir, de H. Lewicka, *La Langue et le style du théâtre comique français des XVᵉ et XVIᵉ siècles*, cit. ; « L'emploi stylistique des dialectes dans le théâtre comique français au XVᵉ et au début du XVIᵉ siècle », in *Études sur l'ancienne farce française*, cit., p. 567-66 ; « Le mélange des langues dans l'ancien théâtre du Midi de la France », in *Mélanges de philologie romane dédiés à la mémoire de J. Boutière*, Liège, Soledi, 1972, p. 347-59.

2 Cf. É. Fournier, *Le Théâtre français avant la Renaissance (1450-1550). Mystères, moralités et farces*, cit., respectivement aux pages 151-52 et 288.

3 En ce qui concerne l'origine et les résultats du bilinguisme et du plurilinguisme poétique, fondamentale est la communication de G. Contini, « La poesia rusticale come caso di bilinguismo », in *La poesia rusticana nel Rinascimento*, Roma, Accademia

Le point commun, c'est l'attribution aux rustres du langage différencié (des paysans et des bergers, l'emploi s'étend ensuite à une foule de serviteurs, de soldats et d'aubergistes) qui, au moins dans la coutume transalpine, constitue le pôle négatif de l'opposition. On n'est pas peu surpris de voir le provençal relégué à cette place, comme dans le *Geu Saint Denis* où le patron de la taverne administre à Saint Senctin une mixture qui fleure l'occitan :

S. SENCTIN *à un hostellier.*

S. Seigny, Diou vous dont bona vite.
O. Bien syas vingut, fraire hermite.
S. Seigny, vouras nous hebergier ? [...]
O. Tout aquo que volz commendar.
S. Chambre nous voulons demandar,
pour nostre recreacion [...]
O. Par queste arme diligemment
feray faire ce que digas.
S. Feres, Seigny ?
O. Hoc n'en doubtas.
S. A Dieu soyez !
O. A Diou syas.
Ventre beu ! ont tirelopins
de florinaz tant grans lopins
Par questa gorge aquel hardel
ne verra jamais son fardel.
Et face du puis qu'il poura,
en aquel quignet demourra.
Fraire digas comment le faiz[1].

[S. SENCTIN : Seigneur, que Dieu vous protège. O. : Que vous soyez le bienvenu, frère ermite. S.: Seigneur, voudrez-vous nous héberger ? O. : Tout ce que vous voulez. S. : Nous voulons demander une chambre pour nous reposer. O. : Ma foi, je ferai ce que vous me direz. S.: Vous le ferez, seigneur ? O. : N'en doutez pas. S.: Adieu. O. : Adieu. Ventrebleu, ces miteux ont de beaux sacs de florins, ma foi, cette bande ne verra jamais plus son argent, quoi qu'elle fasse elle aura toujours la guigne. Frère, dis-moi comment faire.]

Nazionale dei Lincei, 1969, p. 43-55 (puis in G. Contini, *Ultimi esercizî ed elzeviri*, Torino, Einaudi, 1988).

1 *Le Geu Saint Denis*, éd. B. J. Seubert, Genève, Droz, 1974, v. 1246 sqq.

Plus fidèle est sûrement la représentation des deux vilains qui interrompent par leur dialecte le flux linguistique s'écoulant dans le *Mystère et histoire miraculeuse de Notre Dame du Puy d'Anis* (1518), œuvre d'un dominicain de Puy-en-Velay, un certain Claude Doleson :

LE PAYSANT *primo*
Hieu cude que vous volet convarti
As adorar ung autre Diou.
Mas parbiou ! non farey pas, hiou,
Et duguessa endurar torment,
Laissar mon Diou mantenant,
Aquo seria ben à perpaux.

LE SECOND PAYEN

Il fault cognoistre [...]

LE PAYSANT

Et perque l'adorat-vous donques,
Ny ly fasiat tant de reverencya ?
A ! Non vous chaille que enque sia :
El vous en poyria ben payar.
Es aras hora de lo regnyar
Quant tant de be vous a donnat ?
Trop liau l'auret habandonat
Et ou congnusseret sans tardhar gaire,
Si volet creyre aquest flagholaire,
Voy que vous dira de lanternes[1].

[LE PAYSAN : Je crois que vous voulez vous convertir et adorer un autre Dieu. Mais, parbleu, moi je ne le ferai pas ! Dussé-je endurer les pires tourments, laisser mon Dieu maintenant, cela tomberait à pic. LE SECOND PAÏEN : Il faut connaître... LE PAYSAN : Et pourquoi l'adoriez-vous donc et lui faisiez tant de courbettes ? Peu importe qui il soit : il pourrait vous récompenser. Est-ce maintenant le moment de le renier alors qu'il vous a

---

1 *Mystère et histoire miraculeuse de Notre Dame du Puy d'Anis*, in *Le Livre de Podio ou Chroniques d'Etienne Médicis*, éd. A. Chassaing, Le Puy en Velay, 1874, t. II, p. 408-409. Cf. aussi L. Petit de Julleville, *Histoire du théâtre en France. Les Mystères*, Paris, Hachette, 1880, t. II, p. 599, et R. Lebègue, *La Tragédie religieuse en France. Les débuts (1514-1573)*, Paris, Champion, 1929, p. 37.

fait tant de bien ? Trot tôt vous l'auriez abandonné et vous l'apprendriez bientôt si vous voulez croire à ce flagorneur, je vois qu'il vous racontera des sornettes.]

Dans un autre texte d'origine méridionale, le *Joyeulx Mystère des trois rois* de Jehan d'Abondance – « bazochien et notaire royal de la ville du Pont Saint Esprit »–[1] nous rencontrons l'habituel *rusticus* qui, pressé d'indiquer le bon chemin, répond dans sa langue maternelle et, de plus, hors de propos, instaurant un contraste linguistique qui nous rapproche de l'opposition qu'on trouve dans la *Passion* auvergnate. Si innovation il y a, on doit la voir dans le remplacement du *pastor* doux et bon enfant de l'*Officium Stellae* par un paysan pas très futé et semblable au « sot » traditionnel. Ce n'est pas pour rien que les propos des protagonistes eux-mêmes conduisent à cette conclusion : pour Bracchus « c'est un fol qui ne scait qu'il dict », pour Tritonius « un lordaut », tandis que Bonne Foy déclare avoir trouvé « un homme eslourdy ». Il s'agit en somme d'un enchâssement de « sottie » avalisée par ce *topos* du théâtre comique que nous appellerons, par opposition à la « fausse compréhension du langage »[2], la « non compréhension de la langue ». On peut citer un exemple amusant des divagations du paysan :

BONNEFOY

[Or] je te prie, mon amy,
Ne me fais plus si arrester;
Veuilles moy le chemin monstrer
De Bethleem incontinent.

1 Autodéfinition de l'auteur au sujet de quoi nous renvoyons à Petit de Julleville, *Les Mystères*, cit., t. I, p. 337, et t. II, p. 619 ; R. Lebègue, *La Tragédie religieuse*, cit., p. 41 ; D. H. Carnahan, *Jean d'Abundance. A Study of His Life and Three of His Works*, Urbana, Urbana University Press, 1909, et P. Aebischer, « 'Le Gouvert d'Humanité' par Jean d'Abondance », in *Bibliothèque d'Humanisme et Renaissance*, XXIV, 1962, p. 282-95.

2 C'est une formule qui provient à l'origine de la farce. Elle exprime la perplexité devant des types de langage particuliers : du latin macaronique au dialecte et à la langue étrangère. Sur le thème du « malentendu » linguistique s'attarde au contraire, après B. C. Bowen (*Les Caractéristiques essentielles de la farce française et leur survivance dans les années 1550-60*, cit.), H. Lewicka, « Un procédé comique : la fausse compréhension du langage », in *Études sur l'ancienne farce française*, cit., p. 67-72.

LE VILAIN

Certes le premier jour de l'an
J'espousay nostran Jacometan.

BONNEFOY

Or va, en mal [an] Dieu te mette !
Tu ne fais icy que resver.

LE VILAIN

Et que vos dire de l'hyver ?
Un tant grand froid de [parady] !
[v. 83-92]

BRACHUS au vilain

Mon amy, di moy promptement
De Bethleem le droit chemin.

LE VILAIN

Par lo fraudi, vos dictes bin !
Y n'y a pas mes d'uno [huchia] :
Vo n'usci [pas] seto pissa
[Que] vo entreré en la villa.

MELCHIOR

Qu'est ce qu'il dict ?
[v. 117-22]

BALTHAZARD

Scais tu qu'[il a], laissons le là;
S'il s'esbahit ce n'est merveille:
Car onques nation pareille
Je pense qu'il n'a jamais veu.

LE VILAIN

J'es la tifetafe au cu
De cely Rey tant machera,
Fraudi, je [hay] cuda vola

Je ne ses où quand jo tes [viu][1].
[v. 159-66]

[Bonnefoi : Je te prie, mon ami, ne me fais plus attendre, montre-moi le chemin de Bethléem. Le vilain : Vraiment, le premier jour le d'an, j'ai épousé notre Jacomete. Bonnefoi : Que Dieu te maudisse, tu ne fais que rêver. Le vilain : Je veux dire que l'hiver, un froid de canard... Brachus : Dis-moi tout de suite, mon ami, quel est le chemin de Bethléem. Le vilain : Parle, fripon. Vous dites bien, c'est tout près, le temps de pisser que vous serez déjà dans la ville. Melchior : Qu'est-ce qu'il dit ? Balthazar : Va savoir ce qu'il a, laissons-le, s'il s'étonne, ce n'est pas surprenant car je crois qu'il n'a jamais vu des gens comme nous. Le vilain : J'ai la courante, rien qu'à voir ce Bey tout noir, fripon, j'ai cru voler je ne sais pas où, quant je t'ai vu.]

Le mariage hybride d'éléments, venus les uns de la farce, les autres de la tradition religieuse (le « vilain » descend toujours finalement des bergers de l'évangile), débouche, dans un *Mystère* de la moitié du XVIe siècle et déjà défini significativement « joyeux », sur la mystification parodique, en laissant inexploité ce rapport potentiellement double avec le spectateur : en d'autres termes, le languedocien estropié du paysan, dans lequel Aebischer reconnaît à coup sûr un « franco-provençal émasculé, standardisé »[2], reste, en tant que déformation burlesque, un prolongement phonique et mimétique de l'élément scénique.

Le « langage estrange » de notre passage se situe comparativement sur le plan opposé en échappant à la stylisation du procédé : pas dans le sens pourtant d'un réalisme générique. Si, dans le théâtre médiéval, le bilinguisme (ou plurilinguisme) est un fait paradoxalement extra-linguistique – du pseudo-jargon aux variantes polyglottes –, il existe pourtant des situations dramatiques où cette typologie expressive peut être autonome, et

1 Jean d'Abondance, *Joyeulx Mystère des trois rois*, in *Trois jeux des rois*, éd. Y. Giraud, N. King et S. de Reyff, Fribourg, éditions universitaires Fribourg Suisse, 1985 (édition qui remplace celle, pas vraiment excellente, préparée par Carnahan, in *Jean d'Abundance*, cit.).

2 P. Aebischer suppose, sur la base du *Joyeux Mystère des Trois Rois*, l'origine savoyarde de Jean d'Abondance (voir l'article sur le *Gouvert d'Humanité*, loc. cit., p. 292-93).

constituer en soi un moyen de communication qui ne se dilue pas dans l'ensemble des éléments scéniques. Pensons, par exemple, au mécanisme qui règle les oppositions dans les comédies de Ruzzante. Dans des circonstances historiques et culturelles particulières, l'auteur s'adresse à un destinataire qui est en mesure de percevoir l'alternance dans son ensemble. De la virtuosité, on saute à la fonctionnalité de l'opposition et, avec un petit pas en avant, à la revendication.

C'est le déclic qui sépare la 'citation' – qu'elle soit structurée avec plus ou moins de raffinement – de la 'mise en relief' symptomatique d'une rivalité de culture.

APPENDICE*

[v. 1284-1488, f. 26*r*-29*v*]

SIMON PHARISEU

Ung grant pleisir certes aré
Si je puis avoir le prophete
A disner. Je m'y assayeré,
Mes il fault premier que tramecte
Chasser, pour avoir viande necte.
Maulbec, Mallegorge, tous deux
Faictes qu'ayons de viande preste,
Car avec Jhesus disner veulx.

MALLEGORGE

On le dit si devocïeulx
Et si parfait que c'est mervelhe,
Et pour se ay peur que ne veulhe
Manger de noustre venaison.

SIMON

Vous aporterés du poisson
Si en trouvés ches les pescheurs,
Des bresches pleines de doulceur:
C'est viande de gens devocieulx.

MAULBEC

Seigneur nous y allons tous deux.
Appelle les chiens, Mallegorge.

---

* Les vers 1286, 1311, 1377, 1384 ('sa' pourrait etre supprimé), 1392 ('donc' au lieu de 'donques') sont manifestement hypermètres, et hypomètres les vers 1320, 1321, 1322 (Runnal lit 'Sigalé' et 'calé' mais aux v. 1302 et 1379 le même type de lecture produit une hypermétrie), 1335, 1356, 1380, 1382. Compte tenu de la valeur ambiguë du *e* atone et libre dans la versification du Moyen Age français, on peut douter que le vers 1372 soit hypermètre.

MALLEGORGE

Haro ! Sigale, haro ! Grantgorge,
Filliole, sa, sa, ma levriere.
Maulbec, tien toy tousjours darriere:
J'advanceré ung peu mes pas,
Pour tandre sy nous rects et las,
Et puis nous ferons une trappe.

MAULBEC

Il n'est beste que nous eschape,
Mallegorge, a mon advis,
Mes que nous ayons nous rects mys
Ad se pas, car veez cy la fuicte.

MALLEGORGE

Il nous fault estre de conduicte.
Maulbec, estache bien de la,
Car j'ai bien estaché de sa.
Pausa.
(f. 26 *v*) Maulbec, as tu bien estaché ?

MAULBEC

Tout mon cas est bien accroché,
Plus ne fault qu'aller abayer.
Mallegorge, va assayer
De par la, s'il y a rien.

MALLEGORGE

Vien sa, Grantgorge, mon chien,
Haro ! m'amye Sigalle.
Pausa.
De la, Maulbec, cale, cale.
Garde bien de pardre la proye.

MAULBEC

De tout mon cueur je m'y enploye,
Mes je ne voy seans nulle beste
De quoy nous puissions faire feste
A noustre meistre, par mon arme.
Par Dieu, se nous sera grant blasme,
Nous en retourner sans riens prandre.

MALLEGORGE

Maulbec, j'ay vescu des ans trante,
Et ne fis oncques que chasser.
Mainctes bestes ay fait lasser
Quant je chassoye en Normandie,
Meinctes en pris en Picardie,
Serz, sanglers, bisches, renars;
Alheurs ay prins lyons et lyonpars
Adv[e]cques mon chien Fortegorge.
J'ay chassé de nuyt a la torche
En Poyto, France et Bretanhe.
En meinctenent suis en Aulvernge,
Ou je n'y voy beste pour prandre.

MAULBEC

Les bestes vont a l'offerande
En ce paÿs, je t'en asseure.
Nous avons anticipé l'eure,
Que les bestes de ce paÿs
Pour coustume font leur logis
Aux champs, es vignhes ou es boys.
(f. 27 *r*) J'en y ai pris aultrefois trois,
Tout a ung cop, entre mes cordes.

MALLEGORGE

Elles estoient doncques bien fortes,
Ou les bestes estoient velues ?

MAULBEC

Nany, elles estoient cornues
Et barbues comme vieulz boucz.
On les prent qui leur dit deux motz
Bien assignés, quant on les chasse.

MALLEGORGE

Que leur dit-on ?

MAULBEC

En voix casse
On leur dit: « *Bertrant, betoray !* »
Lors la beste crye ay ! ay !
Quant [on] l'a ung peu menassee.
Telle est des bestes la lignhee
De ce paÿs dont sommes nous.
Presque toutes portent veloux
Et sur leurs cornes grans orelhes.
Tu ne vis onc bestes parelles,
Quar toutes vives on les mange.

MALLEGORGE

Celle condition[1] m'est estrange:
Qui les peut ainsi devorer ?

MAULBEC

Elles ne se peuvent amer,
Pour se les mangent leurs voisins:
Se sont ses lyonpars lymosins,

---

1 Ms. *conditicon.*

S'ilz y peuvent mectre la griffe.
Borbonoys, Poictevins ont practique,
Les Engevins et les Françoys,
Casser les bestes comme noys,
Et emportent tous les noyaulx.

MALLEGORGE

Maulbec, tournons ad nous assaulx:
Quelcune de ses bestes prendrons.

MALBEC

Mallegorge, sus, abbayons.
Haro ! Fortegorge, Sigalle.

(f. 27 *v*) MALLEGORGE

De sa, de sa, calle ! cale !
Maulbec, il y a cy quelque beste.
Pausa.
Adonaÿ ! quelle teste !
Onc ne vis beste si saulvaige.
Elle porte en sa main une cage
Pleine d'oeseaulx et de poissons.

MAULBEC

Ou est-elle ?

MALLEGORGE

Soubz ses buissons:
Les chiens ne s'i ausent tirer.

MAULBEC

Il ne fault qu'au buisson frapper:
Si s'est une beste d'Aulvernge,
Elle foyra, et sens esparnhe
S'yra mectre dedans les las.

MALLEGORGE

Affin doncques que ne falhes pas,
Dy les deux motz qui les font prandre.

MALBEC

O Mallegorge, qu'elle est grande !
Betor ay, Bertrand, betor ay.

MALLEGEYPE *fugiendo ad cordas*

Hay ! Hay ! Hay ! Hay ! Hay ! Hay ! Hay ! Hay !

MALLEGORGE

Be t'oray, Giraut, be t'oray.

MALLEGEYPE

Hay ! Hay ! Hay ! etc.
Ou poueray fugir, meichante ?

MALLEGORGE

Elle a le langage estrange,
Malbec. *Michiau, betor ay.*

MALLEGEYPE

Yo soy presa paubra, ay ! ay !

MALLEGORGE

Je ne sçé, damne, quel ay ! ay !
Mes, pardié, vous demeurerés,
Et puisque parlés, nous dirés
Qui[1] vous estes. Parle, bestiole.

Tunc Malbec et Mallegorge percussiant Mallegeype et teneant eam rigo[rose].

(f. 28 *r*) MALLEGEYPE

Seignhe mon seignhé[2], *yo soy folle,*
Comme vous poudés be cognoistre,

1 Ms. *quil*
2 Ms. *monss.*

Car yo me soy venguda mectre
Yo mesme en aiquestas cordas.
Seignhe mon seignhé[1], *tant sen lourdas*
Nous aultras beytias d'aquest pays,
Que noustres payres et noustres filz
Se lesson farrar par menassas,
Quant lous comissaris portont massas.
Doux blans plaignhent quant fault despendre,
Et par pleydyar voulen tout vendre:
Prou creden et ne fasan re.

MAULBEC

Dy nous ton nom.

MALLEGUEYPE

Seignher, par ma fe,
Mallegeype m'appellont tous ;
Mas qual ses vous par me redre ad vous ?
Digas, seignhour, si vous play.

MALLEGORGE

Malbec, Mallegorge.

MALLEGUEYPE

De vray ?
Certas yo soy don ben venguda !
(f. 28 *v*) *Aultre vyage on m'a veguda,*
A court de Rome et en France,
A Savoye, Bourgoinhe, Provence,
Et sertas par trestout lou monde.
Par quo, seignhor, a vous me rande,
Qu'advés estat en toctas citas,
Viallas, reaulmes, comunaultas,

1 Ms. *monss.*

Chasteaux, batheaux, et aucuns viages
Vous vous ses troubas aux vialages:
Car sertas yo vous y ay troubas,
Ma vous ne me vesias pas.
A Gersat, Seyrat, Romanhat[1],
A Seint Sadourny et Panhat,
A Royat, Beaulmont et a Vic,
Be vous voulia donnar d'ung pic,
Si agesse pogut, vereyment
Mas yo vese, par mon serment,
Qu'yo demouraray en vous deulx.

MALBEC

Mallegueype, quant est ad nous,
Bien le voulons, par mon serment.
Au moings dy nous premierement
De quoy tu serviras en court.

MALLEGUEYPE

(f. 29*r*) *Yo faray be choufar lou four*
Par coyre lou po que mangas.
Quant par trahir las gens flactas,
Cougyos portaray et maulvys,
Griffons, faulcons et tarcellis,
Et tous ouseaulx que l'on vourra:
En voulant yo lous prene de ma ma.
Vesés vous aqueste galoye ?
Yo l'ay pourtada de Savoye,
De Lombardye et d'Italhe,
Par nous gardar de payar talha.
Yo cuge qu'ay pardut mon temps,

---

1 Ms. *rommahat.*

Car tropt courront de maulvas vens.
Yo porte ycy dau peysso,
Et venaso qu'es de sazo;
Lebres y ay, renars, connils,
Que l'on pre be sens aver chis.
Par lous percuraires porte bramas,
Par lous advocas de las carpas;
Gendarmas voulont lous seignhours;
Maquerels mangont lous flaitadours;
Troictas et perchas lous gentilshons[1],
L'eligse ame lous saulmons;
De ravas ay prou par lous paubres.
(f. 29 *v*)*Or digas, que disés vous aultres ?*
Ne vous serviray yo pas de prou ?

MALLEGORGE

Mallegueype, ne dy plus mot:
Vien t'en en noustre compaignie.
Tout temps tu seras nostre amye:
A Annas bien te lougerons,
Et de ta cage pleisir ferons
A noustre meistre et es Juifz,
Pour la provision que y as mys.
Or allons, Maulbec, mon bon frere !

MAULBEC

Bien pouvons faire bonne chere,
Puisque avons fait si bonne prise;
Cher et poisson avons en mise;
C'est bonne viande ad commissaires:
Nous en ferons bien nous afferes

1 Ms. *gentilahons.*

Pour le disner de se prophete.
Fin que tost la viande soit preste,
Pour l'aprester, me muaré. 1488

[v. 1407-1472. MALLEGUEYPE : Seigneurs, je suis folle, comme vous pouvez bien le voir car je sui venue m'empêtrer dans ce filet. Seigneurs, nous autres bêtes de ce pays nous sommes si balourdes que nos pères et nos fils se rendent sous les menaces quand les commissaires lèvent leurs massues. Ils regrettent (nous regrettons) de devoir dépenser deux sous et veulent (voulons) tout vendre pour payer leurs (nos) procès. Beaucoup de cris, mais rien n'est fait. MALBEC : Dis-nous ton nom. MALLEGUEYPE : Seigneurs, en vérité, tout le monde m'appelle Malleguyepe. Mais qui êtes-vous pour que je me rende à vous ? Dites-le, Seigneurs, s'il vous plaît. MALLEGORGE : Malbec, Mallegorge. MALLEGUEYPE : Vraiment je suis tombée dans de bonnes mains. D'autres fois on m'a vue à la cour de Rome et en France, en Savoie, en Bourgogne et en Provence et partout dans le monde. C'est pourquoi je me rends à vous, qui avez été dans toutes le cités, villes, communautés, châteaux, bateaux, : parfois vous avez été dans les villages car sûrement je vous y ai rencontrés, mais vous ne m'aviez pas vue. A Gerzat, à Ceyrat, Romagnat, Saint Saturnin, Pagnat, Royat, Beaumont et Vic-le-Comte volontiers je vous aurais donné un pic, si j'avais pu, vraiment. Mais je vois, par ma foi, que je resterai avec vous. MALBEC : Mallegueype, quant à nous, nous le voulons, par ma foi. Mais, au moins, dis-nous, tout d'abord, comment tu serviras à la cour. MALLEGUEYPE : Je ferai bien chauffer le four pour cuire le pain que vous mangerez. Quant à trahir les gens qui ont été flattés, j'apporterai des coucous, des mauvis, des griffons, des faucons, des autours et les oiseaux que l'on voudra : si je veux je les attrape au vol. Voyez-vous cette cage ? Je l'ai apportée de Savoie, de Lombardie et d'Italie pour ne pas payer de taille ; je crois avoir perdu mon temps car le vent qui souffle est mauvais. J'apporte ici du poisson et de la venaison de saison ; j'ai des lièvres, des renards, des lapins que l'on attrape sans chiens ; pour les procureurs j'ai des pageaux, pour les avocats des carpes, les seigneurs veulent des goujons, les flatteurs veulent des maquereaux, les gentilhommes des truites et des perches, l'église aime les saumons, pour les pauvres j'ai beaucoup de raves. Dites-moi, est-ce à votre goût ?]

III

PERSUASION ABSURDE ET MANQUE D'IDENTITÉ DANS LE THÉÂTRE COMIQUE DE LA FIN DU MOYEN ÂGE

1. Tels certains chevaliers errants des romans arthuriens, les protagonistes masculins des rares pièces où se superposent la stratégie de la persuasion absurde et celle, plus simple, du badaud trompé sont vraisemblablement en quête d'identité. La réponse étonnante du jeune Perceval à l'inconnu qui lui demande son nom est à juste titre célèbre : au lieu de dire qui il est, le héros du Conte du Graal fait appel à des faux-fuyants et se retranche derrière trois dénominations symboliques qui dissimulent un obstacle incontournable. Ce nom n'existe pas ou, pour mieux dire, il n'existe pas encore. L'itinéraire spirituel du chevalier engendre la révélation nominale dont « le mode et le moment », comme on l'a très bien remarqué, « ne sont pas moins étranges (ou tragiques ou macabres) »[1] que cette première ignorance.

George le Veau de la farce homonyme ressasse des formules similaires et tautologiques dans leur incertitude prolongée – « Qui je suis ? », « D'où je suis ? », « Je suis moy » –, formules qui donnent lieu è une enquête obstinée mais lacunaire. Car, dans le théâtre comique de la fin du moyen âge, la question originaire – « Quel est ton nom ? » – se transforme et se dédouble en une interrogation cruciale et paradoxalement beaucoup plus angoissante: « Qui es-tu ? », « Qui suis-je ? ». Les épigones caricaturaux de Lancelot et Perceval, porteurs d'un nom dont le sens n'est que par trop révélateur sont amenés en cours de route à douter de leur identité voire de leur propre existence.

1 J. Roubaud, *Graal fiction*, Paris, Gallimard, 1978, p. 223.

C'est leur sottise ou parfois une circonstance malchanceuse qui enclenche le mécanisme du soupçon dont la farce n'est que le développement ultérieur. On retrouve là la double voie qu'avait parcouru le narratif bref italien dans des récits de même type. Mais alors que dans les nouvelles du *Décaméron* – en particulier la troisième de la neuvième journée – le rôle de bouc émissaire joué par Calandrino a pour origine incontestable la niaiserie du personnage, dans la nouvelle du *Grasso legnaiuolo*, la perte d'identité dont est victime le protagoniste, qui n'a, lui, rien de niais, est le fait quant à elle d'un complot manigancé à ses dépens. C'est le théâtre comique qui hérite, en France, de ce type de *beffa* : avec des variantes inédites il en perpétue l'alternance de naïveté et de discernement, en privilégiant tantôt l'astuce machiavélique des trompeurs, tantôt la bêtise invétérée du trompé.

2. Si j'ai parlé de 'persuasion absurde' comme thème dramatique – la définition revient par ailleurs à Jean-Claude Aubailly[1] – c'est que, à une époque relativement tardive, les procédés visant a confondre la raison d'un personnage passent spontanément du récit à la représentation qui en retient les effets comiques les plus faciles à prévoir. Déguisements loufoques, accoutrements grotesques, propos insensés, etc. A vrai dire les pièces de ce genre sont peu nombreuses et toutes difficilement datables, si ce n'est, grossièrement, au début du XVIe siècle[2] : Le *Pourpoint rétréchy* d'abord, *George le Veau* ensuite et, par le biais du motif de l''absence d''identité', *Jenin, fils de Rien*. En

1 Voir J.-C. Aubailly, *Le Théâtre médiéval profane et comique*, cit., p. 137 : « C'est vraisemblablement une telle utilisation du déguisement qui a conduit à la découverte du thème comique de la *persuasion absurde* qui, acquérant son indépendance, fera le fond de quelques pièces [...] ».

2 Outre le dernier chapitre (« Les plus récentes datations d'anciennes farces ») des *Etudes sur l'ancienne farce française* de H. Lewicka, cit., p. 133-47, voir, pour ce qui concerne *Jenin, fils de Rien*, l'introduction d'André Tissier à l'édition de la farce, dans : *Recueil de farces (1450-1550)*, Genève, Droz, t. III, 1988.

vertu de l'élément persuasif qu'elle a en commun avec les pièces précédentes j'ajouterais volontiers à cette courte liste la farce de *Celuy qui se confesse à sa voisine* même si les efforts conjugués des deux femmes sont destinés ici à échouer face à l'inébranlable bon sens du mari.

Voici donc un corpus dont la spécificité consiste à exploiter un excès, de finesse ou de bêtise. Il y a comme une *climax* dans la mise en œuvre dramatique du potentiel comique détenu par le statut de la tromperie : tout personnage voulant exercer son astuce aux dépens de qui est moins avisé que lui réussit à changer par la force de sa ruse l'aspect de la réalité et, parfois, même à opérer un retournement complet de celle-ci. De cette situation plusieurs cas sont à envisager, qui correspondent à différentes typologies :

a- Dans la farce conjugale la plus courante, le mari sera trompé par l'amant de l'épouse infidèle sans que cela fasse basculer sa bonne foi ni sa vision du monde.

b- Dans la farce où les protagonistes font assaut de finesse mais n'en jouent pas moins, le plus souvent, le rôle du « trompeur trompé » – catégorie qu'illustre au mieux *Maistre Pierre Pathelin* – il peut arriver que le personnage finalement tombé dans le piège devienne la proie d'une crise « épistémique ». C'est dans ces termes que Cesare Segre a analysé le rapport complexe qui s'établit entre Pathelin et le drapier au cours de la fameuse séquence plurilingue.[1] En effet le délire fantasque du juge qu'avalise l'impudente solidarité de Guillemette finit par susciter dans l'esprit du drapier un doute existentiel irréversible. Aussi, peu à peu s'effondre tout ce dont Guillaume était sûr jusque là : sa rencontre avec Pathelin, son dialogue et surtout le marchandage dont il espérait tirer un

1 Cf. la remarquable analyse de C. Segre : « *Maistre Pierre Pathelin :* manipolazione dei topoi e labilità epistemica », dans *Teatro e romanzo*, Torino, Einaudi, 1984, pp. 27-50.

avantageux profit. Nous voilà donc en présence d'un vacillement psychique qui frôle le drame : quelqu'un a été l'acteur et le moteur d'un événement qui n'a pas eu lieu.

c- Les pièces dont l'action est agencée selon le modèle de la *beffa* plus ou moins gratuite mais jamais totalement inoffensive poussent à l'extrême le doute épistémique auquel aboutissait le cas précédemment analysé. Il y a, comme toujours, un personnage pris pour cible mais celui-ci n'est pas nécessairement un benêt. En témoigne la farce de *Celuy qui se confesse à sa voisine* où le mari oppose une résistance à toute épreuve à qui voudrait lui faire croire qu'il est atteint d'une maladie mortelle. De la même façon le seul handicap de Tierry dans la farce du *Pourpoint rétréchy* c'est d'avoir trop bu ; il ne porte sur lui aucune marque de cette sottise démesurée qui caractérise George le Veau ou Jenin dans *Jenin, filz de Rien.* Toutefois remarquons brièvement ici la portée de l'écart indéniable entre l'excès de finesse et l'excès de naïveté abondamment exploité dans la transposition dramatique de la *beffa* qui, par sa nature même, s'acharne contre les membres les plus tarés de la société auxquels elle inflige ainsi ce qu'elle retient être un juste châtiment.[1] Toujours est-il que, dans la dynamique de ce genre de pièces, la victime fortuite et, à plus forte raison, le sot sont entraînés à une perte radicale d'identité qui tourne vite à la tragédie.

Nous assistons donc au dernier acte d'une gradation inhérente au jeu de la tromperie puisque les rebondissements de la ruse atteignent progressivement un sommet fort dangereux. Dans cet affrontement du sadisme facétieux du persécuteur et de l'égarement pitoyable du persécuté, les limites du comique sont largement dépassées. C'est à ce point que se situent dans leur ensemble les farces dont la trame relève de la persuasion

1 J.-C. Aubailly, *Le Théâtre médiéval*, cit., pp. 181 sqq.

absurde Inutile de rappeler que le processus théâtral suit apparemment les traces de son homologue narratif[1]. Il n'en reste pas moins que les additions et la tournure inquiétante que prend l'action dans la forme dramatisée sont la marque d'un éloignement sensible du modèle. Le mécanisme de la ruse dans le récit est certes plus raffiné. Mais, d'une manière générale, l'éventail d'hypothèses que déploient les farces a beaucoup plus d'ampleur que celui de la prose : tromperie qui aboutit à un échec, trompeur qui n'assujettit pas son adversaire, trompé auquel on fait subir une punition trop rigoureuse. Voire la mort.

3. Au bout du compte la spécificité de ce corpus réside essentiellement dans un excès on dans un abus. Peu importe que l'excès soit de sottise et que l'abus soit de finesse : les points-limite ainsi atteints circonscrivent une zone intermédiaire où le rire côtoie l'angoisse et que régit la figure oxymorique d'une farce dont le dénouement funeste ne dément pas pour autant le caractère extravagant.

C'est bien sûr *George le Veau* qui résume de façon exemplaire l'archétype, à une différence près, que la sottise du protagoniste repose précisément sur cette ignorance d'identité qui devrait être l'objectif de la beffa. Il en résulte un dédoublement du motif dont la charge comique finit évidemment par s'affaiblir. Selon un partage approximatif des mouvements, la pièce se divise en quatre séquences:

1) Dans la première le mari et sa femme se disputent selon le canevas rebattu de la farce conjugale où l'homme doit subir les reproches de l'épouse acariâtre. Mais ici la cause du litige revêt un caractère tout particulier. George se plaint du fait que sa

1 Voir en particulier, sur la *beffa* visant à convaincre un personnage de son changement d'identité, l'étude d'André Rochon : « Une date importante dans l'histoire de la 'beffa' : la nouvelle du *Grasso legnaiuolo* » dans *Formes et significations de la « Beffa » dans la littérature italienne de la Renaissance*, Paris, CNRS, 1972-1975, t. II, pp. 210-376.

femme le considère un « estranger » c'est-à-dire quelqu'un qu'on ne connaît pas et surtout, on le découvrira plus tard, qui ne se connaît pas. Celle-ci le martyrise jusqu'à lui demander sans cesse, puisque c'est là son point faible, qui il est vraiment. Question fort embarrassante à laquelle George n'est pas à même de répondre :

> Quoy dea, tousjours me vient reprendre,
> Au couché, au boire, au menger
> Disant que (je) suis ung estranger
> Et me demande qui je suis.
> Qui je suis respondre ne puis [...][1]
> [v. 9-12]

Le monologue initial pose donc d'emblée comme noyau de l'intrigue une tare singulière : l''étrangeté' est une forme de bêtise à la deuxième puissance et par là même elle est intolérable. Si le mari supporte mal les réprimandes de sa femme c'est que celle-ci touche un point névralgique dès qu'elle prononce les mots fatidiques:

> LA FEMME
> Qui es-tu ?
> [v. 52]

Sur cela s'enchaîne une série d'interrogations à deux voix que réitère le rythme d'un triolet. À la question de la femme fait écho une question identique et ainsi de suite. Excédé par cette kyrielle agaçante de provocations, George prend le parti de s'adresser au seul personnage qui, fort de son autorité, pourrait le sortir d'embarras : le curé.

2) Dans la deuxième séquence le curé conçoit et met au point un stratagème qui va le débarrasser d'un mari encombrant et lui

1 *Farce nouvelle très bonne et fort joyeuse de George le Veau, à quatre personnaiges, c'est assavoir : George le Veau, sa Femme, le Curé et son Clerc*, ATF, Paris, Jannet, 1854-1857, t. I, pièce n° 22, pp. 380-401. [*George le Veau*, dans : A. Tissier, *Recueil de Farces (1450-1550)*, cit., t. XI, 1997].

permettre ainsi d'en fréquenter de plus près la femme, dont il est depuis longtemps amoureux. L'idée lui vient de jouer un tour a George qui, entre temps, va se recommander à Dieu dans l'église : ils devront tous faire semblant de ne plus le reconnaître jusqu'à ce qu'il se persuade qu'il est désormais un autre. De toute évidence au but déclaré de la tromperie – le curé veut surtout jouir des bonnes grâces d'Alison – s'ajoute un goût ludique, propre de la *beffa.* S'amorce aussi un jeu plaisant et pervers qui a plusieurs traits en commun avec la nouvelle du *Grasso legnaiuolo,* à tel point qu'on serait enclin à parler de source ou de modèle.

3) Par contre la séquence de l'église, où George se laisse définitivement tromper par le clerc et le curé, apporte un nouvel élément à la tradition italienne : en dépit du rôle de souffre-douleur qu'on lui fait assumer, le malheureux George s'exhibe dans un morceau de bravoure comique où il débite en vrac une série de généalogies époustouflantes. A la recherche des noms de son père et de sa mère, il passe en revue tous ses ancêtres ou, pour mieux dire, ceux de l'humanité entière: il remonte ainsi des romains aux grecs, des égyptiens à la Bible. Saint Louis côtoie de simples villageois, Abel et Zoroabel descendent en ligne droite de Caïn, Pharaon est mêlé aux pairs de France. Le curé ne perd pas contenance devant ce tourbillon qu'anime une fantaisie nominale déchaînée. Le mari, par contre, harassé de fatigue, est prêt à tomber dans le piège qu'on lui tend. Caché derrière l'autel, le clerc, contrefaisant Dieu, l'exhorte à se soumettre à sa femme, à payer la dîme au curé et à revêtir une robe qui vient, dit-il, tout droit d'en haut (v. 307-308: « Ceste robbe de paradis Te donne, que tu vestiras »); mais c'est vraisemblablement une peau d'animal que George reçoit de la main du farceur car, bien qu'aucune didascalie ne l'indique vraiment, le scénario implique un changement d'aspect immédiatement perceptible par le spectateur.

4) De l'église la scène se déplace à l'intérieur de la maison de George où se déroule l'épilogue de la pièce. Voyant son mari dans son nouvel accoutrement, Alison pousse des cris d'horreur, comme si elle avait rencontré un diable (v. 326: « Ostez moy ce dyable cornu »). À vrai dire la *beffa* prévoyait simplement, à l'origine, que George ne soit pas reconnu par sa femme. Mais celle-ci ne résiste pas à la tentation d'en rajouter et improvise sur le champ une variation sur le thème sans que ses partenaires se laissent surprendre le moins du monde. Le curé enchaîne sur la réplique d'Alison, il demande au clerc les outils d'usage, ordre que le clerc s'empresse d'exécuter, et l'exorcisme a lieu:

> LE CURÉ
> *Diabolis inficare*
> *Super nivem dealbabor.*
> *Ego volo, te prenabo.*
> Que quiers-tu en ceste maison ?
> [v. 337-40]

Après cet étalage de formules rituelles, le trio feint d'abord le soulagement, la curiosité ensuite et se jette enfin sur George qui, pour ne plus être un diable, n'en reste pas moins un « estranger ». Retentit alors la question bien connue : « Qui es-tu ? ». Puisqu'il est affublé d'une peau de vache ou de taureau, le curé tranche net la discussion : « Ma foy, Alison, c'est un veau ; Tenez, qu'il a grandes oreilles ! » (v. 349-350). Qu'il puisse s'agir d'une grotesque conspiration n'effleure même pas George qui accepte avec résignation son nouvel état. Sa femme l'oblige à marcher à quatre pattes, le clerc va prévenir le boucher et le curé le conduit à l'abattoir, une façon de se faire payer la dîme que George lui devait.

La farce se clôt sur la complainte du pauvre malheureux que personne ne songe à réveiller du cauchemar où il a sombré. Persuadé qu'il est le fils d'une vache et d'un bœuf, George s'achemine vers la mort sans que ses persécuteurs jettent le masque.

4. Jenin « fils de Rien » est un proche parent de George le Veau. Le lien qui s'établit entre les deux personnages repose toutefois exclusivement sur le motif du manque d'identité : George ignore dès le début le nom de son père et de sa mère – ce qui, par une association saugrenue d'idées mi-grotesques mi-angoissantes, le fait douter de sa propre existence – ainsi que Jenin avoue une absence de père assez invraisemblable. Il faut noter aussi que la sottise du deuxième est une tare bien moins grave que celle du premier. Sur la base d'un simple calcul, les problèmes et la quête de Jenin devraient être réduits de moitié. Or, il n'en est rien. Pendant près de 400 vers le protagoniste harcèle sa mère, demande secours au prêtre et au devin du village pour aboutir à la conclusion qu'il n'est le fils de personne. Bref, toute la pièce ne fait que développer la portée du doute de Jenin qui passe graduellement d'un état de pure et simple curiosité à une excitation incontrôlée et, enfin, au plus sombre désespoir. Dans la tirade qui sert d'épilogue, le « fils de Rien », qui pourtant avait longtemps fait preuve d'un certain humour, se laisse aller à de sérieuses interrogations pré-cartésiennes ; il se met alors à divaguer et à rêver des identités glorieuses, dans le bien comme dans le mal :

> Suis-je Dieu ou vierge Marie ?
> Nennyn: ils sont (tous deux) en paradis.
> Suis-je dyable ? Qu'esse que je dis ! [1]
> [v. 437-39]

Il conclut, non sans avoir interpellé quelques saints du Paradis, qu'il n'est vraiment « fils de personne ». La folie de Jenin, totalement repliée sur elle-même, n'engendre en outre aucun désir de tromperie chez ses adversaires potentiels (qu'il s'agisse de la mère, du prêtre ou du devin), tous aussi naïfs que

1 A. Tissier, *Jenin, fils de rien*, dans *Recueil de farces*, cit., t. III (aussi : *Farce nouvelle et fort joyeuse de Jenin filz de Rien, à quatre personnaiges, c'est assavoir : la Mère et Jenin son filz, le Prestre et ung Devin*, ATF, cit., t. II, pièce n° 20, pp. 351-371).

le protagoniste. Il n'en est pas moins vrai pourtant que leurs errances généalogiques apparentent George surnommé « le Veau » et Jenin surnommé « fils de Rien », comme s'il s'agissait d'un seul personnage aux prises avec deux situations mutuellement imbriquées. D'un côté nous avons une pièce où l'absence (absence de père et d'identité) occupe seule la scène ; de l'autre une pièce où celle-ci est le ressort d'une beffa à plusieurs égards atroce. Est-ce la 'forme simple' qui précède la forme complexe ou est-ce l'agrégation des deux motifs qui est à l'origine du dédoublement et du développement de ses composantes ? Il est difficile de répondre, d'autant plus qu'il existe d'autres occurrences du motif : la perte d'identité peut être liée, comme ici, à un doute originaire et se doubler du désir de *beffare* mais elle s'associe tout autant à un topique aussi répandu que celui de la fausse confession. C'est justement le cas du *Pourpoint rétréchy.*[1]

Le cadre et l'ambiance de la pièce rappellent d'emblée le narratif bref de souche italienne. Deux compagnons de débauche à moitié ivres mijotent un mauvais coup au détriment de leur ami Tierry qui, encore pus ivre qu'eux, dort profondément à leur côté. Les hypothèses se succèdent, se superposent et finissent par se concrétiser dans un plan assez astucieux. L'idée leur vient d'échafauder une scène de maladie mortelle à l'aide d'un stratagème très élaboré mais dont le succès semble assuré d'avance. Ils décident de retirer le pourpoint éponyme et de le rapetisser en profitant du sommeil de Tierry. Ce qu'ils font sans difficulté. Pour parfaire leur ouvrage, les joyeux drilles mettent au point un scénario où il est question d'une infection contagieuse dont seraient déjà morts deux *gallans* de leur compagnie, victimes eux aussi du gonflement démesuré qui

1 *Farce nouvelle à trois personnages, c'est assavoir : Richard, Gaultier, Tierry ; Le Pourpoint rétréchy*, dans *Recueil de farces françaises inédites du XV*e *siècle*, éd. G. Cohen, cit., pièce n° XLIV, pp. 341-355.

afflige Tierry, serré dans son nouveau pourpoint. Le divertissement de Richard et Gaultier croît parallèlement à la réaction de leur ami qui se convainc rapidement de l'issue fatale de son mal : celui-ci passe en effet de l'incrédulité à une crainte légère qui se transforme carrément en peur avant de prendre la forme d'une totale résignation. Gaultier s'empresse d'aller chercher un médecin (l'examen des urines étant de règle), pendant que Richard court chez le prêtre. Il s'agit évidemment de deux faux mouvements. Le deuxième ne bouge pas. Quant au premier, s'imaginant initialement gagner sur cette opération une coquette somme (c'est du moins ce qu'il ressort des v. 214 et sqq.), il se garde bien de dépenser l'argent pour une véritable consultation. Bien au contraire : il se déguise sur-le-champ en prêtre et se lance dans une interprétation très drôle, à en juger de l'hilarité incontrôlable de son compère. Celui-ci, voyant son ami accoutré comme un épouvantail, s'esclaffe et voudrait, même au risque de compromettre le succès de la machination, prolonger un si plaisant spectacle :

RICHARD
Attens, je ne me puis tenir
De rire, quant je te regarde.

GAULTIER
Si feras, le deable en soit garde,
Tu gasterois tout, va-t-en !

RICHARD
Non feray, bon gré aten
Que j'aye avant ris.

GAULTIER
Ris assez !

RICHARD
Quant je voys tes souliers lassez,
Dessoubz cest habit prestratif.
Je m'en ry, quant je te regarde !
[v. 651-59]

A cet aparté burlesque entièrement fondé sur le travestissement succède la scène de la fausse confession, scène comique s'il en fut dans la mesure où elle donne lieu à une suite de rebondissements à effet. En général celui ou celle qui se déguisent en prêtre se proposent d'atteindre le but très précis de faire avouer à leur victime une vérité inavouable. Mais il peut aussi arriver que la victime reconnaisse le faux confesseur et, jouant un double jeu, tourne la tromperie à son avantage. Dernière ruse ; n'ayant pas reconnu le faux confesseur, la victime trompe le trompeur feignant une intelligence retorse. Alors qu'en fait elle ne l'a pas reconnu, elle trouve le moyen de lui faire accroire qu'elle l'a fait mais qu'elle a quand même voulu le seconder pour mieux le démasquer.[1]

Dans cette pièce l'anomalie qui affecte le motif relève peut-être d'un couplage mal ajusté : la *beffa* du *Pourpoint rétréchy* d'un côté, la fausse confession de l'autre. Aucun maillon ne lie vraiment les deux parties. Pourquoi Gaultier et Richard veulent-ils acculer Tierry à un aveu dont ils n'espèrent rien tirer ? La superposition de cette facétie à l'autre est purement gratuite. L'auteur greffe sur la fausse maladie une fausse confession pour mettre en branle un mécanisme qui en principe est étranger à la première situation. Gaultier et Richard fomentent un prolongement de leur *beffa* tandis que les nombreux prêtres déguisés (époux, épouses ou voisines, complices) songent carrément à extorquer un concession avec la ruse. Qu'en est-il toutefois de ce prolongement improvisé ? Tout laisserait supposer une parfaite réussite du coup monté à deux reprises, du moment que le malheureux Tierry est bien loin d'imaginer le sort qui l'attend. Mais ce qui se passe dans la scène de l'aveu bouleverse totalement le déroulement prévu de l'action. Tout en ignorant – ou plutôt puisqu'il ignore – l'identité du confesseur et

1 Pour un recensement exhaustif du motif, voir : J.-C. Aubailly, « Du narré au joué : le motif du faux confesseur », dans *Senefiance* », t. 7, 1979, p. 49-61.

sa propre condition de faux moribond, Tierry met en œuvre une *controbeffa* et se venge sans le savoir de ses persécuteurs ; il confesse à Tierry qu'il l'a trahi avec sa femme, à Richard qu'il l'a rossé sur un quiproquo amoureux. Bref, les deux compères apprennent en même temps qu'ils ont été dupes de Tierry et, emportés par la colère, ils abandonnent leur régie burlesque. Sur le rythme du proverbe qui semble sous-tendre toute la pièce – 'rira bien qui rira le dernier' – les deux amis franchissent la barrière qui sépare le comique du tragique et décident de supprimer une fois pour toutes celui qui les avait trompés. Cette pièce ne finit plus de nous surprendre. Elle procède par à coups, révélations imprévues et décisions abruptes dont l'issue est, si l'on peut dire, peu 'farcesque'. Ainsi Tierry, protagoniste d'une histoire qui aurait pu se terminer au moment de la confession mais qui, par contre, change brusquement d'orientation, se laisse-t-il conduire au lieu de l'exécution sans se rendre compte que ses compagnons vont le noyer. Par ce dénouement macabre et inusuel le *Pourpoint rétréchy* rejoint *George le Veau* auquel le rattache en premier lieu le mouvement central d'une *beffa* visant à bousculer les coordonnées fondamentales du suiet[1].

5. On serait tenté de supposer que le rire grimaçant dont témoignent les deux farces – auxquelles, il convient de le rappeler, revient le titre de pièces-vedette du cycle – est une entorse que le théâtre comique français aurait fait subir au narratif bref italien. Mais, doit-on ajouter, pourquoi l'aurait-il fait ? La quatrième pièce qui nous intéresse ici ne relève, par exemple, d'aucune instance funèbre. L'histoire de *Celuy qui se confesse à sa voisine* démontre, bien au contraire, que le

1 Dans *La Farce ou la machine à rire. Théorie d'un genre dramatique : 1450-1550*, Genève, Droz, 1984, Bernadette Rey-Flaud se borne à rattacher, d'une manière quelque peu expéditive, *Le pourpoint rétréchy* au thème du « vivant que l'on persuade de sa mort » déjà répertorié par J. Bédier.

personnage auquel on voudrait faire croire qu'il a changé de condition ne se laisse pas persuader, en vertu, probablement, du peu d'habileté des trompeurs – ou plutôt trompeuses -; et même qu'il n'acquiesce à la confession, naturellement fausse, que pour mieux affirmer sa supériorité vis à vis de sa femme et de la voisine[1]. Bref, sa condescendance immuable jusqu'à la fin est la preuve que, non seulement il n'a pas été dupe, mais encore qu'il n'a pas voulu profiter de la position nouvellement acquise ni, de probable victime, devenir bourreau. Peu importe du reste s'il se fait, à la fin, malmener par les deux femmes que ses aveux ont rendues furieuses. C'est l'échec de la persuasion absurde et la victoire magnanime d'une conscience 'identitaire' qui triomphent ici, comme si *Celuy qui se confesse a sa voisine* avait voulu régler ses comptes avec les mauvais plaisants qui s'en étaient pris à George et à Tierry.

Mais, pour revenir au destin néfaste qui attend les protagonistes du *Pourpoint rétréchy* et de *George le Veau,* il est nécessaire de souligner que deux éléments d'origine différente peuvent aider à expliquer le tournant que marque cette violence inattendue dans la tradition comique. D'une part, l'influence d'un genre autochtone comme le *fabliau* auquel n'étaient pas étrangères les vengeances impitoyables ; de l'autre, le développement de certains traits sadiques que l'on trouvait déjà dans la nouvelle italienne. Plus qu'au personnage de Calandrino, il faut songer à celui du « grasso legnaiuolo » dans le récit du XVe siècle et aux nuances de plus en plus inquiétantes qui exacerbent le conflit entre trompeurs et trompé. Si le groupe dont font partie Filippo Brunelleschi et le nombre grossissant de ses complices prend la résolution de suspendre le jeu c'est que le jeu est en train de devenir dangereux. À force de descendre les

1 *Farce nouvelle de celuy qui se confesse à sa voisine qui est habillée en habit de prêtre qui est le Ribault marié ou Maugré jalousie à troys personnages c'est à savoir : le Mary, la Femme, la Voysine,* dans le Recueil Cohen, cit., pièce n° XI, p. 9-20.

marches d'un cauchemar qui a toutes les apparences de la réalité, le « grasso legnaiuolo » est arrivé à un pas de la folie. Cette barrière il ne la franchira jamais car ce sont les conventions du genre même qui l'en empêchent. Il suffisait à ser Filippo Brunelleschi d'exercer et d'exhiber les raffinements de sa ruse : il le faisait pour son plaisir et pour le plaisir des autres. Il est vrai toutefois que, entre les premiers symptômes d'angoisse que cause initialement la perte d'identité et le soulagement éprouvé au réveil – c'est-à-dire dans cet espace que l'on pourrait apparenter à celui du rêve –, le « grasso legnaiuolo » est obligé de passer par toutes les étapes d'un véritable voyage aux enfers. Ce qui fait rire les autres est pour lui motif de désarroi : l'enjeu de la *beffa* se situe au point critique où s'estompent les sentiments de la conscience et de la connaissance. Le récit est par conséquent agencé pour que deux perspectives s'y confrontent : la perspective comique du trompeur et de son groupe et la perspective tragique du trompé totalement isolé. Bref, la nouvelle de la Renaissance abandonne le parti pris des gagnants pour donner du relief au point de vue de la victime, ouvrant ainsi la voie aux plans synchrones du récit moderne.

Il est fort probable que le plaisir de la torture et les 'affres du moi' dont on pressent déjà l'urgence dans la *beffa* de Filippo Brunelleschi aient laissé quelque trace dans l'atrocité grotesque de la farce française. Celle-ci creuse cependant la ligne de partage entre les deux mécanismes psychologiques au lieu de les relier et d'exploiter à fond les ressorts d'une ambivalence jamais résolue. En fait, dans *Jenin, fils de Rien* et *George le Veau* la séparation est accomplie d'entrée de jeu. Si bien que l'on peut parler de 'manque', la naïveté de la victime consistant à ignorer sa propre origine et à se débattre dans les labyrinthes d'une mémoire défaillante. La pièce commence là où le récit pourrait finir. Comme si, au terme de nombreuses aventures de la même teneur, un nouveau type de personnage de farce était né : le benêt qui ne se connaît pas et que l'on accable de moqueries plus ou moins acérées selon le degré de sa sottise. Aussi l'agaçante litanie des questions réitérées (qui suis je ? etc.) n'est-elle que l'ultime résidu d'un égarement dont les prémisses avaient été construites avec une remarquable précision.

Réduite aux rabâchements obsessionnels d'un débile mental dont la raideur n'est pas sans rappeler celle d'un fantoche, la maladie obsédante de ces personnages sans nom ou sans mémoire traduit d'une manière évidente le processus de schématisation mis en œuvre dans la farce en cette fin du XVe siècle. Reste à savoir si la cruauté excessive qui résout l'intrigue de ces pièces a quelque rapport avec l'aplatissement psychologique d'un rôle dont l'emploi original était beaucoup plus nuancé. En dépassant les bornes traditionnelles et en débouchant sur une solution violente, la dynamique des trompeurs semblerait en effet refléter l'intention de corriger une faiblesse d'autant plus coupable qu'elle est stéréotypée. On ne saurait toutefois expliquer toujours ainsi les mobiles de ces vengeurs inattendus. Dans un seul cas les propos homicides que voile un apparat métonymique burlesque sont le corollaire de la niaiserie irréductible du trompé. Dans les autres – ou dans l'autre, si l'on veut bien exclure de la liste la farce de *Celuy qui se confesse à sa voisine* – l'extrême rigueur de la punition se rallie à une fausse confession qui démasque une vérité fort gênante.

Mieux vaut conclure que cette conduite intransigeante et peu conforme au statut du comique théâtral est le contrepoids nécessaire à une situation figée dont on n'envisage pas d'autres exutoires. Tout se passe comme si le raidissement d'un potentiel émotif dont on devine le rayonnement dramatique entraînait une stylisation spéculaire dans le développement de l'action. Aucune crise ne menace le sujet en quête d'une identité perdue ou jamais possédée : aucune hésitation ne fait vaciller les maîtres trompeurs. On assiste ainsi paradoxalement à l'atrophie d'un système qui se clôt au moment où il multiplie ses artifices. Il est probable que la spécificité du théâtre comique français, à son apogée en ce début du XVIe siècle, découle de cette propension à greffer les virtuosités de composition sur un terrain exploité à l'extrême et par là même stérilisé.

BIBLIOGRAPHIE

TEXTES

Abondance, Jean d' : voir Aebischer, Carnahan et *Trois jeux des Rois.*

Aebischer P. : « 'Le Gouvert d'Humanité' par Jean d'Abondance », in *Bibliothèque d'Humanisme et de Renaissance,* XXIV 1962, p. 282-95

Alexis, Guillaume : *Œuvres poétiques de Guillaume Alexis,* éd.. A. Piaget et E. Picot, Paris, Didot (SATF), 1896-1908, 3 vol.

L'Ascension (Mystère provençal du XVe siècle), par A. Jeanroy et H. Teulié, Toulouse, Privat, 1895.

Bracciolini, Poggio : *Facezie,* Milano, Rizzoli, 1983 (le texte reproduit l'édition Fubini, *Opera omnia,* Torino, Bottega di Erasmo, 1964-1969, 4 vol., vol. I).

Boccaccio, Giovanni : *Decameron,* éd. V. Branca, Torino, Einaudi, 1987 (Ire éd. 1980). *Le Décaméron,* éd. C. Bec, Paris, Librairie générale française, 1994.

Carnahan D. H. : *Jean d'Abundance. A Study of His Life and Three of His Works*, Urbana, Urbana University Press, 1909.

Les Cent Nouvelles nouvelles, éd. F. P. Sweetser, Genève, Droz (TLF), 1966.

Charles d'Orléans : *Poésies,* éd. P. Champion, Paris, Champion (CFMA), 1971, 2 vol.

Charles d'Orléans : *Ballades et Rondeaux,* éd. J.-C. Mühlethaler, Paris, Le Livre de poche, « Lettres gothiques », 1992.

Chartier, Alain : *La Belle dame sans mercy et les poésies lyriques,* éd. A. Piaget, Lille-Genève, Giard-Droz, 1949.

Chartier, Alain : *Le Quadrilogue invectif,* éd. E. Droz, Paris, Champion, 1950.

Christine de Pizan : *Le Livre des Fais et bonnes Mœurs du sage Roy Charles V*, éd. S. Solente, Paris, Champion, 1936-1940, 2 vol.

Chastellain, Georges : *Œuvres*, éd. J. Kervin de Lettenhove Genève, Slatkine, 1971 (Ière éd. 1863-1866), 8 vol.

Le Cœur mangé. Récits érotiques et courtois des XIIe et XIIIe siècles, p. p. D. Régnier-Bohler et C. Gaignebet, Paris, Stock, 1979.

Cohen G. : *Recueil de farces françaises inédites du XVe siècle*, Cambridge, The Medieval Academy of America, 1949 (Genève, Slatkine Reprints, 1974).

Crétin, Guillaume: *Œuvres poétiques,* éd. K. Chesney, Genève, Slatkine, 1977 (Ière éd. 1932).

Doleson, Claude : *Mystère et histoire miraculeuse de Notre Dame du Puy d'Anis,* éd. A. Chassaing, in *Le Livre de Podio ou Chroniques d'Etienne de Médicis,* Le Puy-en-Velay, 1869-1874, 2 vol, t. II.

Farce nouvelle très bonne et fort joyeuse de George le Veau, à quatre personnaiges, c'est assavoir: George le Veau, sa Femme, le Curé et son Clerc, ATF, Paris, Jannet, 1854-1857, t. I et A. Tissier, *Recueil de farces,* t. XI, 1997.

Farce nouvelle et fort joyeuse de Jenin filz de Rien, à quatre personnaiges, c'est assavoir: la Mère et Jenin son filz, le Prestre et ung Devin, ATF, t. II et A. Tissier, *Recueil de farces,* t. III, 1988.

Farce nouvelle de celuy qui se confesse à sa voisine qui est habillée en habit de prêtre qui est le Ribault marié ou Maugré jalousie à troys personnages c'est à savoir: le Mary, la Femme, la Voysine, in G. Cohen, *Recueil de farces.*

Farce nouvelle à trois personnages, c'est assavoir : Richard, Gaultier, Tierry ; Le Pourpoint rétréchy, in G. Cohen, *Recueil de farces.*

Le Geu Saint Denis, éd. B. J. Seubert, Genève, Droz, 1974.

Flamang, Guillaume : *La Vie et Passion de Monseigneur Sainct Didier*, éd. J. Carnandet, Paris, Téchener, 1855

Guillaume de Machaut : *Œuvres de Guillaume de Machaut,* éd. E. Hoepffner, Paris, Firmin Didot (SATF), 1908-1921, 3 vol.

Guillaume de Machaut : *Le Livre du Voir Dit,* éd. P. Imbs, Paris, La Librairie générale Française, 1999.

Le Jardin de Plaisance et Fleur de Rhétorique, reproduction en fac-similé de l'édition p. p. A. Vérard vers 1501, Paris, Didot, 1910- 1925, 2 vol.

Jean Bodel, *Le Jeu de Saint Nicolas*, par A. Henry, Bruxelles, Palais des Académies, 1980 (3e édit.).

Langlois E. : *Recueil d'Arts de seconde Rhétorique,* Genève, Slatkine, 1974 (Ière éd. 1902).

La Sale, Antoine de : *Jehan de Saintré,* éd. J. Misrahi et Ch. Knudson, Genève, Droz (TLF), 1967.

La Sale, Antoine de : *Jehan de Saintré,* éd. J. Blanchard et D. Querueil, Paris, Le livre de Poche, « Lettres gothiques », 1995.

La Sale, Antoine de : *Jehan de Saintré,* éd. M. Eusebi, Paris, Champion, 1993-94, 2 vol.

La Vigne, André de : *Les Complaintes et Epitaphes du roy de la Bazoche*, in A. de Montaiglon, *Recueil de poésies françaises des XVe et XVIe siècles*, Paris, Jannet, 1855-1878, t. XIII, p. 383-413 (le t. XIII, comme les trois précédents, est présenté aussi par J. de Rotschild).

La Vigne, André de : *Le Meunier de qui le diable emporte l'âme en enfer,* in A. Tissier, *Recueil de farces françaises,* t. IV, 1989.

La Vigne, André de : *Le Mystère de saint Martin,* éd. A. Duplat, Genève, Droz, 1979.

La Vigne, André de : *Le Nouveau Monde,* Paris, Guillaume Eustace, 1508.

La Vigne, André de : *Sotise à huit personnaiges, c'est à savoir le Monde, Abuz, Sot dissolu, Sot glorieux, Sot corrompu, Sot trompeur, Sot ignorant et Sotte folle,* in *Recueil général des Sotties,* t. II.

Le Franc, Martin : *Le Champion des dames,* éd. A. Piaget, Lausanne, Payot, 1968, vol I.

Le Franc, Martin : *Le Champion des dames,* éd. R. Deschaux, Paris, Champion, 1999, 5 vol.

Le Franc, Martin : *L'Estrif de Fortune et de Vertu,* éd. P. F. Dembowski, Genève, Droz, 1999.

Legrand, Jacques : *Des Rimes*, in Langlois, *Recueil d'Arts de seconde Rhétorique.*

Lemaire De Belges, Jean : *La Concorde des deux langages,* éd. J. Frappier, Paris, Droz, 1947.

Meschinot Jean : *Les Lunettes des Princes de Jean Meschinot,* éd. C. Martineau-Genieys, Genève, Droz, 1972.

Michault, Pierre : *Œuvres Poétiques,* éd. B. Folkart, Paris, Union générale d'éditions, 1980.

Miracle de Robert le Dyable, in *Miracles de Notre Dame par personnages*, éd. G. Paris et U. Robert, Paris, Didot, 1876-1893 (SATF.), t. VI.

Molinet, Jean : *Art de Rhétorique,* in E. Langlois, *Recueil d'Arts de seconde Rhétorique.*

Molinet, Jean : *Chroniques*, éd. G. Doutrepont et O. Jodogne, Bruxelles, Palais des Académies, 1935-1937, 3 vol.

Molinet, Jean : *Faictz et Dictz,* éd. N. Dupire, Paris, Didot, 1936-39 (SATF), 3 vol.

Moralité de 1427 : Deux Moralités inédites composées et représentées en 1426 et 1427 au Collège de Navarre, éd. A. et R. Bossuat, Paris, Librairie d'Argences, 1955.

Mystère de Saint Louis (XVe siècle), éd. F. Michel, Westminster, Nichols, 1871.

Mystère et histoire miraculeuse de Notre Dame du Puy d'Anis : voir Doleson, Claude.

La Passion d'Auvergne, éd. G. A. Runnals Genève, Droz, 1982.

Philipot E. : *Trois farces du recueil de Londres*, Rennes, Plihon, 1931.

Les Quinze Joyes de mariage, éd. J. Rychner, Genève-Paris, Droz-Minard, 1963.

Recueil général des Sotties, éd. E. Picot, Paris, Didot, 1902-1912 (SATF), 3 vol.

René d'Anjou : *Le Livre du cuer d'amours espris,* éd. S. Wharton, Paris, Union générale d'éditions, 1980.

Robertet, Jean: *Œuvres,* éd. M. Zsuppàn, Genève-Paris, Droz-Minard, 1970.

Rutebeuf : *Le Miracle de Théophile* in *Œuvres complètes*, par E. Faral et J. Bastin, Paris, Picard, 1976, 2 vol.

Tissier A. : *Recueil de farces françaises. 1450-1550,* Genève, Droz, 1986-2000, 13 vol.

Trois jeux des Rois (XVIe – XVIIe siècles), éd. Y, Giraud, N. King et S. de Reyff, Fribourg, Editions universitaires, Fribourg Suisse, 1985.

ETUDES CITÉES

Agamben G. : *Stanze. Parola e Fantasma nella Cultura occidentale,* Torino, Einaudi, 1977 (*Parole et Fantasme dans la Culture occidentale*, Paris, Bourgois, 1981).

Angeli G. : *Il Mondo rovesciato,* Roma, Bulzoni, 1977.

Angeli G. : « La novella e la censura del nome », *Rivista di letterature moderne e comparate,* XXXV, 1982, p. 5-12.

Angeli G. : « Un monde à part : la fatrasie et les images dans les marges », in *L'Allusion en littérature,* Paris, Presses de l'Université Paris-Sorbonne, 2000, p. 24-40.

Aubailly J.-C. : *Le Monologue, Le Dialogue et la Sottie,* Paris, Champion, 1976.

Aubailly J.-C. : *Le théâtre médiéval profane et comique,* Paris, Larousse, 1975.

Aubailly J.-C. : *Du narré au joué : le motif du faux confesseur,* dans « Senefiance », 7, 1979, p. 49-61.

Auerbach E. : *Literatursprache und Publikum in der lateinischen Spätantike und im Mittelalter,* Bern, Francke, 1958.

Auerbach E. : *Mimesis. La représentation de la réalité dans la littérature occidentale,* Paris, Gallimard, 1968 (éd. Or., 1946).

Avalle D'A. S. : « Fra mito e fiaba, l'ospite misterioso », dans *Mélanges d'études romanes du moyen âge et de la renaissance offerts à Jean Rychner,* Strasbourg, 1978, p. 33-44 (ensuite dans *Dal mito alla letteratura e ritorno,* Milano, Il Saggiatore, 1990).

Badel P.-Y. : *Le Roman de la Rose au XIVe siècle. Etude sur la réception de l'œuvre,* Genève, Droz, 1980.

Bakhtine M. : *L'œuvre de François Rabelais et la culture populaire au Moyen Age et sous la Renaissance*, Paris, Gallimard, 1970.

Balachov N. : « Le développement des structures narratives du fabliau à la nouvelle », *Epopée animale, fable, fabliau. Actes du IVe Colloque de la soc. int. renardienne*, p. p. G. Bianciotto et M. Salvat, Paris, PUF, 1984, p. 29-37.

Bardenwerper K. : *Die Anwendung fremder Sprachen und Mundarten in den französischen Mysterien des Mittelalters*, Halle, Buchdruckerei Holmann, 1910.

Becker Ph. A. : « Andry de la Vigne », in *Berichte über die Verhandlungen der Sächsischen Akademie der Wissenschaften zu Leipzig*, Phil. -hist. Klasse, 1928, Bd. 80, 2 Heft.

Bertoni G. : « Due note provenzali », in *Studi Medievali*, III, 1908-1911, p. 638-71.

Bijvanck W. G. C. : *Spécimen d'un essai critique sur les œuvres de François Villon. « Le petit Testament »*, Leyden, De Breuck & Smits, 1882.

Blum C. : *La Représentation de la mort dans la littérature française de la Renaissance,* Paris, Champion, 1989, 2 vol.

Bossuat A. : « Une représentation du Mystère de la Passion à Montferrand en 1477 », in *Bibliothèque d'Humanisme et de Renaissance*, V, 1943, p. 326-45.

Bowen B. C. : *Les caractéristiques essentielles de la farce française et leur survivance dans les années 1550-1620*, Urbana, University of Illinois Press, 1964.

Brahmer M. : « La comédie polyglotte (XVIe-XVIIe siècles) », in *Actes du Xe Congrès international de linguistique et philologie romanes de Strasbourg (1962)*, Paris, Klincksieck, 1965, p. 373-83.

Bronarski A. : « *Le Petit Jehan de Saintré*: une énigme littéraire », *Archivum romanicum*, V, 1921, p. 187-238 (aussi Firenze, 1922).

Brown C. : *Poets, patrons and printers,* Ithaca, New York, London, Cornell University Press, 1995.

Bulaeus C. : *Historia Universitatis Parisiensis*, Frankfurt am Main, Minerva GMBH, 1966, 6 vol (Parisiis 1665-1673).

Burger A. : « L'Entroubli de Villon », *Romania*, LXXIX, 1958, p. 485-495.

Camille M. : *Image on the edge. The margins of medieval art,* Cambridge, Mass., Harvard University Press, 1992 (*Images dans les marges,* Paris, Gallimard, 1997).

Cerquiglini J. : *« Un engin si soutil ». Guillaume de Machaut et l'écriture au XIVe siècle,* Paris, Champion, 1985.

Chamard H. : *Les origines de la poésie française de la Renaissance*, Paris, De Boccard, 1920.

Chambon J.-P. : « *Les Complaintes et Epitaphes du roy de la Bazoche* d'André de La Vigne, un songe après boire ? », *Le Moyen Français,* 38, 1996, p. 139-44.

Champion P. : *Les Cent Nouvelles nouvelles,* Paris, Droz, 1928, 2 vol.

Cherel A. : *La prose poétique française*, Paris, l'Artisan du livre, 1940.

Cherchi P. : « From *controversia* to *novella* » dans *La Nouvelle*, Actes du colloque de Montréal, p. p. M. Picone, G. Di Stefano et P. D. Stewart, Montréal, Plato Press, 1983, p. 89-99.

Cholakian P. F. : « The two narrative styles of A. de La Sale », *Romance Notes*, X, 1968-1969, p. 362-372.

Cohen G. : *Histoire de la mise en scène dans le théâtre religieux français du moyen âge*, Paris, Champion, 1906.

Cohen G. : *Études d'histoire du théâtre*, Paris, Gallimard, 1956.

Contini G. : « La poesia rusticale come caso di bilinguismo », in *La poesia rusticana nel Rinascimento*, Roma, Accademia Nazionale dei Lincei, 1969, p. 43-55 (puis in G. Contini, *Ultimi esercizî ed elzeviri*, Torino, Einaudi, 1988).

Cornilliat F. : *« Or ne mens »: couleurs de l'éloge et du blâme chez les Grands Rhétoriqueurs,* Paris, Champion, 1994.

Cornilliat F. : « La place du vers dans le travail historiographique des "Grands Rhétoriqueurs" », in *La Recherche. Bilan et perspectives,* in *Le Moyen Français,* 44-45, 1999, p. 107-27.

Corti M. : *Il viaggio testuale*, Torino, Einaudi, 1978.

Curtius E. R. : *Europaïsches Literatur und lateinisches Mittelalter,* Bern, Francke, 1948 (*La Littérature européenne et le Moyen Age latin*, Paris, PUF, 1956).

Dauzat A. : *Études linguistiques sur la Basse Auvergne. Phonétique du patois de Vinzelles*, Paris, Alcan, 1897.

Dauzat A. : *Études linguistiques sur la Basse Auvergne. Morphologie du patois de Vinzelles*, Paris, Bouillon, 1900.

A. Dauzat, « Les parlers auvergnats anciens et modernes » in *Revue de linguistique romane*, IV, 1928, p. 62-117.

Desonay F. : « A propos d'une nouvelle édition des *Cent Nouvelles nouvelles »*, *Revue belge de philologie et d'histoire,* 8, 1929, p. 993-1027;

Devaux J. : *Jean Molinet, indiciaire bourguignon,* Paris, Champion, 1996.

Dhank E. : *L'Hérésie de Fauvel,* Paris, Droz, 1935.

Di Maio M. : *Il cuore mangiato. Storia di un tema letterario dal Medioevo all'Ottocento,* Milano, Guerini e Associati, 1996.

Doniol H. : *Les Patois de la Basse Auvergne*, Paris, Maisonneuve, 1887.

Doutrepont G. : *Inventaire de la « librairie » de Philippe le Bon (1420),* Bruxelles, Kiessling, 1906.

Doutrepont G. : *La Littérature française à la cour des ducs de Bourgogne*, Genève, Slatkine, 1970 (1ère édit. Paris 1909)

Dragonetti R. : *La Musique et les Lettres*, Genève, Massot, 1986.

Dubuis R. : *Les « Cent Nouvelles nouvelles » et la tradition de la nouvelle ne France au Moyen Age,* Grenoble, Presses Universitaires de Grenoble, 1973.

Dubuisson P. : *Atlas linguistique et ethnographique du Centre*, Paris, CNRS, 1971.

Duhl O. A. : *Folie et rhétorique dans la sottie,* Genève, Droz, 1994.

Dupire N. : *Jean Molinet. La vie. Les œuvres*, Paris, Droz, 1932.

Elwert W. T. : « L'emploi des langues étrangères comme procédé stylistique », in *Revue de littérature comparée*, XXXIV, 1960, p. 409-37.

Fabre A. : *Les Clercs du Palais,* Vienne-en-Dauphiné, Savigné, 1882.

Faral E. : *Recherches sur les sources latines des contes et romans courtois du moyen âge*, Paris, Champion, 1967.

Foulet L. : « Villon et la scolastique », *Romania,* t. LXV, 1939, p. 457-477.

Fournier E. : *Le Théâtre français avant la Renaissance (1450-1550). Mystères, moralités et farces*, Paris, Laplace, 1872.

François A. : *Histoire de la langue française cultivée des origines à nos jours*, Genève, Alexandre Jullien, 1959, 2 vol.

Gandolfo F. : *Il « Dolce Tempo », Mistica, Ermetismo e Sogno nel Cinquecento,* Bulzoni, Roma, 1978.

Garapon R. : *La fantaisie verbale et le comique dans le théâtre français*, Paris, Colin, 1957.

Garavini F. : « Poliglottia e esperimenti linguistici nella letteratura francese fino a Rabelais », in *Saggi e ricerche di letteratura francese*, XVII, 1978, p. 9-73.

Gardette P. : « Franco-provençal truite ou ' rouleau de foin ' » in *Travaux de linguistique et de littérature* (*Mélanges de linguistique, de philologie et de littérature offerts à A. Henry*), VIII, 2, Strasbourg 1970, p. 57-60.

Gasté A. : *Les Drames liturgiques de la cathédrale de Rouen*, Évreux, Imprimerie de l'Eure, 1893.

Genette G. : *Mimologiques*, Paris, Seuil, 1976.

La Grande Rhétorique. Hommage à la mémoire de Paul Zumthor, p. p. G. Di Stefano et R.-M. Bidler, Montréal, Ceres, 1994

Grands Rhétoriqueurs, p. p. Centre V.-L. Saulnier, Université Paris-Sorbonne, Paris, Ecole Normale Supérieure, 1997.

Grant H. F. : *Images et gravures du monde à l'envers dans leurs relations avec la pensée et la littérature espagnoles*, dans *L'Image du Monde renversé*, p. 17-33.

Guiraud P. : « La rime et les sources médiévales de la poésie formelle », in *Essais de stylistique*, Paris, Klincksieck, 1969, p. 245-63.

Guy H. : *Histoire de la poésie française au XVIe siècle* Paris, Champion, 1910-1926, 2 vol. (Slatkine Reprints, 1998).

Hatzfeld H. : « La Littérature flamboyante au XVe siècle », in *Studi in onore di Carlo Pellegrini*, Torino, SEI, 1963, p. 81-96.

Hauréau B. : *Notices et extraits de quelques manuscrits de la Bibliothèque Nationale*, Paris, Klincksieck, 1890-1893, 6 vol.

Hess R. : *Das romanische geistliche Schauspiel als profane und religiöse Komödie*, München, W. Fink, 1965.

Huizinga, J. : *Herfsttij der Middeleeuwen. Studie over Levens-enGedachtenvormen der veertiende en vijtiende eeuw in Frankrijk en de Nederlanden*, Harlem, 1919. (*Le Déclin du Moyen Âge*, trad. par J. Bastin, Paris, Payot, 1932. Rééd. *L'Automne du Moyen Âge*, Paris, Payot, 1975).

*L'Image du Monde renversé et ses représentations littéraires et para-littéraires de la fin du XVIe siècle au milieu du XVIIe*, Etudes réunies et présentées par J. Lafond et A. Redondo, Paris, Vrin, 1979

Jauss H. R. : « Littérature médiévale et théorie des genres », *Poétique,* I, 1970, p. 79-101.

Jodogne P. : « Les 'Rhétoriqueurs' et l'Humanisme. Problèmes d'histoire littéraire », in *Humanism in France at the end of the Middle Ages and in the early Renaissance,* Manchester, Manchester University Press, 1970, p. 150-75.

Jung M.-R. : « Les *Douze Dames de Rhétorique* », dans *Du Mot au Texte. Actes du IIIe Colloque international sur le moyen français,* publiés par P. Wunderli, Gunter Narr Verlag, Tübingen, 1982, p. 229-239.

Jung M.-R. : « Ecrire en vers : les Rhétoriqueurs devant la tradition latine et française », in *Rhetoric – Rhétoriqueurs – Rederijkers,* p. 83-99.

Kerdaniel E. L. : *Un rhétoriqueur : André de La Vigne,* Paris, Champion, 1919.

Kerdaniel E. L. : *Un auteur dramatique du XVe siècle : André de La Vigne,* Paris, Champion, 1923.

Klibansky R., Panofsky E., Saxl F. : *Saturn and Melancholy. Studies in the History of Natural Philosophy, Religion and Art,* Thomas Nelson & Sons, London, 1964 (*Saturne et la mélancolie,* Paris, Gallimard, 1989).

Konigson E. : *L'espace théâtral médiéval,* Paris, CNRS, 1975.

Koj P. : *Die frühe Rezeption der Fazetien Poggios in Frankreich,* Hambourg, Romanisches Seminar der Universität, 1969.

Knudson Ch. : « Antoine de La Sale, le duc de Bourgogne et les *Cent Nouvelles nouvelles* », *Romania,* LIII, 1927, p. 365-373.

Kristeva J. : *Le Texte du roman,* The Hague-Paris-New York, Mouton, 1979 (Ière éd. 1970).

Küchler W. : « Die *Cent Nouvelles nouvelles*. Ein Beitrag zur Geschichte der französichen Novelle », *Zeitschrift für französische Sprache u. Literatur*, XXX, 1906, pp. 264-331 et XXXI, 1907, p. 39-101.

D. Kunzle, *The World upside down*, dans *The Reversible World*, Cornell, éd. Barbara Babcock-Abrahams, 1977.

Laborde L. de : *Le Parlement de Paris*, Paris, Plon, 1863.

Lazzerini L. : « 'Per latinos grossos… '. Studio sui sermoni mescidati », in, *Studi di Filologia italiana*, XXIX, 1971, p. 219-339.

Lebègue R. : *La Tragédie religieuse en France. Les débuts (1514-1573)*, Paris, Champion, 1929.

Lecoy De La Marche A. : *La Chaire française au Moyen Age, spécialement au XIIIe siècle, d'après les manuscrits contemporains*, Paris, Didier, 1868.

Le Goff J : *Les intellectuels au moyen âge*, Paris, Seuil, 1976 (1957).

Le Goff J. : « La conception française de l'Université à l'époque de la Renaissance », in *Les Universités européennes.*

Le Goff J. : « Réalités sociales et codes idéologiques au début du XIIIe siècle: un *exemplum* de Jacques de Vitry sur les tournois », dans *L'Imaginaire médiéval*, Paris, Gallimard, 1985, p. 248-261.

Lenient C. : *La Satire en France au Moyen Age*, Paris, Hachette, 1883.

Lewicka H. : *La Langue et le style du théâtre comique français des XVe et XVIe siècles*, Paris, Klincksieck-Warszawa, Pwn, 1960-1968, 2 vol.

Lewicka H. : « Le mélange des langues dans l'ancien théâtre du Midi de la France », in *Mélanges de philologie romane dédiés à la mémoire de J. Boutière*, Liège, Soledi, 1972, p. 347-59.

Lewicka H. : *Etudes sur l'ancienne farce française*, Paris-Warszawa, Klincksieck-PWN, 1974.

Maravall J. A. : *La Cultura del Barroco,* Barcelona, Ariel, 1975.

Marchello-Nizia C. : « Entre l'Histoire et la Poétique, le *Songe politique* », *Revue des Sciences humaines*, t. 183, 1981-1983, p. 39-53.

Marcel R. : « La Fortune d'Hermès Trismégiste à la Renaissance », dans *L'Humanisme français au début de la Renaissance,* Paris, Vrin, 1973, p. 137-154.

Matzke J. E. : « Old French as Spoken by Englishmen », in *Modern Philology*, III, 1905, p. 47-60.

McGrady D. : « Were Sercambi's Novelle known from the Middle Ages on ? », *Italica,* LVII, 1980, p. 3-18.

Meyer P. : « Les manuscrits français de Cambridge », in *Romania*, XV, 1886, p. 236-357.

Michel A. : *L'Ancienne Auvergne et le Velay*, Moulins, Desrosiers, 1845-1847, 5 vol.

Mohrmann C. : *Études sur le latin des Chrétiens*, Roma, Ed. Di Storia e Letteratura, 1958-1963, 3 vol.

Mombello G. : « I manoscritti di Dante, Petrarca e Boccaccio in Francia nelle principali librerie del secolo XV° » dans *Il Boccaccio nella cultura francese,* p. p. C. Pellegrini, Firenze, Olschki, 1971, p. 81-209.

Mühlethaler J.-C. : *Fauvel au pouvoir : lire la satire médiévale,* Paris, Champion, 1994.

Nauton P. : *Atlas linguistique et ethnographique du Massif Central*, Paris, CNRS, 1957-1963, 4 vol.

Nelson I. : *La sotie sans souci*, Paris, Champion, 1977.

Norden E. : *Die antike Kunstprosa vom VI Jahrhundert vor Christo bis in die Zeit der Renaissance*, Leipzig, Teubner, 1898, 2 vol.

« La Nouvelle française au XVe siècle », *Cahiers de l'association internationale des études françaises,* XXII, 1971, p. 67-84.

Olbrechts-Tyteca L. : *Le comique du discours,* Bruxelles, Editions de l'Université de Bruxelles, 1974.

Paris J. : *Rabelais au futur*, Paris, Seuil, 1970.

Petersen H. : « Destrées, frère chartreux et poète du temps de Marguerite d'Autriche », *Commentationes Humanarum Litterarum*, Societas Scientiarum Fennica, Helsingfors, 1927, I, fasc. 8.

Petit de Julleville L. : *Histoire du théâtre en France. Les Mystères*, Paris, Hachette, 1880, 2 vol.

Piaget A. : *Simon Greban et Jacques Milet,* « Romania », LXXXV, 1893, p. 230-243.

Picone M. : « Alle fonti del *Decameron:* il caso di frate Alberto », dans *La parola ritrovata,* Palermo. Sellerio, 1983, p. 99-117.

Poirion D. : *Préface* à *La Sottie sans souci* de Ida Nelson.

Porter L. C. : *La Fatrasie et le Fatras,* Genève-Paris, Droz, 1960.

Rasmussen J. : *La prose narrative française du XVe siècle,* Copenhague, Munksgaard, 1958.

Rey-Flaud B. : *La Farce ou la machine à rire. Théorie d'un genre dramatique : 1450-1550,* Genève, Droz, 1984.

Rey-Flaud H. : *Le cercle magique. Essai sur le théâtre en rond à la fin du Moyen Âge*, Paris, Gallimard, 1973.

Rhetoric – Rhétoriqueurs – Rederijkers, ed. by J. Koopmans, M. A. Meadow, K. Meerhof and M. Spies, North-Holland, Amsterdam, Oxford, New York, Tokyo, 1995.

Rigolot F. : « Rhétorique du nom poétique », in *Poétique*, 28, 1976, p. 466-483.

Rivière H. F. : *Histoire des Institutions de l'Auvergne*, Paris, A. Maresca aîné, 1874, 2 vol.

Rochon A. : « Une date importante dans l'histoire de la 'beffa': la nouvelle du *Grasso legnaiuolo* » dans *Formes et significations de la « Beffa » dans la littérature italienne de la Renaissance*, Paris, CNRS, 1972-1975. t. II, p. 210-376.

Rolland E. : *Faune populaire de la France*, Paris, Maisonneuve, 1877-1909, 12 vol.

Rossi L. : « Il cuore, mistico pasto d'amore: dal *Lai Guirun* al *Decameron* », *Studi Provenzali e francesi*, VI, 1982, pp. 28-128.

Rossi L. : « David Aubert autore delle *Cent Nouvelles nouvelles ?* I. La genesi della novella francese e l'attività letteraria alla corte borgognona nel Quattrocento », *Cultura Neolatina*, 36, 1976, p. 96-118.

Rossi L. : « Per il testo delle *Cent Nouvelles nouvelles:* la centesima novella e i racconti dell'acteur », *Medioevo romanzo*, VII, 1983, p. 401-418.

Roubaud J. : *Graal fiction*, Paris, Gallimard, 1978.

Roy E. : *Le Mystère de la Passion en France du XIV*e *siècle au XVI*e *siècle*, Genève, Slatkine 1974 (1ère édit. Dijon, 1903-1904).

Rus M. : « 'Mais je ne sai que je pens' », *Poétique*, 123, 2000, p. 259-280.

Rychner J. : « La flèche et l'anneau », *Revue des sciences humaines*, t. 183, 1981-1983, p. 55-69.

Sasaki S. : « Le Rêve dans le *Lais* de François Villon », *Revue des Sciences humaines*, t. 183, 1981-1983, p. 227-241.

Sainéan L. : *La langue de Rabelais*, Paris, De Boccard, 1922-1923, 2 vol.

Santucci M. : « Nourritures et symboles dans le *Banquet du Faisan* et dans *Jehan de Saintré* », dans *Manger et boire au Moyen Âge*. Actes du Colloque de Nice, Paris, Les Belles Lettres, 1984, p. 429-40.

Schmidt A.-M. : *L'Âge des Rhétoriqueurs*, in *Encyclopédie de la Pléiade, Histoire des Littératures*, III, Paris, Gallimard, 1963.

Segre C. : « *Maistre Pierre Pathelin »: manipolazione dei topoi e labilità epistemica*, dans *Teatro e romanzo*, Torino, Einaudi, 1984, p. 27-50.

Siciliano I. : *François Villon et les thèmes poétiques du moyen âge*, Paris, Nizet, 1971 (Ière éd., 1934).

Simone F. : « Robert Gaguin e il suo cenacolo umanistico », in *Ævum*, XIII, 1939, p. 410-76.

Simone F. : « La scuola dei 'Rhétoriqueurs' », in *Belfagor*, IV, 1949, et aussi in *Umanesimo, Rinascimento, Barocco in Francia*, Milano, Mursia, 1968, p. 168-201.

Smeets J.-R. et Verhuyck P. : « François Villon, les dernières strophes du *Lais* : lyrique et science », *Revue des langues romanes*, LXXXVI, 1982, p. 221-238.

Sozzi L. : « Le *Facezie* di Poggio nel Quattrocento francese », dans *Miscellanea di studi e ricerche sul Quattrocento francese*, p. p. F. Simone, Torino, Giappichelli, 1967, p. 411-507.

Spitzer L. : « Die Wortbildung als stilistisches Mittel exemplifiert an Rabelais », in *Beihefte zur Zeitschrift für rom. Philologie*, Halle, Niemeyer, 1910.

Stanesco M. : « ' Entre sommeillant et esveillé ': un jeu d'errance du chevalier médiéval », *Le Moyen Age*, XC, 1984, p. 401-432.

Stelling-Michaud S. : « Quelques remarques sur l'histoire des Universités à l'époque de la Renaissance », in *Les Universités européennes*.

Stojkovic Mazzariol E. : *L'occhio e il piede. Lettura critica del « Petit Jehan de Saintré »*, Vicenza, Neri Pozza, 1979.

Stojkovic Mazzariol E. : « L'auteur des *Cent Nouvelles nouvelles* et le Pogge: une rencontre manquée ? », dans *Etudes littéraires sur le XVe siècle, Actes du Ve colloque international sur le Moyen Français,* Milano, Vita e Pensiero, 1986.

Sturel R. : « La prose poétique au XVe siècle », in *Mélanges Lanson*, Paris, Hachette, 1922, p. 47-60.

Swain B. : *Fools and Folly during the Middle Ages and the Renaissance*, New York, 1932.

Thomas A. : « Jacques Milet et les humanistes italiens », *Studi Medievali*, t. 1, 1904-5, p. 236-270.

Todorov T. : *Introduction à la littérature fantastique*, Paris, Seuil, 1970.

Toldo P. : *Contributo allo studio della novella francese del XVe e XVIe secolo*, Roma, Loescher, 1895 (rééd. Genève, Slatkine, 1970).

Tucci P. : « Tra vera storia e morale amorosa: il *Songe Saint Valentin* di Oton de Grandson », dans *La Letteratura e l'immaginario*, Atti dell'XIe Convegno della Società Universitaria per gli Studi di Lingua e Letteratura francese, Milano, Cisalpino-Goliardica, 1984, p. 213-32.

Tynianov J. : *Formalisme et histoire littéraire*, Lausanne, l'Age d'homme, 1991.

Les Universités européennes du XIVe au XVIIIe siècle, Genève, Droz, 1967.

Uhl P. : *La constellation poétique du non-sens au moyen âge*, Paris, L'Harmattan, 1999.

Young J. et Aitken P. H. : *A Catalogue of the Manuscripts in the Library of the Hunterian Museum in the University of Glasgow*, Glasgow, J. Macleose & Sons, 1908.

Wetzel H. H. : « Eléments socio-historiques d'un genre littéraire: l'histoire de la nouvelle jusqu'à Cervantes », dans *La Nouvelle française à la Renaissance*, p. p. L. Sozzi, Genève-Slatkine, 1981, pp. 41-78.

Wright T. : *A History of Caricature and Grotesque in Literature and Art*, London, Chatto & Windus, 1875.

Wilmotte M. : *La naissance de l'élément comique dans le théâtre religieux*, Mâcon, Protat frères, 1901.

Zink M. : « Séduire, endormir. Note sur les premiers vers d'un poème du XVe siècle », *Littérature*, XXIII, 1976, p. 117-121.

Zumthor P. : « Un problème d'esthétique médiévale: l'utilisation poétique du bilinguisme », in *Le Moyen Age*, LXVI, 1960, p. 301-36 et 561-94.

Zumthor P. : *Langue et technique poétique à l'époque romane*, Paris, Klincksieck, 1963.

Zumthor P. : *Essai de poétique médiévale*, Paris, Seuil, 1972.

Zumthor P. : « Le grand 'Change' des Rhétoriqueurs », in *Change de forme*, t. I de *Changement de forme, révolution, langage*, Colloque de Cerisy-la-Salle, Paris, Union générale d'éditions, 1975, p. 191-218.

Zumthor P. : *Le Masque et la lumière. La poétique des Grands Rhétoriqueurs*, Paris, Seuil, 1978.

INDEX

TABLE DES MATIÈRES

IMPRIM'VERT®

Achevé d'imprimer par Corlet,
Condé-en-Normandie (Calvados),
en Janvier 2022
N° d'impression : 174653 - dépôt légal : Janvier 2022
Imprimé en France